学前儿童教学与实践研究

蒙丽媛　彭　瑞　苏渺词　著

哈尔滨工程大学出版社
Harbin Engineering University Press

内 容 简 介

儿童时期是人生发展的关键时期。向儿童提供必要的生存、发展、保护和参与各种活动的机会与条件,最大限度地满足儿童的发展需要,发挥儿童潜能,将为儿童一生的发展奠定重要基础。近年来,各种教学理论在学前教育领域逐渐兴起和传播,凸显了学前教育的重要性。学前教育工作者需要一本关于学前儿童教学理论与实践相结合的书籍来辅助他们的教学工作。本书针对学前教育工作者所关注的教学热点,展开分析和讨论,可以有效辅助学前教育工作者更好地开展相关的工作。

本书从学前教育的性质、任务及目标介绍入手,针对学前教育的基本原则、内容和方法,对学前儿童心理发展进行了分析研究;对学前儿童语言教育与活动指导、学前儿童音乐教育与活动指导、学前儿童美术教育与活动指导做了一定的介绍;对学前儿童科学教育与活动指导做了相关研究。希望本书能够为从事相关行业的读者们提供有益的参考和借鉴。

图书在版编目(CIP)数据

学前儿童教学与实践研究/蒙丽媛,彭瑞,苏渺词
著.—哈尔滨 : 哈尔滨工程大学出版社,2023.6
ISBN 978-7-5661-4018-0

Ⅰ.①学⋯ Ⅱ.①蒙⋯②彭⋯③苏⋯ Ⅲ.①学前教
育-教学研究 Ⅳ.①G612

中国国家版本馆 CIP 数据核字(2023)第 115833 号

学前儿童教学与实践研究
XUEQIAN ERTONG JIAOXUE YU SHIJIAN YANJIU

选题策划	刘凯元
责任编辑	张 彦 王晓西
封面设计	李海波

出版发行	哈尔滨工程大学出版社
社　　址	哈尔滨市南岗区南通大街 145 号
邮政编码	150001
发行电话	0451-82519328
传　　真	0451-82519699
经　　销	新华书店
印　　刷	哈尔滨理想印刷有限公司
开　　本	787 mm×1 092 mm　1/16
印　　张	14
字　　数	375 千字
版　　次	2023 年 6 月第 1 版
印　　次	2023 年 6 月第 1 次印刷
定　　价	78.00 元

http://www.hrbeupress.com
E-mail:heupress@ hrbeu.edu.cn

前　言

新时期背景下,随着学前儿童教育教学工作的不断改革,教育工作者们对学前儿童教育工作提出了新要求,强调学前儿童教育作为促进学生全面发展教育的重要形式,要重视学前儿童教育教学工作的改革,积极结合学前儿童教育现状,分析学前儿童教育的价值,不断寻找学前儿童教育的发展方向和路径,充分发挥学前儿童教育在儿童全面发展中的作用和价值,提升学前儿童教育教学工作水平,让儿童学前教育与儿童发展之间形成一个有机整体,充分推动学前儿童教育的创新和发展。

学前教育学是一门多领域交叉融合的学科,体现了人类对学前儿童发展与教育的共同智慧。学前教育是终身学习的开端,是教育的基础,是国民教育体系的重要组成部分,是一项重大的民生工程。办好学前教育、实现幼有所育,关系儿童健康成长,关系社会和谐稳定,关系党和国家的未来。21世纪以来,学前教育的发展已成为人民群众关注的焦点,受到中共中央(中国共产党中央委员会)、国务院的高度重视。我国政府连续出台相关政策,促使学前教育事业步入快速发展的新时期。与此同时,学前教育管理也面临新的挑战和要求。

本书得到了2023年西安市社会科学规划基金课题"幼儿园集体教学活动中师幼互动质量研究——基于课堂互动评估系统(CLASS)的分析"(项目编号:23JY96)的资助。本书可作为高等院校学前教育专业的教材、学前教育工作者的参考用书、幼儿教师资格理论考试的学习资料。本书在撰写过程中参考和引用了国内外学者的著作论文和学前教育一线教师的实践案例,在此向这些作者表示诚挚的谢意! 本书作者撰写工作量相同,排名不分先后。

本书存在的疏漏或不当之处,恳请广大读者及同行专家指正,以期进一步修改完善。

著　者

2023年3月

目　录

第一章　学前教育概述

第一节　学前教育的性质与任务

一、学前教育的性质

(一)学前教育的奠基性和教育性

学前教育对于儿童个体发展和基础教育发展具有重要奠基作用。目前,世界各国对发展学前教育的意义和作用已达成共识,幼儿保育和教育是一项基本人权,对个人和国家的发展与繁荣都具有重要意义,发展幼儿保育和教育是政府的职责及义务。

学前教育是社会主义教育事业的组成部分,它既为幼儿入小学做准备,也为九年义务教育的实施奠定基础,发展学前教育事业关系到人口素质的提高和民族未来的兴盛。

相关人员应该认识到学前教育机构与各类学校教育机构有共同之处,列入学制系统,归属教育部门管理。但是,学前教育又不完全等同于学校教育,其一,学前教育机构的教育对象与学校有较大区别,其教育对象为生长发育和心理特征都处于明显未成熟阶段、没有自我保护能力和生活自理能力、还需要依赖成人保护和照料的儿童。其二,学前教育不同于学校教育之处是它具有保育的性质,一般幼儿全天在幼儿园内生活和接受一定的教育,时间长达 8 至 10 小时。从家长的角度来看,送孩子去幼儿园,除了让孩子学习群体生活和掌握一定知识之外,就是让孩子有一个有老师照顾的、条件良好的安全去处,能使自己安心去上班。幼儿园负有保育儿童的责任,幼儿园的设施、生活及活动安排均具有保育的性质。幼儿园的特点就在于它是保育与教育并行的机构。

(二)学前教育的福利性和公益性

19 世纪中叶以后,尤其是进入 20 世纪以来,学前教育逐渐发展成为公众的责任和社会公共事业。目前,越来越多的国家都将学前教育列入社会公共事业的范畴,视其为公益性或准公益性公共事业。根据社会制度、经济发展水平、教育发达程度等因素,有些国家将学前教育作为完全公益性公共事业,其学前教育完全具有非竞争性和非排他性;有些国家将学前教育作为准公益性公共事业,其学前教育在具有公益性的前提下,还有一定的一般私人物品的性质。

学前教育是一项社会公共事业,具有很强的服务性和福利性,如果把幼儿园、小学、中学、大学这四级教育按公共性划分,学前教育应是各级教育中公共性最强、社会受益面最广的一项社会公共事业,这是近些年达成的国际共识。

我国的学前教育以福利性质起源。当时,为了支援国家建设,为了让职工能够更安心工作,解除他们的后顾之忧,各单位纷纷举办福利性质的幼儿园,幼儿入园免费或只交少量伙食费,学前教育事业获得了迅猛的发展。

随后,我国学前教育的法规文件中也规定了学前教育的社会公共福利性质。幼儿教育不仅是教育事业,还具有福利性和公益性的特点。

(三)学前教育的准义务性

从世界范围来看,一些国家尤其是发达资本主义国家如美国、日本、德国、加拿大、荷兰等已经把学前教育视为民族竞争力的重要组成部分,纷纷制定了详尽的学前教育长远发展规划,并已开始着手推动学前教育的义务化进程。许多国家纷纷把为儿童提供优质、科学的学前教育作为政府优先发展的领域并加大投资力度,将学前教育纳入免费教育的范畴,不同程度实施免费的学前教育。

二、学前教育的任务

(一)0~3岁早教机构的任务

1. 托儿所的保教任务

托儿所一般收托2个月至3岁的儿童,在认识托儿所的保教任务时,首先应对这一年龄阶段的孩子身心发展水平和特点有所了解。

这一时期的儿童生长发育速度很快,不论是体格的增强,还是机能的完善都异常迅速。大脑的发展迅速,脑重不断增加(3岁已达1 000克);在语言的发展上,从发出简单的音节到会用字、词、句来表达自己的某些思想;在动作的发展上,从走到跑、跳,动作的稳定性、协调性日益提高;在认识能力的发展上,观察力、注意力、记忆力有所提高,想象力、思维力开始萌芽;在个性的发展上,自我意识渐显端倪,有了交往的意愿,初步懂得一些简单的社会规则。

为培养儿童德、智、体、美全面发展,为造就体魄健壮、智力发达、品德良好的社会主义新一代打下基础,我们必须在托儿所的教育工作中做好以下工作。

发展儿童的基本动作,进行适当的体育锻炼,增强他们的抵抗力,发展儿童模仿、理解和运用语言的能力,通过语言及认识周围环境事物,使儿童智力得到发展,并获得简单知识,对儿童进行友爱、礼貌、诚实、勇敢等良好的品德教育,培养儿童的饮食、睡眠、衣着、盥洗、与人交往等各个方面的文明习惯。

2. 早教指导机构的主要任务

早教指导机构作为联系各托幼机构及街道、乡镇、社区共同推进优质学前教育的枢纽,它集聚优质教育资源,面向成长中的0~3岁儿童、面向家庭、面向社会。它的主要任务如下。

(1)为家长提供0~3岁儿童早期教育的先进理念,提供具有先进水平的早期教育服务。如请儿童教育、保健专家做教养专题报告,现场解答家长们在儿童教育中的困惑;定期开展相关专题讲座;就教养热点问题进行探讨,并提供国内外教养0~3岁儿童的信息资料。

(2)指导家长进行科学育儿。如定期开展亲子教育指导综合活动;由专职教师指导关键期活动,包括婴儿触摸操、肢体活动操;基本动作发展练习(爬、坐、站、走);感知觉发展练习活动;早期阅读活动;组织家庭教养经验交流,如妈妈沙龙、婴幼儿教养专题研讨等。

(3)帮助家长为儿童制定切合的教育方案,为儿童的健康成长提供必要的方法指导。如开展科学育儿信息的网络咨询、进行教育简报发放等工作。

(二)幼儿园的保教任务及要求

幼儿园是对 3~6 岁儿童进行保育和教育的机构,要认识幼儿园的保教目标,首先要了解这一时期儿童身心发展的特点。

这一时期的儿童生长速度较之前缓慢;脑的功能虽不断趋向成熟,但仍易疲劳;各种心理过程带有具体形象和不随意的特点,抽象概括和随意的思维刚刚萌发;3~4 岁已能掌握全部语音,5~6 岁时连贯性口头语言的表达能力有较大的提高;情感容易激动、变化、外露而不稳定,道德感、美感、理智感开始形成,坚持性、自制力发展较快;个性倾向开始萌芽,逐渐表现出性格、兴趣、能力等方面的个人特点;逐步参加成人的社会实践活动,游戏是最好的活动形式。

幼儿园的保教目标是:实现保育与教育相结合的原则,对儿童实施德、智、体、美全面发展的教育,促进其身心和谐发展。幼儿园也可以为家长工作、学习提供便利条件。

1. 促进儿童身心和谐发展

(1)德育目标

促进儿童身心发展在情感、品德、行为、习惯乃至性格培养上都提出了具体要求。这是因为儿童年龄小、经验少,根据他们身边的、具体的、看得见摸得着的情景,循序渐进地引导,帮助他们形成正确的是非观念,萌发初步的道德情感,培养良好的品德、行为和习惯。儿童阶段的品德教育应着重从情感教育入手,比如激发儿童爱祖国的情感,要从儿童对自己的父母、亲属、教师、同伴、邻居的爱开始,然后引导他们对家庭、对家乡、对周围接触到的社会生活的爱,以形成他们对祖国的爱。因此,对儿童情感的培养,对儿童良好的品德、行为和习惯的培养,教师应根据儿童的特点,由近及远、由此及彼、由具体到抽象地进行正确引导。

(2)智育目标

培养儿童正确运用感官和使用语言交往的基本能力,培养有益的兴趣和求知欲望,培养初步的动手能力。因为儿童具有具体形象思维的特点,他们通过直接感知和具体行动进行思维,所以要求教师要利用和创造大量的机会,引导他们运用多种感官和语言去与他人接触及交往,增进他们对环境的认识,培养儿童拥有有益的兴趣和求知欲望以及正确运用感官语言交往的能力,还可以提高他们的动手能力,发展智力。

(3)体育目标

促进儿童身体正常发育和机能的协调发展,增强体质,培养良好的生活习惯和参加体育活动的兴趣。儿童处在一个柔弱、不完善的、未成熟的生长阶段,对环境的适应能力较弱,抵抗疾病的能力也比较差,各种器官的运动机能还不完善;加上生活经验不丰富,从事活动的能力、自控的能力、协调自己行为的能力都比较差。因此,要求教师创造适当的环境,给儿童精心的照料、引导和教育,促进他们的身体良好发育,增强他们的体质。同时,要注意培养儿童参加体育锻炼的兴趣,提高他们参加体育活动的主动性。

(4)美育目标

提出培养儿童初步感受美和表现美的情趣及能力。幼儿园的美育并非强调儿童必须掌握多少的艺术技能技巧。作为艺术启蒙教育,要求教师侧重萌发儿童"初步的"感受美和表现美的情趣及能力。特别需要提出的是,幼儿园的教育目标是和谐统一的,要促进儿童在德、智、体、美四个方面全面和谐发展。这既反映了时代要求的未来建设者和接班人应具有的素质结构，也反映了儿童身心发展特点的内在要求。儿童各方面的发展是一个有机的整体，教师既不能偏重也不能偏废某一方面，这样才能促进儿童整体协调发展，为儿童一生的发展打下良好的基础，为国民素质全面提高打下良好的基础。

2. 为儿童家长工作、学习提供便利条件

在我国，学前教育是一项社会公益事业，学前教育的发展水平关系到广大人民群众的根本利益。学前教育机构不仅是一个教育机构，也是一个社会服务机构，幼儿园负有为在园的儿童家长服务的任务。即在促进儿童身心发展的同时，要为家长参加社会工作和学习提供便利条件。

随着我国经济建设的发展，人民群众生活水平的日益提高，人们对教育战略地位的认识有了新的飞跃，"知识改变命运，教育成就未来"的理念深入人心。广大的儿童家长，通过自身的工作和生活实践，会深刻体会到一方面文化、科技对经济建设有着巨大的推进作用，现代科技的飞速发展已使社会进入了以知识、信息为主要生产动力的时代；另一方面由此产生了生活及就业的压力。因而，家长们不仅迫切希望有时间进修、提高自己的知识水平，而且迫切希望自己的子女能受到良好的教育。比如，在为孩子奠定基础的学前教育期间，他们一方面急切地送孩子入园，希望幼儿园能给予孩子理想的教育，另一方面也盼望从幼儿园方面学到科学的育儿知识，以便孩子在园里、在家里，能得到全面发展的教育。因此，当今的幼儿园在为家长服务方面，已经不单纯是为了家长安心工作，也注重在生活方面为家长解除后顾之忧，提供便利条件，做好后勤工作。

幼儿园从教育的观念出发，肩负起教育家长、引导家长学习科学育儿的知识、共同提高育儿水平的任务。他们设立家长委员会，举行家长会，邀请家长听取幼儿园的工作计划和要求；他们举办开放日，约请家长参观、参与孩子们的活动；他们举办教育讲座，设置家长信箱，播放教育学习录像等，运用多种形式向家长普及保育、教育儿童的常识，介绍保育、教育儿童的方法。还有很多的幼儿园，走出园区，走向社区，配合社区的精神文明建设。他们向社区群众宣传优生、优育、优教的科学知识并进行相关指导；他们利用双休日，开放幼儿园的一些设施，为社区儿童提供活动场所和机会；还有的幼儿园教师肩负起培训社区教育辅导员的任务。

3. 为提高基础教育的质量打好基础

学前教育是基础教育的有机组成部分，是学校教育制度的基础阶段。这就决定了它必然承担着为学校教育打基础的任务。幼儿园与小学应密切联系，互相配合，注意两个阶段的相互衔接。因此，做好幼小衔接工作，为儿童入小学做好准备，以提高基础教育的质量，是幼儿园需要承担的重要任务。

第二节　学前教育的目标与意义

一、学前教育的目标

教育目标是为教育活动、教育过程设定的要在受教育者身上反映的规格指标，它陈述的是要把受教育者培养成什么样的人。也就是说教育目标是一种对教育活动结果的规定。

这里要区别两种不同性质的教育目标。

（一）以广义的教育为基点的一般性教育目标

这种教育目标的确定者可以是家长、教师，也可以是某一个利益团体，还可以是整个社会。这种教育目标是具有多样性和差异性的，不同的教育目标的设定者对于受教育者发展可能性的认识、选择是不同的，主观的愿望也是不同的。

（二）以狭义的教育为基点的教育目标

这种教育目标反映的不是个别人、个别团体对于儿童发展可能性的认识，不是个别人、个别团体的愿望，而是反映了社会对其未来一代的一定要求、期望，一般说来，它能较为科学地反映受教育者可能发生的变化，以及最终应该发生的变化。基于这一认识，学前教育目标是对培养幼儿规格的要求，也是对学前教育最终结果的反映和预期。

二、学前教育目标的意义

（一）学前教育目标具有对幼儿教师思想和观念的规范作用

幼儿教师是教育活动的组织者，是教育活动方向的把握者。用学前教育目标影响教师，使之具有明确和正确的目标意识，并以这种意识去选择教育内容、教育方法、教育手段，设计教育环境。因此，可以说对教育活动起真正指向作用的是扎根于教师意识中的教育目标。

（二）学前教育目标对教育过程的指导和控制作用

学前教育过程是一个多因素参与的过程，是一个封闭的系统，又是一个相对开放的系统。教育环境、教师、儿童三者之间经常需要协调，班级环境、园内环境、园外环境（包括家庭环境）之间也要进行协调，这种协调是增效的过程，是对与学前教育目标不一致的因素排斥和控制的过程。因此，教育过程的"调控器"还是学前教育目标，它能使教育过程都围绕、指向教育目标。

（三）学前教育目标最本质的意义是对儿童的发展具有规范、评价（标准）作用

学前教育目标指明了儿童发展的领域和基本范围，描绘了儿童发展的蓝图。正如美国当代课程专家拉尔夫·泰勒所言，教育的真正目的不在于教师完成某种活动，而在于学生的行为范型中引起某种重要的变化。同时，教育目标也是衡量教育成效的尺度，是衡量儿童发展的尺度。因此，学前教育目标也是学前教育评价体系的基础。

麦克多纳尔德提出了教育目标的五项功能：

（1）教育目标可明示教育进展的方向；

（2）教育目标可用以选择理想的学习经验；

（3）教育目标可用以界定教育计划的范围；

（4）教育目标能指示教育计划的要点；

（5）教育目标可作为教育评价的重要基础。

这五项功能对于我们进一步深入思考学前教育目标功能是很有借鉴意义的。麦克多

纳尔德认为,教育目标的功能随着目标水平(宏观、中观、微观)的不同而不同,但它们有着共同的功能,这就是通过明示教育活动的目标,提示达到目标最优的内容与方法,并且成为评价教育(教学)活动结果的一种标准。

三、学前教育目标的依据

无论是从"个人本位论"出发,还是从"社会本位论"出发来确定教育目标都是有缺失的,都不能保证教育目标的科学性。要建立科学合理的教育目标需要摒弃本位论,从众多相关因素中组织教育目标。拉尔夫·泰勒提出了学前课程目标的五个生长点,这对我们讨论学前教育目标的确立是有一定价值的。这五个生长点是:学习者本身、当代校外生活、学科专家的建议、哲学、学习心理学。其中,学习者本身,就是受教育者——儿童;当代校外生活,也就是社会;学科专家的建议就是相关的学科及其结构、有系统的知识、能力、情感体系;哲学则是价值判断,是宏观的、指向的力量;学习心理学是微观的、具有调节功能的因素。因此,确定学前教育目标的依据主要是前三者。

(一)儿童

教育目标最终是要以儿童在教育影响下的发展表现出来的,只有研究和把握儿童身心发展的实际水平、需要和可能性,才能在此基础上确定儿童进一步发展的潜力、方向和步伐。由此可见,了解儿童身心各方面的发展是确定教育目标必不可少的工作。

(二)社会

主张"社会本位论"固然不够科学全面,但无视社会因素也是不现实的。因为每一个社会都是有一定的社会宗旨的,这一宗旨要在各个领域里贯彻落实。未来的一代应塑造成什么样的人,便是这一宗旨在学前教育领域中的反映。所以学前教育目标总要反映社会的要求和愿望,并关注社会的变化,甚至还应该关注社会的未来,世界的未来。随着社会的不断进步,人们的思想观念发生了一定的变化,在某些观念上甚至发生了很大的变化,并且这种变化通过各种途径影响着儿童,有些影响对儿童可能是健康有利的,也有些影响可能是消极有害的,而作为幼儿园,必须针对这一现实做出教育上的调整,有的可能是低层目标的调整,有的可能是总目标的调整。

(三)学科

对于学校教育来说,学科是很重要的目标生长点。但对学前教育来说,其重要性要低一些。因为学前教育更强调儿童身心和谐发展,注重个性的养成,知识学习、能力锻炼只是儿童发展的其中一个方面。但不管如何,学科还是一个重要的参照。事实上,身心发展的许多方面都是与有结构、有系统的学科相关的。所谓"学科专家的建议",是相关学科的专家对于相关学科及其核心点的针对性陈述。而教育目标涉及的认知、能力系统更是与相关学科有关的。人为破坏学科的系统性、结构性是不明智的。因为系统性、结构性不但反映了一定的程度序列,同时也体现了知识和能力的相关性。当然,这并不是说系统性、结构性的保持唯有学科参照,近十年的学前教育实践表明,除了学科参照,其他形式(主题、单元等)参照也能在很大的范围内体现系统性和结构性。

在考虑以上三方面教育目标依据时,应注意正确处理可能性目标和适宜性目标的关系。从儿童、社会、学科三个教育目标依据出发,无论哪一方面均可列出许多的小教育目标,经过三者的平衡,即经过"学习心理学"的筛选,仍可保留众多的教育目标。假设家长强烈要求让儿童学英语,社会其他方面也给幼儿园以压力,迫使教师业余时间学英语,然后教儿童英语,3年以后,每个儿童都会说5~20句不等的英语,还认识大部分字母。这可以证明一点,让儿童学英语的简单句是可以的,儿童能掌握。经过了"学习心理"的筛选即是可能性目标。问题是这样做是否有必要。每周用三个单位的时间,学英语和玩游戏到底哪一个更有价值呢?这就要经过"哲学"的价值取舍。只有经过价值取舍,才能确定适宜的目标。

四、学前教育目标的层次和结构

(一)学前教育目标的层次

1. 学前教育目标的计划性、目的性

(1)学前教育机构的教育目标

学前教育机构的教育目标严格按照国家的有关法律、法规制定和执行,具有明确的计划性和目的性。

(2)学前社会教育的其他机构的学前教育目标

如儿童中心、幼儿活动室、儿童科技中心、儿童游戏城等,这些机构参照国家的有关法律、法规,具有较为明确的教育目标,往往是幼儿园、托儿所等正规机构的教育目标的补充、延伸和强化,但其计划性、目的性程度次于正规学前教育机构。

(3)学前家庭教育目标

学前家庭教育目标从总体上看,往往缺乏相关法律、法规的直接指导,目的性、计划性不强,有不少家庭甚至没有明确的学前教育目标,或目标经常变更,随意性大。如有的家庭把孩子某些专门方面的发展当作教育目标,且受某些风气的影响,经常变更孩子发展的侧重点,一会让孩子学钢琴,一会学画画,一会又学电脑。

2. 学前教育目标范围和层次

第一,学前教育目标是由国家制定的并通过法规或其他行政性文件颁布,是在全国范围内具有指导价值的目标。

幼儿园保育和教育的主要目标就是对全国学前教育机构具有广泛指导意义的目标。学前教育目标是促进儿童身体正常发育和机能的协调发展,增强体质,培养良好的生活习惯、卫生习惯和参加体育活动的兴趣;发展儿童智力,培养正确运用感官和运用语言交往的基本能力,增进对环境的认识,培养有益的兴趣和求知欲望,培养初步的动手能力;萌发儿童爱家乡、爱祖国、爱集体、爱劳动、爱科学的情感,培养诚实、自信、好问、友爱、勇敢、爱惜公物、克服困难、讲礼貌、守纪律等良好的品德行为和习惯,以及活泼、开朗的性格;萌发儿童初步感受美和表现美的情趣及能力。

这一层次的目标,概括性强,较为宏观,可操作性低,它是一种较为原则性的目标。如"萌发儿童初步地感受美和表现美的情趣及能力",这一目标较为笼统,必须对此进行分解和具体化。

第二,学前教育目标是针对国家情况确定的目标,考虑某一地区社会、经济和文化的发展现状,以及师资及学前教育设施的状况,确定适合本地特点的、对本地的学前教育实践具有指导意义的学前教育目标。

我国是一个幅员辽阔、文化差异较为显著的国家,要使国家的学前教育目标真正得到贯彻执行,地方性教育目标的制定就极为重要。

第三,学前教育目标是针对幼儿园教育的实际及幼儿园所在社区的自然、人文环境确立的适合特定幼儿园的学前教育目标。

这种目标具有很强的针对性,它能体现幼儿园教育的宗旨,也正是从这个意义上说,幼儿园教育的首要工作是确定学前教育目标。

3.学前教育目标的可操作性程度

学前教育目标的层次不同,其可操作性就有所不同。越是具体的、下位的目标越具有可操作性。上位目标应分解为下位目标,才能得以实施。

(1)幼儿园教育总体目标

学前教育目标是根据有关的法规及地方性学前教育目标所确定的,它是对某一幼儿园教育的一些原则性目标,较为抽象,还不能作为依据开展具体的教育实践活动。

(2)幼儿园课程目标

幼儿园课程目标是幼儿园总体教育目标的具体化,是总体教育目标在相关领域中的落实,故它与领域目标的内涵相近。

(3)幼儿园年龄阶段目标

幼儿园年龄阶段目标是把课程目标落实到幼儿园三个不同的年龄阶段,因此幼儿园的年龄阶段目标是由相互连接的、逐渐递进的三个不同的年龄目标组成的。

(4)单元目标

单元目标是年龄目标的具体化,是分段性目标,年龄目标由一系列相互联系的、逐步递进的单元目标构成。有两种划分单元目标的方式:一种方式是以内容单元的形式划分。根据教育目标及相关的教育内容的特点,把某一组目标及其相关的内容有机组织起来,构成主题或单元(这里的单元是指一定目标下的教育内容结构,如有的幼儿园采用的单元教育中的单元),年龄目标则分解为一系列的主题(或单元)目标。另一种方式是以时间单元的形式划分。根据教育目标及教育内容的特点,把年龄目标划分为月目标、周目标等,分科教育较多地采用时间单元的形式划分目标。

(5)教育活动目标

教育活动目标,也称教育行为目标,是指某一个具体的教育活动所要达到的结果,或所引起的幼儿行为的变化。它是单元目标的具体化,是一种最具有操作性的目标。学前教育目标只有变成了教育活动目标,贯彻到具体的教育过程中,才能落实到儿童的发展上。

(二)学前教育目标的结构

如果说学前教育目标的层次主要是从教育目标的纵向做分析的话,那么学前教育目标的结构则主要从横向来分析学前教育的目标。由于学前教育目标的横向扩展是从课程目标开始的,最先涉及目标的结构问题,便是课程目标的制定这一环节,因此,这里主要从课程目标的层面对学前教育目标结构做分析。从课程目标的层面看,可从三个不同的角度确定学前教育目标,使学前教育目标形成三种不同的结构。

1.从教育的基本内容的角度确定学前教育目标

从教育的基本内容的角度确定学前教育目标即把学前教育的目标分为德育的目标、智育的目标、体育的目标和美育的目标。这四项目标相互联系,有机结合,形成了学前教育目标的基本结构。

2. 从学前教育目标的现实媒体——相关的学科或领域表现教育目标

相关的领域表现的教育目标有健康领域的目标、自然领域的目标、社会领域的目标、艺术领域的目标、语言领域的目标等。这些目标形成一种领域目标结构。

3. 从儿童身心发展的角度确定学前教育目标

教师可以从儿童身心发展的不同方面确定目标,如身体发展的教育目标、认知发展的教育目标、情感发展的教育目标等。这些目标也构成了领域目标结构,只是它是从儿童发展的角度出发的。当今在教育目标分类方面很有影响的美国心理学家布鲁姆在教育目标分类学中,提出了以情感、认知、动作技能三个领域的个体发展构架来确定相关的教育目标,其实质是教育目标"心理化",以人的身心发展整体结构为出发点和归宿。

不管从哪一种结构出发,教育目标的最终归宿必然是儿童发展。从这个意义上说,从儿童发展的角度出发确定教育目标是一种较为直接的确定教育目标的方式,也可以说,从儿童发展的角度上确立的学前教育目标结构是一种与儿童的发展更"靠近"的目标结构。但儿童的任何发展总是与教育联系在一起的,没有脱离教育而独立存在的发展目标。

五、我国学前教育目标的发展

幼儿园的教育内容是全面的、有启蒙性的,可以相对划分为健康、语言、社会、科学、艺术五个领域,也可做其他不同的划分。各领域的内容相互渗透,从不同的角度促进儿童情感、态度、能力、知识、技能等方面的发展,各领域目标如下。

(一)健康

(1)身体健康,在集体生活中情绪安定、愉快。
(2)生活、卫生习惯良好,有基本的生活自理能力。
(3)知道必要的安全保健常识,懂得保护自己。
(4)喜欢参加体育活动,动作协调、灵活。

(二)语言

(1)乐意与人交谈,讲话礼貌。
(2)注意倾听对方讲话,能理解日常用语。
(3)能清楚地说出自己想说的事。
(4)喜欢听故事、看图书。
(5)能听懂、会说普通话。

(三)社会

(1)能主动地参与各项活动,有自信心。
(2)乐意与人交往,学会互助、合作和分享,有同情心。
(3)理解并遵守日常生活中基本的社会行为规则。
(4)能努力做好力所能及的事,不怕困难,有初步的责任感。
(5)爱父母长辈、老师和同伴,爱集体、爱家乡、爱祖国。

（四）科学

（1）对周围的事物、现象感兴趣，有好奇心和求知欲。

（2）能运用各种感官，动手动脑，探究问题。

（3）能用适当的方式表达、交流探索的过程和结果。

（4）能从生活和游戏中感受事物的数量关系并体验到科学的重要和有趣。

（5）爱护动植物，关心周围环境，亲近大自然，珍惜自然资源，有初步的环保意识。

（五）艺术

（1）能初步感受并喜爱环境、生活和艺术中的美。

（2）喜欢参加艺术活动，并能大胆地表现自己的情感和感受.

（3）能用自己喜欢的方式进行艺术表现活动。

从我国学前教育的实践来看，学前教育目标的侧重点随着不同的历史时期而发生着一定的变化。从较多地强调知识教育发展到强调能力培养，从知识、能力并重发展到强调全面发展及个性发展，强调情感、态度价值观的发展，教育活动要既符合儿童的现实需要，又有利于其长远发展，强调终身学习，这也从一定程度上反映了广大学前教育工作者对儿童发展认识的全面和深入。

第三节　学前教育价值属性及类型

一、学前教育价值属性

就其整体而言，价值具有功用性、客观性、社会性、历史性等属性。其中，功用性是价值的根本属性，其他属性表明了价值只适用于人类及其所构成的社会。

根据价值的这些规定和属性，可以认为，学前教育价值就是学前教育满足人们需要的这种关系属性，即学前教育与人（儿童、成人）和社会需要之间的关系。具体来说，学前教育在不同社会历史条件下其功用性如何，一方面是对儿童身心发展的作用，另一方面是对社会需要的满足的作用，这包括学前教育的决策者、社会团体与组织、儿童家长等。学前教育具有什么样的价值、价值有多大、价值如何变化等，均受这些方面的影响。无论哪种特点的学前教育，其中总渗透着一定的教育价值观，都在追求着一定的教育价值。值得关注的是，学前教育应追求什么样的价值、怎样追求等。

学前教育具有一般教育的价值特征，但同时也有其特殊性。学前教育具有以下属性。

（一）功用性

功用性是学前教育的根本属性。通俗地讲，即是学前教育于儿童、家长、教育者及社会有一定的用处。它能满足上述方方面面不同的需要。这种功用性不是固定不变的，在不同条件下会发生一些变化，有时变化还相当大。

（二）客观性

人类培养儿童的需要是客观的，学前教育能够满足人们的这一需要也是客观的。不论人们是否意识到、是否承认,只要开办了学前教育,它便要产生一定作用。因此,人类必须对学前教育价值进行选择和控制,再加以优化。

(三)社会性

学前教育是人类有意识的社会活动,离不开社会。其价值形式、特点受社会的政治、经济、人文观点、文化因素等方面制约,具有一定阶级性(阶级社会中)、阶层性,乃至地域性、民族性。

(四)历史性

学前教育的功用性、社会性、阶级性等都是随社会历史变化而变化的,因此它具有历史性特征。在不同历史条件下,人们认识发展的水平不同,使教育价值也具有了不同特点。

二、学前教育价值类型

(一)根据价值的直接性、间接性分类

学前教育价值可划分为内在价值和工具价值。内在价值即促进儿童身心和谐发展及个性发展的价值;工具价值即为以后发展打基础和促进社会发展的价值,也称外在价值。

(二)根据不同的社会功能分类

学前教育具有政治价值、经济价值、文化价值、服务价值等。

(三)根据教育内容分类

学前教育表现为育德、育智、育体、育美等方面的价值。

(四)根据价值的追求分类

学前教育有理想价值和现实价值。理想价值即教育最大限度地符合人们理想追求的功效;而现实价值则是在实际生活中学前教育最终产生的功效。

第四节　当代学前教育发展趋势

纵观当代学前教育发展的态势,可以看到以下几方面。

一、保障儿童权利、促进教育民主化成为学前教育发展的指导思想

20世纪以来,保障儿童权利、促进教育民主,成为当代学前教育发展的指导思想。首先,从儿童的权利保障来看。联合国通过《儿童权利公约》,保护儿童各种权利成为各国政府的法律承诺。而在儿童的各种权利之中,儿童的生存权、发展权是其主要的内容。联合国教科文组织通过《全民教育宣言》,将学前教育列为全民教育发展目标之一,扩大幼儿的看护和发展活动,包括家庭和社区的参与,尤其要针对贫困儿童、处境不利儿童和残疾儿童的看护和发展活动。可见,保障包括学前儿童在内的儿童生存、生活、教育的权利,已经成

为国际法的重要内容。其次,从教育民主化的角度来看,20 世纪 60 年代以来,教育民主化成为全球教育改革的基本目标,其核心指标是人人有受教育的权利,教育机会均等。

二、政府对学前教育的支援增强

从保障儿童教育的权利、促进教育民主化的宗旨出发,各国加大了对学前教育干预、调整的力度,出台了相应的政策、提供经费支持,以促进学前教育的发展。美国颁布了《经济机会法》,推出"开端计划",帮助贫穷、环境不利和少数民族的 3~5 岁儿童接受学前保育和教育;提出了"早期开端计划",将赞助对象延至 2 岁的儿童。英国的"确保开端"运动,资源优先向 20% 处境最不利的地区倾斜,该项目的口号是"每个儿童的生命都值得拥有最好的开端"。在瑞典,所有 0~6 岁幼儿的教育是完全免费的。韩国的学龄前儿童在入学前可享受一年的幼儿教育。德、法两国幼儿园根据父母的收入情况来收费,有效地解决了贫困家庭儿童的入园问题,也保证了学前教育机构的健康发展。日本先后四次推出幼儿园教育振兴计划,大力发展学前教育。俄罗斯通过《俄罗斯联邦教育法》,宣布教育为优先发展的领域,规定俄罗斯境内的公民,不分民族、语言、性别、年龄等,均可接受教育,并得到保障,不让每一个儿童因贫困、疾病、身体缺陷等原因失学或辍学,保证每个儿童享有平等的受教育权。我国为推动学前教育改革和发展,明确指出学前教育是国民教育体系的重要组成部分,是重要的社会公益事业。因此,发展学前教育必须坚持公益性和普惠性,努力构建覆盖城乡、布局合理的学前教育公共服务体系,保障适龄儿童接受基本的、有质量的学前教育;必须坚持政府主导,落实政府责任,充分调动各方面的积极性;必须坚持改革创新,破除体制机制障碍;必须坚持因地制宜,一切从实际出发;必须坚持科学育儿,遵循儿童身心发展规律。

三、学前教育的发展水平不断提高

当代学前教育的发展水平不断提高,具体表现有以下几方面。

第一,注重对课程的改革。

教育的结构从根本上讲就是课程的结构,随着认识的深入,人们意识到各类教育之间是相互联系的,过去只重视智育的做法是有局限的,现已从"智育中心"转向儿童个性的全面发展。世界各国纷纷对儿童教育进行了改革,其中,主要是对儿童教育课程进行了改革。法国颁布《幼儿学校教学大纲》,其基本精神为开放的大课程观、丰富的经验性课程、以儿童为中心的课程观、结构化学习。我国近十几年来正在形成多种课程模式的格局,并呈现了从单科扩展到整体的课程;从城市扩展到农村;从重视幼儿园正规课程研究到尝试幼教机构非正规课程的研究。改革的目的是形成体验的、全面发展和个性发展的课程。

第二,学前教育制度灵活多样。

从资金供给途径看,学前教育机构有国家教育部门、地方政府、社区、教会、慈善团体、学校、企业、私人等投资创办;从幼儿在园时间的长短看,学前教育机构包括寄宿制、全日制、半日制、计时制等;从办园形式上看,学前教育机构包括幼儿园、托儿所、托幼一体化机构、日托中心、家庭日托、小学学前班等;从个体体制上看,既有私立学前教育机构,也有公办学前教育机构,还有在国家监督下,民间组织或团体经营的机构;从职能上看,强调保育和教育功能"一体化",做好幼小衔接等成为各国学前教育改革的共同发展趋势。

第三,提高教育质量。

从20世纪80年代开始,高质量的幼儿教育成为托幼机构的追求目标。美国早期教育协会颁布了一个关于高质量的托幼机构教育的认证标准,这个标准以及作为这个标准的核心概念——发展适宜性教育在全世界影响相当广泛。在此推动下,各国都加强了对托幼机构教育质量的评价与研究工作。教师学历普遍得到显著的提高,各国逐步建立了托幼机构教师的专业资格证制度,并且重视对在职学前教育师资的培训。

四、加强幼儿园与家庭、社区的合作

20世纪90年代以来,各国都越来越重视幼儿园与家庭、社区的合作。各国的幼教机构都重视和家长建立良好的家园联系,通过"家长开放日",使用"家长手册"和"家长布告栏",定期发放"幼儿园通讯"等方法使家长了解儿童的在园表现。美国"开端计划"的参与人员既有教师、保育员、大学生,又有家长、医生、护士,还有营养专家、社会事业家、教育学家和心理学家,其中以教师和保育员为主。"家长手册"是美国学前教育机构与家庭建立合作伙伴关系的第一通道。一些国家相继建立和发展了"以社区为基础的整合性早期服务机构",例如,英国有"早期儿童优质服务中心";澳大利亚有"新型儿童服务中心""儿童保育和家庭支持轴心策略"和"家庭和社区振兴策略";日本有"社区育儿支援中心""幼儿教育网"和"幼儿教育中心"。这些机构以社区为基础,整合运行,具有早期儿童服务功能,指向儿童及其家庭和社区。这种整合型的早期教育服务模式也是学前教育机构一体化发展的产物。

第二章 学前教育的基本原则、内容和方法

第一节 学前教育的基本原则

幼儿园教育的原则是教师在向儿童进行保育和教育时必须遵循的基本要求,它是在幼儿园教育目标、任务,儿童身心发展规律以及幼儿园长期教育实践经验总结的基础上提出来的。虽然提法不一,但对幼儿园教育实践有一定的指导作用。作为幼儿教师,必须深刻理解、准确把握这些原则,并且用这些原则指导自己的教育活动。

一、启蒙性原则

(一)启蒙性教育的内涵

启蒙性教育是指学前教育要对儿童进行最基本的、入门式的教育,为其以后的学习和发展打下基础。学前儿童处于人生的初始阶段,对自身和周围的事物、自然环境、社会环境了解甚少或一无所知,因此,幼儿园教育就在于对儿童进行启蒙教育的作用,古代也有"蒙学"之称。

在现代学前教育中,教师应从德、智、体、美四方面着手,对学前儿童进行健身启智的启蒙教育。在教学内容上遵守广、薄、浅的原则,以引导学前儿童潜能的自然萌发。从品德方面来讲,主要使儿童掌握基本的礼貌与规则、人际交往技巧、积极的情绪、良好的品质等内容;从智育方面来讲,重在培养儿童一般智力(感知力、观察力、注意力、记忆力、想象力等)与特殊智力的发展;从体能方面来说,重在发展儿童小肌肉和大肌肉运动的潜能,进一步促进儿童身体的协调和完善,如独立行走、自己拿东西、能专注地听老师讲课等;从美育方面来说,重在发展儿童感受美、欣赏美、表现美的能力。当然,除了在教学内容上体现启蒙性外,也应考虑在教学目标和方法上的启蒙性。

(二)实施启蒙性原则的注意事项

1. 学前教育的启蒙性作用

学前教育的目的并不是把儿童培养成"神童"或者某种专才,而是开启个人的发展,为儿童一生的发展打好基础。

2. 学前教育目标的启蒙引领作用

目标指引着学前教育内容和方法,因此,教师在制定目标时,一定要体现目标的启蒙引领作用,使学前教育帮助儿童实现一生的幸福和快乐。

二、保教结合原则

保教结合原则最早来源于中国共产党领导下的解放区的学前教育工作,保教人员为了

适应革命战争的需要,全心全意为革命同志服务,自觉地担当起全部保与教的双重任务,既保养儿童使之正常发育、健康成长,又在知识、智力、品德上给予训练和教育。保教结合具有很强的中国特色,是我国学前教育特有的一条原则。

（一）保教结合的内涵

所谓保教结合就是指幼儿园教师和保育员在工作中应牢固树立"保教并重"原则,做到"保中有教""教中有保",确保儿童健康、全面发展。随着幼教理念的不断更新,保教结合也有了新的阐释。保育从单纯的保育儿童身体健康发展向保育儿童生理与心理等多方面健康发展转变,给予儿童精心照顾和养育;教育也不仅仅是发展儿童德、智、体、美,还要培养儿童良好的行为习惯、情绪、情感、能力及追求人的价值与尊严,并促进儿童的自我实现而发展。

保教结合的原则是由学前儿童发展特点、幼儿园教育性质和任务决定的。幼儿园的任务是实行保育与教育相结合,促进其身心和谐发展。因此,在幼儿园实际工作中,保育和教育是在同一过程中实现的,不能分离。

在实施保育与教育中也存在一些问题,不少幼儿教师有"重教轻保"的倾向,有些教师甚至不重视保育工作,轻视保育员,这违背了保教结合的原则,不利于学前儿童的健康发展。保育员在对儿童实施保育过程中要穿插教育活动和要求,在日常生活中贯彻相关的教育原则和要求,而教师也应在各类教育活动中注意配合保育工作,开展相应的保育活动,只有这样才可完成保教结合的任务。

（二）实施保教结合原则的注意事项

1. 良好的工作伙伴是实现保教结合的前提

幼儿园教师与保育员的良好伙伴关系的建立非常重要。长期以来,幼儿园教师与保育员往往对自身的价值认识有所不同,认为保育员地位明显低于教师。有些保育员对自己的工作任务理解不深,总认为自己比不上教师,于是对于教育儿童总是采取回避的态度。而有些教师认为自己是教师,比保育员的地位高,所以对于保育员工作也是采取不闻不问的态度。种种现象从表面上看好像只是教师与保育员之间的"个人问题",但从长远来看,这种现象不仅影响了保教工作的实施,而且影响了儿童的社会性正常发展。所以,当教师与保育员一旦发现合作不顺畅、不愉快时,应好好沟通,找到正确的解决途径。当教师与保育员在进行某一活动时,应事先做好沟通工作。如教师在某一活动环节要保育员帮忙,应在前一天与保育员商量,以便让保育员把自己的工作时间安排好,按时与教师的活动相配合。当然,保育员如有需要教师帮忙的情况,也应该提前与教师沟通,而不是临时通知。当教师与保育员在教育方法上有冲突时,应保持冷静,进行探讨,如果双方都坚持自己的观点,可一同去请教资深教师。

2. 建立良好的师幼关系

幼儿园中的师幼关系不仅指教师与儿童之间的关系,而且还包括了保育员与儿童之间的关系。建立良好的师幼关系是儿童学习的最基本条件。首先,教师要对儿童真诚。教师必须抛弃传统的教师权威的面具,正视自己的优点与缺点,采取宽容的态度对待儿童,消除儿童对教师的恐惧,以具有喜、怒、哀、乐等情绪的人的真正面貌来面对儿童,不必掩饰。其次,教师要真诚地接纳与信任儿童。教师要把每一个儿童都当作一个有价值的独立个体来看待、关心、爱护他们,并给他们充分的探索与自我发现的机会,这是他们应得的权利。只有当教师不以评判的态度来对待儿童,只有当儿童有了最大的安全感时,学习才会有更好的效果。最后,教师要深切地了解儿童。良好的学习是建立在师幼相互了解的基础上的,应相互尊重、相互爱护、相互支持。因为只有深切地了解,才可能产生师生间心灵的沟通,教师才能给予学生温暖和鼓励,并真诚地热爱他们。

在实现良好师幼关系的"主要责任者"是教师、保育员和儿童,但幼儿园的其他工作人员也很重要。这些人都必须具有健全的人格、良好的身体,而且还要具有正确的"爱"的精神。只有所有的幼儿教育工作者团结起来,保教结合、协调一致,才能使儿童身心得到和谐健康的发展。

三、发展适宜性原则

(一)发展适宜性的内涵

发展适宜性就是指学前教育方案在充分参考和利用现有儿童发展研究成果的基础上,为每个儿童提供适合其年龄特点的、适合其个别差异性的课程及教育教学实践。它包括两个层面的含义:一是年龄适宜性;二是个体适宜性。

1. 年龄适宜性

对于3~6岁的儿童来说,在身心发展中存在着共同的、可以预测的生长顺序和发展规律。这些可以预测的发展与变化存在于儿童发展的各个方面,生理、情绪情感、社会性以及认知等方面,这为学前教育的教学提供了依据,使得教师可为不同年龄阶段的儿童准备具有"年龄适宜性"的学习环境和活动。儿童的发展具有一定的规律性和阶段性特征,也是一个持续渐进的过程,这是由儿童的年龄特点决定的,即处于不同年龄阶段的儿童,其发展水平也是不同的。所以,在幼儿园教育教学中,教师要准确把握儿童发展的阶段性特征,遵循儿童发展规律,让儿童在适宜的阶段做适宜的事情。同时在学前教育教学方案制定上应考虑儿童的需要,并根据儿童的需要来设计课程,还应避免"小学化"教学。

2. 个体适宜性

个体发展适宜性,即教育要与每个儿童的特点相适应。教师不应该以"一刀切"的方式对待所有儿童,要用欣赏的态度对待每一个儿童,注意发现儿童的优点,接纳他们的个体差异,不简单做横向比较。因为每个儿童的成长受家庭环境、社会生活和遗传等诸多因素的制约,他们都有其独特的个体发展模式和发展进程,不同的成长速度和兴趣爱好决定了儿童的发展是不同步和不相同的。如有的儿童喜欢表达,有的儿童擅长绘画,也有的儿童爱好运动。因此,作为幼教工作者,在学前教育课程、教育教学过程、师生互动等方面均应考虑儿童的个体差异性,并为其提供具备"个体适宜性"的学习环境和活动,以促进每个儿童在原有水平上获得最大限度的发展。

(二)实施发展适宜性原则的注意事项

1. 提供发展适宜性的课程

发展适宜性课程是根据儿童不同年龄和不同个体的不同需要、兴趣和发展水平,而为其提供相应的教育目标、内容和活动。在选择发展适宜性课程时,第一,应注意发展适宜性课程应该是综合性的。应提供适宜儿童不同发展领域的课程,从而全面地、和谐地促进儿童在生理、情绪情感、社会性和认知等方面的发展。第二,发展适宜性课程必须建立在教师对儿童充分观察和了解的基础上。只有充分了解每名儿童的兴趣、需要和发展水平,才能为他们提供具备"年龄适宜性"和"个体适宜性"的环境和活动。第三,发展适宜性课程是一个互动学习的过程。教师应为儿童准备适宜的环境,使儿童通过对环境的积极探索,通过与周围事物、同伴的相互作用而学习。第四,发展适宜性课程应该是具体的、真实的,与儿童日常生活关联的。教师应谨慎为儿童选择适合其年龄特点的物品协助儿童活动,并在活动前做好充分的准备工作,保证活动的顺利、有序开展。

2. 发挥教师与儿童的互动作用

发展适宜性原则还明显体现在教师与儿童的相互作用过程中。一方面,根据不同儿童的能力和行为方式,对儿童的需要、兴趣和渴望做出快速且直接的反应,为儿童提供范围更宽的发展兴趣,满足其不同的发展需要。给儿童提供足够的、多种多样的交流机会,使儿童有机会模仿、学习或练习交流技能,最终达到有效的表达和交流。另一方面,提供必要的帮助和鼓励以促进儿童成功完成各种任务,为儿童提供没有性别偏好的、尊重多元文化的课程,通过语言鼓励、亲身示范、提供材料、集中关注等方式来帮助和促进儿童完成学习及发展方面的任务。帮助幼儿发展良好的自我控制能力和行为自觉性,培养自律能力,应促进儿童自尊心和自信心的发展。

总之,发展适宜性应以儿童发展为核心,以发展适宜性为评价标准,以健康发展为最终目的,贯穿年龄适宜性和个体适宜性的思想,为儿童不同发展需要和学习特点制定相应的、有针对性的教育目标、教育内容和教育方法。

四、独立自主性原则

(一)独立自主性教育的内涵

儿童是学习的主体,只有儿童积极参与、主动构建,才能促进其身心全面发展。所谓独立自主性原则就是指在学前教育活动中,充分尊重儿童的主体性、独立性,让儿童凭借自己的经验和能力独立主动进行各种活动。发展儿童独立做事、独立思考的能力,不屈从他人的压力,不受外界偶然因素的影响,给儿童提供独立选择的机会,使他们意识到自己的力量,从而培养其独立性与自主性。

在幼儿园教育活动中,充分发挥独立自主性原则。首先,要培养儿童学会依靠自己的经验和能力进行活动。由于我国独生子女数量较高,以及人们生活条件的不断改善,人们对孩子也越来越爱护、越来越娇惯,事事包办代替,导致多数独生子女独立自主能力较差。所以,我们认为培养儿童独立自主性的难点仅不在于幼儿园,也在于家长。有些家长有很强的补偿心理,对于自己的孩子过分溺爱;有些家长对子女过分严格。这是因为家长的文化背景、民族、知识层次、工作与生活环境、所拥有的童年经历不同,家长对爱护儿童的观念与方法也出现千差万别的情况。面对这些有着不同教育观念与教育方法的家长,我们在做工作时一定要考虑到这些因素,教师不仅仅要运用自己的专业知识向家长介绍正确的儿童教育方式与方法,更要运用心理学的知识对家长做出正确的分析,从而对症下药,让家长心悦诚服地接受我们提出的建议。其次,让儿童了解和认识独立自主性。教师要做到身体力行,不但要对自己要求严格,还要给儿童做出一个好的榜样。教师在进行这项活动的时候一定要注意方式与方法,不要一味地以说教的方式来进行教育,而要采取多种多样的游戏、情境角色扮演、户外参观等形式来进行。让儿童从他人的感受与自己的情感中体会出"独立"的重要性,这样可以使儿童更好地配合教师进行活动,同时也让儿童认识到具有独立性人格的人会受到周围人的尊重与欢迎。

(二)独立自主性教育的基本内容

1.生活方面

儿童生活方面的内容包括学习扣纽扣、穿衣服、穿鞋子、系鞋带;自己洗手、洗澡、刷牙、剪指甲;自己吃饭,会使用筷子、汤勺、餐巾,会正确进餐;自己叠被子,自己整理床铺;区分自己与他人的物品等。通过生活技能的教育,树立儿童正确的生活态度。

2.动作方面

教师要注意让儿童学习控制自己的动作,从而使儿童了解自身与社会的关系。首先,学习各种各样的基本动作。其次,培养儿童运用高级神经中枢(大脑)来控制自己的动作,包括走直线、曲线、起立、坐下、开门、关门、搬运碗、盘、小物件,以及走、跑、跳、爬、平衡等基本动作,此外,还包括"安静"地学习。

3.关注环境

儿童在团体生活中,可以主动做一些如清扫教室、擦拭桌椅、擦洗器皿、浇花、饲养小动物等力所能及的事,通过关注自己周围的环境,培养责任感。

4.待人接物

常见的待人接物有见到长辈要问候,见到同学要问好,离开时要说再见,用餐时要注意餐桌礼仪等。通过在实际生活中训练儿童待人接物应有的礼貌,从而培养儿童与人相处的社会行为。

5.学习的自立性

在学习方面除让儿童掌握基本概念和基础知识外,另外一个重要目的就是培养儿童良好的学习习惯和激发其学习兴趣,让儿童从小"做学习的主人"。教师通过活动教学法、发现教学法,培养和激发儿童学习的主动性、好奇心、求知欲、创造力和想象力,给儿童足够的空间和环境,让他们自己去发现问题、探索问题、解决问题,从中体验发现的乐趣、学习的满足感和解决问题后的成就感,进而真正变成"学习的主人"。

(三)实施独立自主性原则的注意事项

在"以人为本"的教育理念影响下,学前教育的目的也逐渐形成了现在的以儿童为主体,尊重儿童人格,关注儿童需要,把儿童当儿童来看待的观念。因而,在实施独立自主性教育时,首先要重视教育在儿童独立自主性形成过程中的作用。无论是在幼儿园还是在家庭,教育使儿童意识到自己的力量,感受到独立自主的乐趣。其次教师应给儿童提供多种机会,让他们把在幼儿园学来的知识运用到日常生活中去,当然,这也需要家长的配合,只有家长积极地配合、参与,儿童才有更多的机会在生活中体会到独立自主性的重要,否则就可能会出现"5+2=0"的现象。最后教师在实施独立自主性原则时,要用一颗宽容的心对待儿童。面对儿童的一言一行,不要因为儿童表现出与教师要求不一致,便对儿童进行批评和嘲讽,尤其在儿童遇到困难的时候,教师更不能讥笑、讽刺、打击他们。面对某些独立性强的儿童,在他们做得好的时候,教师应给予鼓励。总之,教师在培养儿童生活、学习独立自主性的同时,更要注重培养儿童人格的独立,这才是学前教育的根本目的之所在。

五、游戏化原则

（一）游戏化教育的内涵

学前教育游戏化原则是指学前教育必须以学前儿童游戏活动为最重要的实施途径与方法。游戏是儿童的天性，儿童游戏蕴藏着儿童发展的需要和教育的契机，具有自发、自愿、自由、愉悦、充满幻想和创造的特点。在游戏中儿童学到了许多知识，激发了创造性，培养了注意力、观察力和判断力，学会了与人相处的基本技能，发展了积极的情绪、情感，锻炼了身体。这些都是由游戏的本质所决定的。那么，幼儿园教育如何实现教育和游戏的结合，主要就体现在"游戏活动教育化"和"教学活动游戏化"两个方面。

游戏活动教育化，是针对自然状态下的游戏状态而提出的，目的是改变重上课轻游戏的现象，突出游戏在幼儿园教育中的地位，实现游戏对教育的服务功能。具体落实在用教育目标来关注游戏，以教育的内容和任务来分类组织游戏活动，以儿童游戏的年龄特点为依据，加强对游戏的引导，使游戏对儿童的发展能够迎合教育的方向。研究发现，游戏有助于激发儿童的学习动机，能够帮助儿童学习知识、提高能力、培养正确的情感态度价值观，也能够促进自主学习等学习方式，因此，在幼儿园教育活动中，教师应通过制订计划，有目的、有步骤地指导儿童开展游戏，充分利用游戏的教育作用，减少指导的盲目性，以保证儿童较好地开展游戏。

教学活动游戏化，是针对幼儿园教育日益趋向于小学化而提出的。教育儿童的主要技巧是把儿童应做的事都变成游戏。让儿童在游戏中饶有兴趣地观察、体验，形成积极的学习态度，激发儿童的学习兴趣。幼儿园教学活动是教师对儿童学习活动有目的、有计划地组织与指导，是教师与儿童共同建构认识的过程，而儿童的身心发展水平以及在学习上所呈现出的好奇、好动、好模仿等特点，决定了那种抽象的言语讲授或说教、端坐静听式的"上课"、集体统一的规范化教学断然不能成为适宜于儿童的教育形式。游戏作为幼儿园基本的活动形式，在组织和开展幼儿园的教育教学活动中，符合儿童游戏的天性，激发了儿童学习的主动性和积极性，确保了教育教学的顺利完成。

因此，在教学过程中，应尊重儿童的人格和权利，尊重儿童身心发展的规律和学习特点，利用游戏，激发儿童强烈的好奇心，提高儿童的学习积极性，使学习内容变得极具趣味性，从而使儿童获得愉悦的心理体验。

（二）实施游戏化原则的注意事项

1.游戏是幼儿园教育的基本形式

游戏是儿童的正当权利，幼儿园教育以游戏为基本方式，这是教育行政部门规定的，也是教育专家认可的，经过实践检验证明是正确的。幼儿园教育以游戏为主，符合儿童生理和心理发展的规律。幼儿园教育应尊重儿童的人格和权利，尊重儿童身心发展的规律和学习特点，以游戏为基本活动，保教并重，关注个别差异，促进每个儿童富有个性的发展。所以，我们必须充分认识、提升游戏对儿童成长与发展的独特价值与意义，把游戏作为幼儿园教育的基本形式，让孩子们在游戏中学习社会、了解生活、获得知识、开发智力、增进才能、强壮体魄，实现身心的全面、和谐发展。

2.为儿童提供充足的游戏时间

充足的游戏时间是保证儿童游戏权力得以实现的条件,因此,幼儿园在教育工作的拟定时,要把游戏落实到每天的教育活动中,从时间的分配上,自选游戏与教师安排的游戏比例、上课与其他活动的时间比例要合理安排,一般情况上午和下午都应有约1小时的游戏时间,并在制度上得以保证,教师要认真执行作息制度,确保游戏有质量地高效展开,充分满足儿童的游戏愿望。除此之外,教师还应利用其他环节及零散时间组织儿童开展不同的游戏活动,并在游戏中随时抓住教育的契机,给予有针对性的指导,使游戏活动和随机教育巧妙地结合,促进游戏的深化和质量的提高,更好地促进儿童的全面发展。

六、全面性原则

(一)全面性教育的内涵

学前儿童全面发展原则主要是指教师在指定教育计划、设计教育活动时,应当结合家庭和社会各方力量,促进儿童德、智、体、美的全面整体的发展。这一概念包含以下三层含义。

第一,儿童的发展应是全面的、整体的。从个人发展的角度来看,学前儿童身心发展是一个有机统一的整体,不可任意割裂,片面发展。儿童德、智、体、美诸方面都有其独特的地位和作用,因此,学前教育必须促进儿童全面、和谐发展,不能忽视其中任意一个方面,更不能把全面发展看成是"平均发展",只有把儿童各个方面协调好、发展好,才是真正的整体和谐发展。

第二,教学设计的全面性和综合性。促进学前儿童全面发展,要在课程设置和教学设计中体现出来,可以通过各种活动,促进儿童的全面、整体发展。首先,教育目的与教育内容的全面性和综合性。我们在为儿童设计课程时,必须从儿童全面发展的角度来看,其中包括儿童健全人格的发展,以及生理、心理、社会能力、语言、情感、道德、艺术等方面的发展。无论是采用主题教学、综合教学或分科教学等,都可以在教学内容方面体现综合性。其次,教育手段的多样性和综合性。教师要以儿童为中心,以儿童的兴趣所在为出发点,来选择自己的教育手段,抛弃那种在语言课上只能讲故事,在音乐课上只能唱歌,在体育课上只能做游戏的单一做法。充分利用音乐、歌曲、游戏、美术、手工、甚至可利用一切现代化的教学手段(电脑、电视),让儿童在自由自在的环境中选择自己所喜欢的方式学习,使孩子的学习、生活充满乐趣。

第三,协调各方力量,促进幼儿全面发展。幼儿园还应协调家庭、社区各界力量,促进儿童全面发展。如果仅有幼儿园教育资源,不但造成教育的封闭,而且极大地浪费了其他方面的教育资源。因此,充分利用来自各种不同环境、有着各种不同经验的儿童、家庭、社会的教育资源,发挥各方优势,让儿童真正地接触社会、开阔眼界、增长见识,促进儿童全面、和谐发展。

(二)实施全面性原则的注意事项

1.儿童全面发展与发展个性并不矛盾

幼儿园的全面发展教育应是面向全体儿童,促进每个孩子在原有基础上的发展,平等地、一视同仁地对待所有儿童,使每一个儿童都能达到教育目标的要求。当然世界上没有两片完全相同的树叶，也没有两个完全相同的儿童，每一个孩子来自不同的家庭环境，造就了孩子不同的性格、需要、能力、学习方式及人生态度，即使是同一阶段的儿童在身心发展方面也存在着个别差异性，因而，应重视每一个孩子富有个性的发展，让不同的孩子能够实现自己特色的发展。

2. 不断提高幼儿教师的素质

教师素质的高低会直接影响到全面性原则在幼儿园实施的效果。幼儿教师首先要具备弹、唱、说、跳、做、画、写等专业技能，还要不断地丰富和更新专业理论知识，转变教育观念。在平时的教学活动中，注意教育内容与教学方法的全面整合，理性分析儿童和自身的行为，采取多样而有效的措施和方法。当然，作为新时期的儿童教师，提高自身素质，善于发现有利的教育价值，促进幼儿全面发展，这已成为时代的要求。

3. 采用多种形式促进儿童全面发展

良好的活动组织形式是达成教育目标的重要因素。幼儿园教育活动的组织形式有集体活动、小组活动和个别化学习。教师在组织教育活动时，对各种活动组织形式的特点、目的、功能和教育作用都要有正确的认识和理解，并根据活动的内容和学前儿童的学习需要，灵活运用各种形式组织教育活动，为儿童提供多样化的学习机会与条件。集体活动是目前我国教育的主要组织形式，通过集体的分享与讨论，引发儿童学习探索，并帮助儿童建立及整合一定的经验与概念，以便在小组或个别活动中继续延伸。小组合作学习是指合作伙伴是儿童可以自己选择的，或在探索过程中自然形成的，可能是要探索一个共同感兴趣的问题，或者是为了完成一项共同的目标而组成的一个团体。个别化学习是指教师要尊重每一个儿童的个性化学习方式，承认每一个儿童的思维状态，在一定的时段、范围内选择学习内容，根据自己的兴趣、能力去解决各自面临的问题。只有把集体活动、小组活动和个别化学习有机结合，才能更有效地利用时间和空间，提高儿童学习的有效性，并使儿童自觉地投入到各种活动之中，以促进儿童全面发展。

七、活动性原则

(一) 活动性原则的内涵

活动性原则源自杜威的"做中学"，实际来自俄罗斯心理学家的"活动主导论"和儿童心理学家皮亚杰的儿童认知发展理论。根据皮亚杰的理论，儿童的思维发展主要表现为具体形象思维，利用事物的形象以及事物形象之间关系解决问题。即儿童通过操作具体事物而实现对问题的解决，在不同的发展阶段有不同的主导活动，而幼儿期的主导活动就是游戏，游戏能促进幼儿阶段身心的全面发展。皮亚杰认为，儿童是在活动中建构他们的认知结构的，从而发展他们的智力和社会行为，而活动就是儿童这一主体与外界事物之间的相互作用。我国教育家陈鹤琴和陶行知也倡导了这个教育思想。活动性原则指学前教育以活动为主导，以活动贯穿整个教育过程，以活动促进儿童身心健康发展，以活动作为学前教育的主要内容和形式。

在学前教育教学过程中，要以活动为中介，使学前儿童通过参与各种活动促进其各方面的发展。所以，首先，教师要为儿童提供适宜的环境空间和丰富的材料，协助儿童开展丰富多彩的活动，为儿童积极主动开展活动提供可能性。其次，教师要相信儿童，放手让儿童独自进行活动，必要时要进行引导、帮助，从而激发儿童活动的积极性和主动性，使儿童成为活动的主导者。最后,还要注意活动的丰富性和多样性。通过集体形式、小组形式、个别辅导组织不同的活动,如亲子活动、游戏活动、科技小发明活动等。使儿童与教师、同伴交往的过程中,建构自己的认知结构,发展其智力,体验与理解自我与他人之间的相互关系和情感。

(二) 实施活动性原则的注意事项

1. 提供活动机会和环境,鼓励儿童积极主动地参与活动

幼儿园中的一些教师对儿童活动理解不够深刻,有些教师认为只要让儿童自己进行玩耍就是活动,只要在活动中孩子没有危险,教师就算尽了自己的责任;有些教师对待某些活动时会采取回避的态度,甚至阻止儿童参与。如在花园里发现一些昆虫,教师第一个反应就是尖叫跑开,或是大叫一声:"很脏! 别去动它!"这主要是教师没有认识到指导在儿童活动中的重要性。儿童在活动中常常会碰到这样那样的问题,有情感方面的,有认知方面的,也有行为方面的,如果教师不认真观察就不会发现这些问题,当然也就不能及时帮助儿童解决了。我们这里所说的解决问题,并不是直接给予儿童问题的答案,而是教授儿童一些必要的方法,引导儿童自己去寻求答案的过程。针对上面的例子,当儿童在花园里发现了一只昆虫,教师可以先听一听他们在说些什么,并看一看他们有哪些行为。如果儿童对昆虫很有兴趣,教师就可以同儿童一起找来相关的书籍、图片、视频等资料让儿童观看,或是让他们自己寻找相关信息;教师还可以同儿童一起喂养昆虫,让儿童进行每日观察,记录其发展的过程,在活动结束的时候可以进行全班讨论。因此,教师要针对不同活动,为儿童提供物质材料和充分的活动时间,以及与同伴、教师交往的机会,促使儿童积极地参与各种活动。

2. 开展多样的活动

每个儿童的发展需要是不同的,因而需要多样的活动满足其发展。从活动内容看,有发展身体各部位动作的活动,发展感官、发展注意力、发展记忆、发展思维和想象等的活动;从活动的组织形式看,有独自的活动、合作的活动、团体的活动;从活动方式方法看,有生活能力练习活动,玩玩具游戏活动,讲故事活动,观察活动,小实验活动,音乐舞蹈活动,绘画、手工制作活动,种植、饲养活动等;从活动场所看,有室内活动(班级活动室、功能室)、户外活动(园内、园外);从活动量看,有活动量大的活动、安静的活动。另外,还可分为成人组织的活动和儿童自由进行的活动。这些活动的开展,一定要适合儿童的兴趣和能力,有益于儿童的身心健康发展。

3. 活动不是装饰品

在幼儿园里,许多教师在组织每日活动时,常常以活动作为点缀物。这其实是教师对活动价值的理解不够,也说明有些教师工作态度不够认真。儿童进行活动,教师就必须费时费力地为儿童提供大量的财力、物力,但这样的投入却看不到明显的效果。所以很多教师只是按照传统教学模式进行教学,忽视了儿童参与活动的意义,活动自然变成了装饰品。因此,教师在组织幼儿园教育活动时,应当关注儿童兴趣和需要,让儿童主动参与活动并获得发展,使活动发挥应有的价值,促进儿童在原有水平上更高地发展。

第二节　学前教育的基本内容

学前教育内容是实现教育目标的手段,是教育者根据幼儿园保教目标、儿童身心发展特点,有目的、有计划、有组织地开展的重在影响儿童德、智、体、美全面发展的活动内容的总和。为贯彻国家教育方针,坚持保教相结合的原则,全面落实保育和教育目标。

一、全面发展的学前教育内容

要实现培养德、智、体、美全面发展的社会主义建设者和接班人的教育目标,需要一个长期的、连续的教育过程。由于各个年龄阶段的教育对象身心发展不同、各阶段的教育针对教育对象的特点提出了不同程度的要求,具体在幼儿园的教育中,对儿童实施德、智、体、美诸方面发展的教育,促进其身心和谐发展。为了落实这一目标,教师需要把全面发展的教育理念渗透到教学活动中,使诸方面教育相互渗透、协调发展,以促进儿童的全面发展和健康成长。

(一)学前儿童的德育

德育即道德教育,道德是在一定的社会条件下形成与发展起来的人们共同生活的行为准则的总和。它是一种社会意识,是社会存在的反映,也是评价人们行为的标准。学前儿童身心发展特点决定了他们的道德认知、道德情感、道德行为处于形成和发展的过程中。在学前德育过程中,教师把道德要求传递给儿童,通过多次转化最终形成儿童良好的道德品质。

新时代,要求新一代应拥有开拓创新的精神,善于独立思考,具有竞争意识、良好人际关系、坚强的毅力等个性品质。另外,学前儿童德育也是实施其他各项教育的方向和动力保证,学前德育的目标、内容,都需要更新观念,以适应社会和经济的发展。当然,学前儿童不仅处于智力发展的最佳时期,也是人格品质形成的基础阶段,由于儿童所处环境的变化和独生子女的不断增多,一些不良的个性品质需要矫正,所以学前儿童德育更具有重要的意义。

学前儿童德育教育的内容主要包括发展儿童社会性的教育和发展儿童个性品质的教育。前者包括萌发爱家乡、爱祖国、爱集体、爱劳动、爱科学的情感,发展学前儿童的交往能力,学习必要的社会行为规范。后者包括培养诚实、自信、勇敢、活泼、开朗等良好的个性品质。

教师在实施德育的过程中,首先要坚持适宜性原则,热爱、尊重和严格要求儿童,并帮助他们实践这些原则,通过树立榜样、说服引导等正面教育,帮助儿童克服消极因素。其次通过多种渠道开展德育教育,如把德育贯穿在日常生活和游戏之中,通过与同伴和外界的交往,形成良好的行为品质。也可开展专门的德育活动,结合儿童的实际情况,有目的、有计划地组织活动。如讨论、谈话、参观、劳动等形式,可以是集体进行,也可以是单独进行。在开展德育活动时,要应用恰当的方法实施德育。如通过说服教育、范例教育、行为练习、榜样强化、角色扮演、鼓励表扬等多种方法促进儿童自觉地形成行为习惯。最后要坚持德育教育的一致性。幼儿园、家庭、社会各方面应该形成教育的合力,对儿童提出一致的要求,共同影响儿童的道德品质和行为习惯。

（二）学前儿童的智育

智育是全面发展教育的重要组成部分，是有目的、有计划地使受教育者掌握系统的科学基础知识和基本技能，促进受教育者智力发展的教育过程。从学前儿童认知特点出发，有目的、有计划地组织教学活动，使儿童获得粗浅的知识和技能，进而促进儿童思维能力的发展。

通过智育，促进学前儿童智力的良好发展，满足并不断激发学前儿童的求知欲，增进学前儿童对环境的认识，丰富他们的知识经验，培养儿童一般能力和特殊能力的发展。幼儿期是人的智力发展的关键时期，如果提供适宜的环境和良好的教育，就能极大地促进智力的提高，有助于日后学习能力的发展；如果没有智力的提高和知识的获得，良好的道德行为和审美素养也不容易养成，因此，学前儿童智育也是其他教育的基础。

学前智育的内容主要包括：儿童认知能力的培养，如感知能力、观察力、语言能力、思维能力、想象力、动手操作能力等；基本的、常用的知识，包括与儿童生活密切相关的生活常识、社会知识、语言知识、自然知识、数的初步知识、音乐和美术的知识等。同时要进行儿童学习兴趣的激发和学习习惯培养等方面的内容。

学前儿童智育的组织形式应多样化，尽量与儿童动手操作相结合，以游戏的方式开展活动，教师创设宽松、自由的环境，让学前儿童自由思考、自主活动、自由表达自己的意见和要求，正确对待学前儿童的发问，耐心倾听并给予真诚的鼓励和支持，引导儿童自己解决问题，这样儿童智力可以得到发展。作为幼儿教师，在智育教育的过程中，首先要处理好智力与知识的关系。知识、技能是智力发展的基础，智力发展又是获得知识与技能必备的条件。知识的贫乏不利于智力的发展，而智力的高低取决于知识的深度和应用知识的灵活性。其次要正确认识儿童智力发展的现实性和可能性，分析儿童现有的发展水平和潜在的发展水平，重视儿童知识的机构化，帮助儿童将获得的新知识纳入已有的知识体系中，使新旧知识有机结合，以促进儿童智力的发展。最后要重视儿童非智力因素的培养。人的全面发展是由智力因素和非智力因素两个方面作用的结果，二者相对独立，但又相互联系、相互影响，非智力因素对智力的发展起促进和保障作用，只有二者都处在最佳状态时，智力发展才能取得更大的成功。

（三）学前儿童的体育

学前儿童健康的标志是体格健康发展、体态无缺陷、各项体能达到年龄标准，对环境有一定的适应能力，精神饱满、愉快，有一定的控制力。它包括学前儿童心理健康和身体健康两大方面。学前儿童体育是遵循学前儿童身心发展规律，促进学前儿童身体发育，增强学前儿童体质，促进学前儿童身心和谐发展，为全面发展奠定良好的基础的教育活动。

幼儿园开展体育活动，不仅有利于儿童生理和心理的健康发展，还关系到未来的国民素质，从小进行体育锻炼，增强学前儿童体质，以培养适合未来发展所需的建设者。同时，学前教育把体育放在首位，主要是因为儿童的身体各个器官和系统都比较柔嫩，发育不成熟，机能不够完善，适应环境的能力也较弱等特点决定的，也为实施其他各学科奠定了基础。因此，学前儿童进行适当的体育锻炼是非常必要的。

学前儿童体育的基本内容有：体育活动，包括基本动作练习，主要有走、跑、跳、钻、爬、攀登、投掷等内容；运动姿势训练，如端正走、立的姿势；体操练习，包括模仿操、徒手操、轻器械操等；器械活动。此外，还有科学的护理和保健教育，心理健康及安全教育等内容。

　　儿童每日户外体育活动不应少于1小时,要充分利用日光、空气、水等自然资源以及本地自然环境,有计划地锻炼儿童肌体,增强幼儿的适应和抵抗能力。因此,教师在开展体育活动时,首先,要创设良好的条件和设备。如符合卫生和安全要求的场地、设备,干净、整洁的活动室及室外活动场地,保证学前儿童人身安全和生长需要。其次,有目的地组织丰富多彩的体育活动,坚持户外活动,增强儿童体质,丰富儿童生活,激发儿童对体育活动的兴趣。再次,制定科学的生活制度,安排好儿童一天里的各项活动(游戏活动、教学活动、生活活动),使儿童在园生活有规律,促进儿童身心健康发展。最后,要做好心理保健和安全教育工作,制定全面的卫生保健工作制度,注意晨检、清洁卫生、消毒等工作的细致性,关注体弱、患病和有心理障碍的儿童在体育活动中的特殊需要。

(四)学前儿童的美育

　　美育,即审美教育,是通过审美实践活动,有意识地培养人的美感,陶冶人的性情,塑造人的心灵,从而促进个人全面发展。美存在于各种事物中,并通过不同的形态表现出来。学前儿童美育是指对学前儿童实施的美育教育。包括感受美、欣赏美、表现美,是一种赏心悦目和怡情的心理状态。儿童美感的发展与意识的发展相伴随并随着心理过程的发展而逐渐完善,常常与积极的情绪体验相联系。总的说来,学前儿童美感较为浅显,常以动作、表情、活动方式来表达。因此,通过审美实践活动,有意识地培养学前儿童的美感,陶冶、塑造儿童的性情与心灵,以促进学前儿童全面发展。

　　美育作为社会文明的标志,受到前所未有的重视,成为我国建设社会主义文明的需要。学前儿童接受审美教育,起到形成正确的审美观,培养儿童敏感的感受力、丰富的个性、高尚的审美情操等作用,促使儿童不断追求和完善自己。也可以激发学前儿童对美的兴趣、爱好和向往,培养其初步表现美和创造美的能力,塑造完美人格。

　　学前儿童美育的目标是:培养儿童初步感受美和表现美的情趣及能力。对于学前儿童来说,感受美和欣赏美是审美的基础,是优先发展的能力,在此基础上才能发展表现美和创造美的能力。

　　教师在实施美育过程中,首先,要美化生活环境,引导儿童欣赏体验周围环境的美。如幼儿园室内室外环境的布置,要体现童趣性,颜色和形式的搭配要艺术化和儿童化,力求适用、美观、整洁、有序。其次,引导儿童感受大自然中的事物,如山川河流、花草树木、鸟虫鱼兽、气象风景等丰富多彩的自然景观。选择社会现实生活中美的事物和人物感染儿童,充分利用多姿多彩的艺术作品,提升儿童美的感受力和表现力。再次,教师要遵循一定的儿童发展需要,引导儿童由对美无意识地反映,逐渐发展到有意识地、自发地感受美和表现美。最后,要重视游戏在培养儿童美育中的独特作用。游戏不仅是学前儿童喜欢的活动形式,同时也是表现美、创造美的特殊活动。在游戏活动中,教师要引导学前儿童反映现实生活中美的事物、美的行为、美的语言。总之,在学前阶段,美育不仅是全面发展教育的组成部分,而且也是其他各项教育的催化剂,对其他各项教育有着促进作用。

二、学前教育内容选择的依据及原则

(一)学前教育内容选择的依据

1. 社会发展的需要

儿童期是人生发展的关键时期,为儿童提供适合其生存的学习内容,最大限度地满足儿童的发展需要,开发、发挥儿童潜能,将为儿童一生的发展奠定重要基础。随着时代的变迁,人们生活方式、行为方式、价值观念都在不断发生改变,社会对新时代的儿童也提出了不同的要求,如良好的心态和心理素质,强烈的终身学习欲望和较强的学习能力,敏捷、高效的思维和决策能力,丰富的想象力,团队合作能力,人际交往能力等。如果我们不了解社会需求,教育出来的孩子很快就会被社会所淘汰,所以教育内容的选择一定要符合社会对儿童发展的需要,培养孩子具有现代化人才的品质。

2. 幼儿园教育目标

我国的幼儿园教育目标指出要培养德、智、体、美全面发展的人才。幼儿园应充分开展以儿童为主体,教师为主导的教育教学,以适应未来新社会需要的优秀、健全的人才,而教学内容的选择就是要实现这一目标。因此,幼儿园的教育内容的选择要以目标为导向。

3. 儿童身心发展特点

幼儿期是儿童身心发展的关键期,首先,在学习方式上,儿童主要是通过感知、依靠表象来认识事物的。其次,儿童控制和调节自己的心理活动和行为的能力仍然很差,很容易受其他事物的影响而改变自己的活动方向。最后,幼儿期儿童已表现出某些个性特征,但这些特征还不稳定,容易受到外界的影响。因此,需要学前教育选择合适的内容,通过课程教学,对学前儿童在知识技能、兴趣爱好、行为习惯、才能方面,以及对人对己的态度方面进行正确的引导,促进儿童整体的发展。

(二)学前教育内容选择的原则

1. 生活性

著名教育家陶行知说过:"生活教育是给生活以教育,用生活来教育,为生活的向前、向上的需要而教育。"可以理解为教育从生活中来,到生活中去,关注儿童生活。对学前儿童来说,他们年龄较小,知识经验贫乏,往往通过感知和依靠表象认识事物,幼儿园的所有教学教育活动就应该尽量寻求在儿童与周围事物的互动中完成。学前教育内容的选择应尽可能从儿童生活出发,贴近儿童生活经验和生活实际,从儿童感兴趣的问题中、儿童熟悉的节日中、儿童与大自然的对话中选择活动内容,加强教育与生活的联系,使幼儿园教育生活化。

2. 全面性

幼儿园的教育内容是全面性的,启蒙性的,各领域的内容相互渗透,从不同的角度促进儿童情感、态度、能力、知识技能等方面发展。因此,教师在教学内容的选择上,要结合本班儿童的实际情况,选择涉及儿童个人生活、家庭生活、社会生活、人类生活的有关知识,选择涉及儿童社会认知、社会情感、社会行为等方面的内容,制订切实可行的工作计划并灵活执行,全面且完整地塑造儿童。

3. 趣味性

幼儿园教育内容应选择儿童感兴趣的事物和问题,这就需要教师时刻关注儿童的兴趣,从儿童感兴趣的内容中分析、挖掘蕴含的教育价值,把有价值的事物和活动纳入学前教育的内容之中。大量心理学研究成果表明,儿童的兴趣、需要及已有的经验是学习的动力和基础。因此,为引导儿童有效学习,教育者必须关注儿童兴趣和需要,通过各种方式,如听听他们在说些什么,看看他们在做些什么,问问他们在想些什么。只要教师留心观察,既能够看到儿童感兴趣、关心的事物和问题,再将之生成教育内容。

4. 时代性

不同的时代对学前儿童的教育要求不同,因而教育内容的选择也要体现时代特性。关注教育内容的时代要求,体现灵活性和丰富性,把教育内容与儿童学习、生活,儿童与社会互动密切结合,关注当下社会中出现的新事物、新情况、新问题,帮助儿童了解自己生活的时代,从全面发展的角度满足儿童的整体发展。当然,教育内容体现世代性的同时,也要体现传承性,即把我国优秀的文化内容传递给下一代。

三、学前教育内容的组织

学前教育内容的组织要遵循相应的原则,尽量从贴近儿童生活的内容着手,形成以儿童生活为中心的由近及远的内容结构,如儿童的家庭生活、邻里生活、社会及国家重要问题及事件,并把这些教育内容通过由易到难的原则进行安排,尽量从儿童丰富感性的内容开始,把不同层次、不同领域的内容有机联系起来,使儿童的学习完整而全面。

幼儿园教育内容的组织一般有两种思路,一种是遵循知识逻辑的内容组织,关注知识的系统性和逻辑性,按照知识的难易,由简到繁地编排教学内容;另一种是按照心理逻辑组织内容,关注的是儿童的经验、能力、兴趣和需要,以儿童的经验编排教育内容。在实践中,不管是哪一种组织方式,都有其优点和缺点,但对儿童来说,更要注重儿童的兴趣、经验,将知识和儿童生活联系起来组织教育内容。教师可通过一日生活的渗透式教学方式,也可以以主题活动形式,把各领域知识有机地组织并实施,促进儿童全面发展。

第三节　学前教育的基本方法

常言道:"教学有法,但无定法。"在幼儿园一日生活中,由于学前儿童身心发展特点和认知能力、发展水平的限制,要求选择和使用的方法必须适合儿童思维发展水平和接受能力,因此在日常教学中,教师既要考虑怎样教,还要考虑儿童怎样学以及每个儿童的学习方式,保证教育教学目标的顺利完成。在此,我们将对学前教育中常用的方法做简要概述,以便教师根据不同的教育活动采用相应的方法,以达到理想的教育效果。

一、直观形象法

直观形象法是幼儿园教育教学中常用的方法,即借助儿童多种感官和已有表象,教师采用直观教具或直观形象的事物,组织儿童开展观察、欣赏、演示、示范等活动,促进儿童全面深刻地掌握知识,已达到教育教学的目的。直观手段通常为直观实物、图片、多媒体、语言等,通过鲜明、生动的形象,容易吸引儿童的注意,激发学习兴趣,帮助儿童理解和记忆,有助于发展儿童的观察力、形象思维能力。

（一）直观形象法的内容

学前儿童具有表象思维的特点，直观形象法符合儿童这一思维特点。

1. 观察法

观察法使儿童感知某一具体事物，以此丰富知识、扩大眼界、锻炼感知觉、发展观察力和其他认识能力，激发儿童学习的积极性和探索意识，促进语言的发展。在运用观察法时，教师要提供各种各样的事物让儿童观察，丰富儿童生活，并且要教给儿童观察的方法，组织儿童有目的的观察。在科学、自然、体育等活动中常用观察法。

2. 演示法

演示法是教师通过出示各种实物或直观教具，进行示范性操作。引导儿童集中注意力，对某一事物或现象有一个较完整的感知。在运用演示法时，选择恰当的时机出示直观教具，激发儿童兴的趣和好奇心，演示实物要使全体儿童看清楚，必要时教师要配合语言讲解，使儿童能够理解观察实物的特征。在科学、数学、语言等活动中常用演示法。

3. 示范法

示范法是教师通过自己或儿童的动作、语言、教学表演，为儿童提供具体模仿的范例。在美术、音乐、体育等活动中常用示范法，在示范教学时，教师要选择好位置，教师动作要慢，让每个儿童都能看清楚，清晰而准确并加以语言解释，以达到教学的目的。

4. 范例法

范例法指教师选择典型的事例供儿童直接模仿或学习，如优秀人物、已经定型的各种事物等。在运用范例法时，所选的范例要简单，特点突出，便于儿童理解，易于模仿和学习。

5. 参观法

参观法是与直观形象有关的教学方法，主要是为儿童提供参观场所作为教育环境的一种方法。教师常常有目的地带领儿童对所参观对象进行观察，而这种观察与幼儿园中的观察学习有别，它是为儿童提供真实环境的观察，调动儿童多种感官，激发儿童真情实感，进而产生感情共鸣。

（二）采用直观形象法时的注意事项

在运用直观形象法时，首先，要注意直观教具的选择要具有针对性，在教学过程中能够通过直观物体的展示，使儿童理解相关知识。其次，在实施直观形象法时，要采用不同的直观形象手段，如利用录音机、电视机、电脑、投影仪等工具辅助直观教学。最后，直观形象法要与语言法相结合，必要时通过行动、练习、巩固、观察或讨论来获得知识，为儿童提供在观察的基础上提高认知的机会。

二、讲解谈论法

讲解谈论法是指在教育活动中，教师通过讲解、谈话、讨论等方式对儿童进行教育、指导，以达到教育目的的一种教育方法。教师通过讲解谈论法，为儿童提供知识信息，帮助儿童获得知识经验，促进智力发展。

（一）讲解谈论法的内容

1.讲解法

讲解法是教师口头向儿童陈述或解释某一问题的方法。讲解必须和其他多种方法相结合，才能发挥其作用。教师通过讲解，可以使儿童知道学习的目的，理解相关知识，掌握技能。在运用讲解法时，要注意语言的清晰、准确、生动、形象并富有感情，还要关注儿童原有的发展水平，尽量使用通俗易懂的语言，必要时可重复讲解。

2.谈话法

谈话法主要是指教师与儿童围绕某一主题或问题，平等谈论的一种方法。它可以激发儿童的兴趣，活跃儿童思维，发展语言能力。在运用谈话法时，注意身体姿态，尽量蹲下来或坐下来与儿童平视，和儿童在一起投入某一话题。不偏向、不歧视、不嘲笑儿童，引导幼儿发展良好的语言和行为。

3.讨论法

讨论法是儿童通过自己原有的知识经验，对一些不了解的、模糊不定的或感兴趣的问题、主题发表自己的意见。讨论法主要是儿童自己教育自己，但是儿童年龄较小，需要教师辅助引导，由儿童积极参与讨论活动。儿童在讨论时，教师需要创建的学习氛围是轻松的、自由和谐的，在这样的环境中可以充分发挥儿童的主观能动性，引导儿童回忆已有的知识和经验，促进儿童认知水平和思维水平的发展。

（二）采用讲解谈论法时的注意事项

在运用讲解谈论法时，首先，要提出贴近儿童生活的有趣问题，教师要经过周密计划，紧扣目的，引导儿童思考，促进儿童发散性思维。其次，讲解探讨的内容要在儿童已具备的知识经验基础上，以便儿童理解、讨论。再次，讲解时语言要清晰、流畅，注意引导儿童倾听教师或同伴的发言。最后，讲解谈论要面向全体，必要时教师也要以平等的态度参与，引导儿童多思考、多交流。

三、操作体验法

操作体验法是指教师在教育教学中提供与教学内容有关的材料供幼儿操作和体验，或者设置一定的环境，引导儿童主动学习和发展，从而巩固知识，形成简单技能和行为习惯。在具体的教育活动中，操作和体验同时存在，教师为儿童提供一定的条件或创设一定的环境，让儿童亲自操作、亲自动手，去体验某种事物或行为，这有利于激发儿童探索欲、求知欲，也有利于儿童掌握相应的操作技能，从而达到教学目的。

（一）操作体验法的内容

1.行动练习法

行动练习法是指教师组织儿童反复练习一定的动作，从而巩固知识和技能。在日常教育中，行动练习法是一种以行为训练为主，以口头教育为辅的有效教育手段。从性质和特点看，一般分为心智技能练习，如儿童语言、记忆、思维、想象等智力活动；动作技能练习，如体育活动、唱歌、跳舞等动作活动；道德行为练习，如培养同情心、爱心、助人为乐等内容。在运用行动练习法时，首先，要明确练习的目的，任务和具体要求，激发儿童练习的主动性和积极性。其次,练习要符合儿童年龄特点和能力水平,方法适当并伴随一定的提示、引导和示范。最后,练习的方式应多样化,避免单调、乏味,提高儿童练习的兴趣。

2. 环境体验法

环境体验法是指教师根据一定的教育目标,创设一定的环境和条件,让儿童置身其中以体会和感受,加深他们对事物的理解,激起相应的情感体验和认知经验。在幼儿园环境体验法中,通过精神环境体验,促进儿童心理健康发展、满足儿童心理需要、培养相应的精神品质;通过物质环境体验,让儿童感受动手操作的乐趣和收获,培养儿童良好的行为习惯。在运用环境体验法时,首先,要注意创设的环境要富有童趣,不可成人化,为儿童提供他们熟悉的、便于开展想象的环境。其次,教师为儿童创设的环境便于儿童操作,投放的材料要适合儿童年龄特点,也可随教育目标或儿童发展需要调整环境布置。最后,在环境的创设时,教师要对儿童进行必要的指导,引导儿童完整地学习。

(二)采用操作体验法时的注意事项

在运用操作体验法时,首先,要注意材料提供的可操作性和教育性,投放和布置适合儿童身心发展特点和需要的材料和环境,便于儿童练习、操作。其次,操作体验的内容要围绕教育目标展开,以便儿童掌握目标要求、技能、准则和基本行为规范,还要进行反复练习,体验不同活动带来的快乐。最后,采用操作体验法需要家、园协作,互通信息,教育目标保持一致,使儿童在认识、情感与行为上得到全面发展。

四、探索发现法

探索发现法作为一种儿童学习的方法,主要是指在教育教学活动中,教师要引导儿童自主探索,从而发现事物的特征、属性和相互关系的方法。对学前儿童来说,他们思维比较浅显,对问题的认识不够深刻,所以需要教师的协助,这对教师的要求也是极高的,教师不仅要观察儿童的兴趣点,还要确定要解决或探索的问题并组织儿童进行学习活动,使儿童明确"发现"的目标;创设研究问题的情境,指导儿童探求、思考,以及推测各种可能的答案,寻求问题的正确结论。探索发现法容易引起儿童的兴趣和激发儿童的内部学习动机,对发展儿童的认识能力、探索能力和创造精神也是有益的。

(一)探索发现法的内容

1. 探究法

探究法即儿童根据生活情景自己提出问题或由教师确定问题或主题,在教师的指导下,有目的、有计划、有步骤地进行研究与探索,从而获得结论,是培养创新、实践能力的一种教学方法。它所倡导的是教学过程中儿童的积极参与性。探究法重在激发儿童探索的欲望和好奇心,培养儿童科学的探究方法,初步形成主动探究的意识,培养儿童的主动探索的精神。在运用探究法时,首先,教师要注意创设的问题情境要生活化、趣味化、创意化,还能够激发儿童的想象力与探求欲。其次,利用小组合作学习,营造良好的互动氛围,同时增加同伴间的交流。必要时教师进行适宜的引导、点拨与组织,使儿童进行有效探究。

2. 发现法

发现法是由美国教育心理学家布鲁纳提出的,他认为发现法是指在教师引导下,儿童自己发现问题,并通过对问题的独立研究和探索去发现和获取知识的一种教学方式。他认为教学不只是儿童获得知识的过程,还应是儿童能力得到充分发展的过程。他强调儿童是发现者,参与知识的建立过程,发现事物的变化及内在联系,从而获得规律性的知识。儿童通过自己的探索学习,能充分调动其思维的灵敏性,发展其探索能力和习惯,还有利于儿童理解知识、记忆知识。这无疑对儿童的探究精神和创造性的培养是非常有利的。

(二)采用探索发现法时的注意事项

在运用探索发现法时,首先,教师要积极创设问题情境,精心设计发现过程,要周密考虑问题的每一个步骤和提出的方法,要注意激活儿童的探究兴趣,提高他们探索真理的勇气。其次,教师要做好探索发现前的准备工作,根据儿童认知发展特点及探究发现的内容,准备好活动材料。再次,探索发现虽然强调儿童在探究活动过程中的主体作用,但由于学前儿童本身的年龄特点,就要求教师精细化地指导。最后,以小组合作的方式让儿童去探究发现,为儿童提供尽可能多的机会去发展自己的探索欲望,倾听别人的想法,学会交流,增强整体合作意识。教师在教育教学过程中,要把探索发现法和其他教学方法配合使用,才能取得好的教育教学效果。

五、游戏法

世界学前教育之父福禄贝尔最先提出对儿童进行游戏教育的主张,在他创立的人类历史上第一所幼儿园里,实施的是以游戏为基础的教育。游戏作为幼儿园的基本活动,协助教师开展基本的教学活动,不仅能够激发儿童学习的兴趣,调动儿童活动的积极性,还有利于儿童拥有一个完整的人生。

(一)游戏法的内涵

游戏法是指教师通过游戏的方式引导儿童开展学习活动,以取得良好的教学效果。通过游戏方式,使儿童饶有兴趣、积极主动、轻松愉快地进行学习。实施游戏法有两个途径,一是游戏活动教育化,二是教育活动游戏化。前者主要是指儿童通过角色游戏、结构游戏、表演游戏、有规则游戏等形式,发展语言、增长知识和技能,培养儿童审美情趣,促进其社会化的发展。后者主要是指在教育教学活动中,充分利用游戏的特点及儿童对游戏的偏好,以游戏的形式开展相应的教育活动。常常有智力游戏、听说游戏和体育游戏,帮助儿童获得知识、技能,激发儿童的认知思维能力的发展,培养儿童学习的兴趣。

(二)采用游戏法时的注意事项

作为教师,在实施游戏法时,首先,要明确游戏是教育活动的一个环节,还是贯穿教学活动的整个环节。如果是教育活动的一个环节,那么游戏的目的就是引起兴趣或者强化知识,也就是说,游戏是为教学服务的,教师在组织教育活动时切记本末倒置,不要过多关注儿童游戏而忽略教育活动原定的目标和将要完成的任务。其次,在组织活动时,教师要明确游戏规则。教师根据游戏目的及教育活动的目的对儿童提出明确、具体的要求,这对儿童组织、约束及调整游戏行为有积极的作用。再次,采用游戏法要注意发展适宜性,不同年龄的儿童游戏开展的形式及内容都有所不同,如小班儿童可以较多采用游戏方法进行教学,随着年龄的增长,知识经验的增长,语言、智力的发展,大班儿童采用游戏化方法相对减少,相应增加讲解、讨论、练习等内容。最后,开展游戏法的形式应多样化,可以集体活动,也可小组或个别活动,为了满足每一个儿童的需要,最好创设不同的游戏区域。

六、强化法

强化理论是美国的心理学家斯金纳提出的,它是以强化原则为基础,关于理解和修正人的行为的一种学说。所谓强化,从其最基本的形式来讲,指的是对一种行为的肯定或否定的后果(报酬或惩罚),它至少在一定程度上决定这种行为在以后是否会重复发生。根据强化的性质和目的可把强化分为正强化和负强化。正强化是指在所期待的行为出现后,给予一个愉快刺激(如糖果、金钱、微笑、表扬等),使这种行为模式重复出现,保持下来。负强化是指在所期待的良好行为出现后,撤销一个厌恶刺激(如一个儿童按时完成任务,就撤销原先不允许其看电视的规定),则以后在同样情景下,该行为的出现率就会增多。这两种强化方法都是为了增加儿童某种行为出现的频率。它们的区别在于正强化使用愉快刺激而负强化使用厌恶刺激。当正强化物强度不够,无法吸引儿童去改正不良行为时,就需要利用厌恶刺激,用负强化的形式来建立良好的行为。在幼儿园的教学中,教师常常用这两种强化方法塑造儿童的行为。

(一)强化法的内容

1. 表扬、鼓励法

表扬、鼓励法是一种正强化方式,是对儿童正确行为的肯定或强化,并给以支持和夸奖,帮助儿童明辨是非,提高其学习良好行为的信心,促进儿童亲社会行为的发展。表扬、鼓励的方式很多,有口头上的表扬与鼓励,眼神、表情、动作上的表扬与鼓励,物质上的表扬与鼓励,权利、委托方面的表扬与鼓励,文字方式的表扬与鼓励等。表扬、鼓励时要注意场合和时机,一般在集体中进行,也可以在小组中或单独表扬,可以提名表扬,也可以私下表扬,把随机表扬、鼓励和专门时间内的表演、鼓励相结合,以激励和巩固儿童良好的行为。教师采用表扬、鼓励法时,要注意选择所要表扬和鼓励的行为,进行有针对性的表扬、鼓励,尽量做到具体、及时,不流于形式。

2. 批评、惩罚法

批评、惩罚法与表扬、鼓励法相反,是一种负面强化方式,是对儿童不当行为的定性及否定,以帮助儿童明辨是非,消除不良行为,增强儿童良好行为发展。但是如果使用不当,可能会伤害儿童的自尊心和自信心。批评是对儿童不良行为或习惯的否定,使儿童知道怎样做才对,怎样做不对,给儿童提醒或劝告,批评时的态度要认真而严肃,尽量以个别批评为主,保护儿童的自尊心;批评方式应多样,可以口头批评,也可用眼神表示批评。教师在实施批评法时,要针对不同儿童的行为问题选择不同的方法,注意儿童年龄特点和个别差异,做到公平、合理,以促进儿童身心健康发展。惩罚也是一种很敏锐的否定性评价,主要是改正儿童不良行为或习惯的负强化。惩罚不是目的,而是一种教育手段,惩罚以不伤害儿童身体和人格为原则。教师也必须明确相关教育法规中对惩罚的严格限制和对体罚的禁止。惩罚分为社会性惩罚和生理性惩罚,前者主要是指剥夺儿童某些社会性愿望,从而促进儿童自省和明辨是非。后者主要指体罚,即对儿童身体的野蛮、粗暴的管制,这是《未成年人保护法》所严格禁止的。教师在实施惩罚时应注意惩罚的教育意义,考虑年龄特点和个性差异,做到及时惩罚,不伤害儿童人格,惩罚后要关注儿童情绪表现,给以一定的鼓励、信任和改正的期望,以唤起儿童上进的信心和决心。但也要注意不要轻易惩罚儿童,以免产生消极影响。

(二) 采用强化法时的注意事项

采用强化法时,第一,应注意依照强化对象的不同采取不同的强化措施。儿童的家庭生活环境、年龄、性别、兴趣、需要不同,强化时所采取的方式也不一样。如有的儿童重视精神奖励,有的儿童重视物质奖励,所以教师或成人应根据具体情况,采用不同的强化方式。第二,应采用渐进的方法,设立各阶段目标。当儿童有不良行为出现时,教师对儿童的批评和惩罚,应设立一个针对性强、清晰、明确的目标,并将目标进行分解,逐渐转变儿童的不良行为,这样不仅有利于目标的实现,而且可以增强儿童的自信心。如果目标定得太高,就会使儿童感到不易达到或者说能够达到的希望很小,这就很难充分调动儿童为达到目标而做出努力的积极性。第三,强化要及时。所谓及时反馈就是通过某种形式和途径,及时将工作结果告诉行动者。要取得最好的激励效果,就应该在行为发生以后尽快采取适当的强化方法。第四,教师要清楚正强化比负强化更有效,在强化手段的运用上,应以正强化为主,调动儿童的主动性和积极性,能够收到事半功倍的效果,必要时也要对不良的行为给以惩罚,做到奖惩结合。

综上所述,学前教育的基本方法虽然有着不同的内涵和意义,在使用时要求也不相同,但这些方法也是彼此联系、相辅相成的,所以在实践中,教师要根据不同的教育内容和要求以及儿童的实际情况,灵活多样地应用,既可单独使用,也可综合使用,其最终目的都在于促进儿童在原有的水平上得到发展。

第三章　学前儿童心理发展

第一节　学前儿童认知的发展

一、学前儿童注意的发展

(一)注意的概述

1. 什么是注意

注意是心理活动对一定对象的指向和集中。指向性和集中性是注意的两个基本特点。

注意的指向性是指人在每一瞬间,心理活动都选取了某种刺激,而忽略了另一些刺激。当注意指向某一刺激时,对这一刺激的反映就清晰,而对其他刺激的反映就模糊。例如,教师让大家注意一位儿童的面部表情,大家对这一儿童的面部表情变化的感受会很清晰,但是对于儿童穿的什么样子的鞋子或衣服,感受就很模糊。

注意的集中性是指把心理活动专注于某一事物。人处于注意状态时,神经系统既对某些刺激的兴奋增强,也对其他无关刺激加以抑制,从而使心理活动的对象得到鲜明、清晰的反映。当人的注意高度集中时,指向的范围就会缩小,对其他刺激就可以"视而不见、听而不闻"了。如当儿童专心听故事、看木偶戏时,心理活动集中在故事、木偶戏的内容上,因此对周围人们的声音、活动会全然不知。

2. 注意的功能

(1)选择功能

对信息进行选择是注意的基本功能。客观世界中存在大量的刺激,注意能使心理活动有选择地指向那些有意义的、符合需要的、与当前活动任务有关的对象,同时排除与当前活动无关的各种刺激和影响。可以说,注意就像为人的认知活动设置了一层过滤网,使人们能在纷繁复杂的刺激面前做出有意义的选择,保证个体以最少的精力完成最重要的任务。

(2)保持功能

外界信息进入大脑后,必须经过注意才能得到保持,否则很快就会消失。只有注意对象的映像或内容保持在意识中,人的大脑才能对其做进一步的加工。注意能使人在一段时间内保持一定的紧张状态,跟踪注意的对象,直到活动目的完全实现为止。

(3)调节和监督功能

人的活动是有一定目标的,但是在实现目标的过程中,总会遇到一些干扰刺激。注意能使人及时发觉外界情境的变化,进而调节自己的心理和行为,以保证活动能朝着一定的方向和目标进行,并且还能提高人们的意识觉醒水平,使心理活动根据当前的需要做出适当的分配和及时的转移,以适应千变万化的环境。

总之,注意是信息进入认知系统的门户,是儿童获取知识、掌握技能、完成各种智力操作的重要心理条件。只有在注意状态下,人们才能有效地监控和调节自己的行为,从而顺利完成活动,实现预定目的。

3. 注意的种类

根据注意时是否有目的和是否需要意志努力,可把注意分为无意注意和有意注意。

(1)无意注意

无意注意也叫随意注意,它是一种没有预定目的,也不需要意志努力,自然而然发生的注意。

无意注意是注意的一种初级表现形式,在这种注意活动中,人的积极性水平较低。一般认为引起无意注意的因素主要有两个方面。

①外界刺激物的特点

新异性是指刺激物的异乎寻常的特性,是引起无意注意的重要原因。一般来说,刺激物的强度越大,越容易引起人们的无意注意。刺激物的活动和变化,如街上闪烁的霓虹灯、自动打鼓的大熊猫、活动教具、电视电影中新颖多变的画面等,都能引起人们的无意注意。刺激物之间的对比关系,即某一刺激物在强度、距离、大小、颜色、声音等与周围的其他事物具有显著差异,形成鲜明对比,就容易引起无意注意。例如,万花丛中一点绿、鹤立鸡群等。

②个体本身的主观状态

凡是能够满足需要和引起兴趣的事物,都会使人产生期待的心情和积极的态度,从而引起无意注意。如果一个人心情愉快,平时不容易引起这个人注意的事物,这时也很容易引起他的注意;反之,如果一个人心境忧郁,平时容易引起他无意注意的事物,这时也不易引起他的注意。人在过度疲劳时,常常不能觉察到在精神饱满时容易注意的事物;反之,人在精神饱满时,很容易注意到新鲜事物,而且注意容易集中和持久。

(2)有意注意

有意注意是指有预定目的,并需要做意志努力的注意。我们工作和学习中的大多数心理活动都需要有意注意。工人上班,学生上课,交警指挥交通,都是有意注意在发挥作用。

引起和保持有意注意的条件有以下几方面。

①对活动目的和任务的理解

活动目的越明确,任务越具体,有意注意保持的时间就越长。如去幼儿园观摩教学活动,如果教师要求大家观摩后交笔记,同学们在观摩时就会集中注意,认真记录。

②间接兴趣的培养

间接兴趣越稳定,就越能对活动的对象保持有意注意。例如,人们开始学习外语时,常常觉得记单词、学语法很单调和枯燥,但一旦认识到掌握外语的重要意义后,就更能够克服困难,专心致志地学习外语。

③合理地组织活动

有意注意是在活动中发展起来的,丰富多彩的活动及良好的活动方式(动静交替,智力活动与实际操作相结合)能有效地使人保持有意注意。

④用坚强意志与干扰做斗争

意志坚强的人,能排除各种干扰,使自己的注意始终服从活动目的与任务;反之则难以维持有意注意。例如,当作业还没完成,看到别人出去玩时,自己也想去玩,这时就需要意志努力,先专心完成自己的任务,然后才能去玩。意志坚强者能做到,意志薄弱者则随之而去。

有意注意是从事任何有目的的活动都不可缺少的,但长时间的有意注意往往容易使人产生疲劳。所以要想使活动取得比较理想的效果,往往需要无意注意和有意注意交替进行。

(二)学前儿童认知的发展

1.婴儿注意的发生和发展

婴儿一出生就有注意意识,这种注意实质上就是先天的定向反射,是无意注意的最初形态。新生儿的注意具有选择性,并具备对外界进行扫视的能力。当新生儿在觉醒状态时,可因周围环境中发生的巨响、强光等刺激引起一种原始状态的注意,表现为正在吮乳的新生儿停止吮吸动作,或原来停止吮乳的又重新吮吸,且伴有呼吸频率和心率降低、唾液分泌减少等现象。新生儿的注意是一种自然而然产生的无意注意,性质上属无条件定向反射。

婴儿注意的不断发展,主要表现为注意选择性的发展。1~3个月的婴儿注意已经明显地偏向曲线,不规则图形,对称的、集中的或复杂的刺激物,以及所有轮廓密度大的图形。除强烈的外界刺激能引起婴儿注意外,凡能直接满足其机体需要或与满足需要有关系的对象也能引起其注意。例如,经常喂养他的妈妈、常用的奶瓶等,都能引起婴儿的注视或使婴儿停止哭闹。

3~6个月的婴儿视觉注意能力在原有基础上进一步发展,平均注意时间缩短,探索活动更加积极主动,而且偏爱更加复杂和有意义的视觉对象,可看见和可操作的物体更能引起他们持久的注意和兴趣。5个月时,随着婴儿的双手运动的发展,各种颜色鲜亮、能够发声、可以活动的玩具,都特别容易引起他们的兴趣,而且经常加以注视或拨弄。

6个月以后,婴儿的睡眠时间减少,白天经常处于警觉和兴奋状态。这时的注意不再像以前那样只表现在视觉方面,而是以更广泛和更复杂的形式表现在吸吮、抓握、操作和运动等日常感知活动中。在出生后6~12个月,婴儿对周围事物产生广泛兴趣,注意的客体逐渐多样化。他们不仅注意具体的事物,对周围人们的言语也加以注意,如注意倾听或转头寻找正在说话的妈妈等。

婴儿出生一年以后,言语的产生与发展使婴儿的注意又增加了一个非常重要而广阔的领域,使其注意活动进入了更高的层次。如这个时期婴儿注意活动的一个非常明显的特点就是,当他听到成人说出某个物体的名称时,便会相应地注意那个物体,而不管其物理性质如何、是否新异刺激、是否能满足其机体的需要。

婴儿在独立完成任务的过程中促进其注意的发展,有意注意开始萌芽。有意注意通常在婴儿出生后第一年的年末或第二年年初开始出现,这是婴儿在和环境的交往中、在成人教育的影响下形成的。儿童言语的发展也为有意注意的形成提供了可能性,但2~3岁的婴儿,无意注意仍占主要地位。

2.儿童注意的发展

(1)无意注意的发展

在幼儿期,无意注意和有意注意都在发展,但前者仍占优势地位。刺激物的物理特性是引起无意注意的主要因素,鲜明、新颖、形象具体的刺激物以及刺激物突然的、显著的变化等都会自然而然地引起儿童的无意注意。与儿童的兴趣和需要有密切关系的刺激物,逐渐成为引起无意注意的原因。

小班儿童的无意注意占明显优势,新异、强烈,以及活动着的刺激物很容易引起他们的注意。他们入园后经过一段时间的适应,对于喜爱的游戏或感兴趣的学习活动,也可以聚精会神地进行。入园不久的儿童可以集中几分钟的注意听老师讲故事,但是他们很容易被其他新异刺激所吸引,也容易转移到新的活动中去。

中班儿童已经经历了一年的幼儿园教育,无意注意得到了进一步发展,且比较稳定。他们对于有兴趣的活动,能够长时间地保持注意。例如,在玩"小猫钓鱼"游戏时,儿童一看到花猫的头饰和漂亮的钓鱼竿便兴致很高,在游戏中能够较长时间保持注意,玩很久。在学习活动中,中班儿童对感兴趣的内容,也可以长时间地保持注意。他们的注意不但较之前更持久、稳定,而且集中的程度也较高。

大班儿童的无意注意得到了更高的发展,而且相当稳定。他们对于有兴趣的活动,能比中班儿童更长时间地保持注意。例如,直观、生动的教具可以引起他们长时间的探究。中途突然中止他们的活动,往往会引起他们的反感。同样,大班儿童听教师讲述有趣的故事,往往可以较长时间不受外界的干扰,集中注意听,对于打打闹闹、胡乱走动、乱喊乱叫等影响听故事的因素会明显地表现出不满,而且会设法加以排除。

根据儿童无意注意占优势的特点,教师组织教学活动时应注意:第一,教学与活动的内容要新颖、生动,使儿童感兴趣且符合儿童的生活经验;第二,教学与活动的方式、方法要灵活多变;第三,教师选择和制作的教具应该颜色鲜明、对比性强、形象生动;第四,教师的语言要简单明了、抑扬顿挫,表情要丰富。

此外,还要考虑到这些因素对儿童产生的负面影响。因此所有不需要儿童注意的东西,都不应该过于鲜艳、突出与多变。

(2)有意注意的发展

3岁前,幼儿的有意注意已经萌芽。进入幼儿期后,有意注意逐渐形成和发展。有意注意由脑的高级部位,特别是大脑皮质的额叶部分所控制。幼儿期额叶的发展为有意注意的发展准备了条件。正是有了这个条件,幼儿的有意注意在外界环境的刺激,尤其是在成人的要求和教育下开始逐渐发展。但额叶要到7岁左右才能达到成熟水平,所以在幼儿期有意注意只是处在开始发展的阶段,还没有得到充分发展。

小班儿童的注意是无意注意占优势,有意注意只是初步形成。他们逐渐能够依照要求,主动地调节自己的心理活动,指向并集中于应该注意的事物。但有意注意的稳定性很低,心理活动不能有意地持久集中于一个对象上,在良好的教育条件下,一般也只能集中注意3~5分钟。此外,小班儿童注意的对象也比较少。如上课时,教师引导儿童观察图片,他们往往只注意到图片中十分鲜明或者自己十分感兴趣的部分,对于边缘部分或背景部分常不注意。所以为小班儿童制作图片的内容应尽量简单明了,突出中心,也不能一次呈现过多教具。此外,教师还要特别提示儿童应注意的对象,使儿童明确任务,以延长儿童注意的时间,并注意到更多的对象。

中班儿童随着年龄的增长,在正确教育的影响下,有意注意得到发展。在适宜条件下,注意集中的时间可达到10分钟左右。在短时间内,他们还可以自觉地把注意集中于一种并非十分吸引他们的活动上。如上图画课时,为了画好图,他们可以认真地看范图,耐心地听教师讲解,然后自己作画。又如,为了正确回答教师提出的计算问题,他们能够集中注意,默数贴在黑板上的图形数目或者用数自己手指的方法完成计算。

大班儿童在正确的教育下,有意注意迅速发展。在适宜条件下,注意集中的时间可延长到15分钟。他们能够按照教师的要求组织自己的注意。在观察图片时,他们不仅可以了解主要内容,也可在教师提示下或自觉地注意图片中的细节和背景部分。

儿童的有意注意是在外界环境的刺激,特别是在成人的要求下发展并在活动中完成的。教师应帮助儿童明确活动的目的和任务,产生有意注意的动机,同时用语言组织儿童的有意注意。如通过提问:"小朋友注意看,什么东西浮起来了?"引导儿童注意的方向等。又如观察图片时,他们不仅可以注意到自己感兴趣的部分,也可以在教师提示下注意图片中的细节和其他部分。

(3)注意的品质的发展

注意的基本品质包括注意的广度、注意的稳定性、注意的转移和注意的分配。

①注意的广度

注意的广度是指在同一时间能清楚地把握对象数量的多少。把握的注意对象数量越多,注意的范围就越大。

儿童注意的范围较小,即儿童在同一时间能清楚地把握注意对象的数量较少。这主要与儿童的年龄特征有关。儿童年龄较小,接触事物不多,知识经验较少,在较短时间内很难把事物联系在一起形成信息组块。

有研究表明,注意范围还与注意对象的特点有关。如果注意对象排列有规律、颜色相同、大小一致、各对象之间有一定联系且能形成整体,儿童的注意范围就大些,反之就小些。例如,10个圆点胡乱分布则不易把握,如果5个为一组可排成2排,就很容易被注意到。

为扩大儿童的注意范围,教师应采取的策略是:第一,尽可能地扩大儿童的知识面、丰富儿童的知识经验,且儿童的活动内容一定是儿童知识经验范围内和易于理解的;第二,提出的任务要明确、具体,且一次不能同时提出太多的任务,以免影响儿童的注意范围;第三,呈现的教具应有次序,不能太多,同时教具的排列要有规律,如让儿童看图片或挂图时,不能一开始就把所有图片或挂图都摆放出来,这样做不仅会分散儿童的注意力,而且会影响教学效果。

②注意的稳定性

注意的稳定性是指注意保持在某种事物或某种活动上的时间长短。时间越长,注意越稳定。如上课时,儿童若能长时间地集中注意听、看或记等,说明他的注意是稳定的。

与之相反的是注意分散,又称分心,即注意不能长时间地保持在该注意的对象上。这里需要知道的是注意的稳定性并不意味着注意始终指向同一个对象,而是指注意的对象可以变换,但活动的总方向始终保持不变。

儿童注意的稳定性较差,特别容易分散,但在良好的教育条件下,儿童注意的稳定性随年龄的增长而提高。影响儿童注意稳定性的因素有:活动内容(注意对象)是否新颖、生动、形象;活动方式是否适宜且有趣(是不是多样化、游戏化,能不能动手操作);教师的语言是否生动、具有吸引力;儿童的身体状况是否良好等。这些都会影响儿童注意的稳定性。

据此,教师在组织儿童活动时,为维持儿童注意的稳定性,应注意:首先,活动内容应是儿童感兴趣的;其次,活动的方式、方法要灵活多变,即要多样化、游戏化且具有可操作性;最后,要动静交替,组织活动的时间不宜过长,应根据儿童的年龄段来安排上课和活动的时间。

③注意的转移

注意的转移是指根据新的任务,主动、及时地把注意从一个对象转换到另一个对象上。注意转移与注意分散不同,虽然它们都是变换注意对象,但前者是积极主动、有目的、有意识地变换,后者则是消极被动地变换,无意中受无关刺激干扰,从而使注意离开需要注意的对象,它是一种不良的品质。

儿童注意转移的速度较慢,不够灵活,即他们往往不能根据新的任务和活动的需要,及时、主动地将注意从一个对象上转移到另一个对象上,也就是说,儿童不能快速地将注意集中到当前应该注意的对象上。如刚上完音乐课,接着上计算课,儿童很难将注意马上转移到计算中来。

注意转移的快慢与难易,取决于前后进行的两种活动的性质以及人们对它们的态度。如果前一种活动,注意的紧张度高或者主体对前一种活动特别感兴趣,注意转移就困难且缓慢,反之就容易且快。所以,儿童正在玩有趣的游戏时,不要要求他立刻去学习;让他学习前,也不要让他玩过于有趣的游戏。

为加快儿童注意的转移速度,教师在组织儿童活动时,应做到以下几点。

第一,合理安排教学活动。前后进行的两种活动之间最好有一定的时间间隔,给儿童一点转移注意的准备时间;把儿童更感兴趣的、强度较大的活动安排在后面;用生动有趣的方法组织后一种活动,把儿童的注意尽快地吸引到新的活动中来。

第二,培养儿童良好的注意习惯。良好的注意习惯有利于提高儿童注意的转移速度,要培养儿童不管做任何事都能把注意集中到这件事情上的良好习惯。

④注意的分配

注意的分配是指在同一时间内能把注意指向两种或两种以上活动或对象,如边弹边唱边观察、边听边记等。注意分配是有条件的,它要求同时进行的几种活动之间有密切联系,或者这几种活动中的某些活动已非常熟练,甚至达到自动化程度,否则,注意分配难以完成,甚至不可能完成。

儿童注意分配的能力较差且年龄越小越突出,即在同一时间内很难将注意分配到两种或两种以上的活动中,他们常常是顾此失彼。例如,站队时顾了前后就顾不了左右;学习唱歌表演时,顾了动作就容易忘了歌词,反之亦然。这主要是与对同时进行的几种活动是否熟练有关。如果对同时进行的几种活动都比较熟练,甚至达到自动化的程度,则注意分配得较好,反之则差。随着年龄的增长,儿童注意分配的能力逐渐提高。现实生活中我们也可以看到,3 岁的儿童,注意力一般只能集中在一件事物上,如在游戏中,常常只注意玩自己的玩具,如果看别人玩,自己的活动就停止了;到了 4 岁,就可以和别人一起玩了;5~6 岁的儿童,既能注意自己的活动,又能注意其他儿童的活动情况。

为提高儿童注意的分配能力,教师在组织儿童活动时,应通过各种活动,培养儿童的有意注意及自我控制能力;加强动作或活动的练习,使儿童对所进行的活动比较熟练,至少对其中的一种活动掌握得比较熟练;丰富儿童的知识经验,使同时进行的几种活动在儿童头脑中建立联系。

(三)儿童注意在发展中常见的问题及教育措施

1.儿童注意分散的原因与预防

(1)引起儿童注意分散的主要原因

①过多的无关刺激

尽管儿童的有意注意已经开始萌芽,但仍然以无意注意为主。他们很容易被新奇的、多变的或强烈的刺激物所吸引,从而干扰他们正在进行的活动。例如,活动室的布置过于烦琐、杂乱,装饰物更换的次数过于频繁,教师的教具做得过于有趣,甚至教师打扮得过于新潮,这些过多的无关刺激都可能会分散儿童的注意。

②疲劳

儿童的神经系统尚处于生长发育中,某些机能还未充分发展,如果长时间处于紧张状态或从事单调、枯燥的活动,大脑就会出现一种"保护性抑制",刚开始儿童会表现出精神状态差、打哈欠,继而就会出现注意力不集中等状况。因此,充足的睡眠和休息是防止儿童因疲劳而注意力分散的有效措施。

③缺乏兴趣

俗话说"兴趣是最好的老师",对儿童来说,兴趣的动机作用尤为重要。兴趣、成功感以及他人的关注等是构成儿童参与活动的动机的重要因素。对自我意识处于发展状态中的儿童来说,这些因素更会直接影响其活动时的注意状况。

④活动组织不合理

教育过程的组织呆板、少变化,儿童缺少实际操作的机会,教师对活动的要求不明确,活动内容的选择过难或过易等,这些因素都会导致儿童出现注意分散的现象。此外,由于目前幼儿园普遍存在的一些现实问题,比如班额相对较满,教师与儿童的个别交流太少,儿童可能因得不到教师的关注而丧失活动的积极性;教师在教学活动中对教育过程控制得过多、过死,儿童缺少积极参与和创造性发挥的机会等,这些因素都可能导致儿童的注意分散。

(2)儿童注意分散的预防

①避免无关刺激的干扰

对托幼机构来说,避免环境中无关刺激对儿童的干扰可以从以下几个方面进行:教具的选择和使用应密切配合教学;规范教师的仪表、行为;在教学过程中避免当众批评个别精神不集中的儿童,以免干扰全班儿童。

②根据儿童的兴趣和需要组织活动

幼儿园的教育活动应符合儿童的兴趣和发展需要。活动内容应尽可能贴近儿童的生活,要选择他们关注和感兴趣的事物;应尽量以游戏的方式组织各种教育活动,使儿童积极主动地参与活动,在这样的活动过程中,儿童不仅可以有愉快、自信的情感体验,还有利于师生之间、同伴之间的交往。

③无意注意和有意注意的交互并用

注意的发展,尤其是有意注意的发展对儿童记忆、想象、思维的发展具有重要意义,同时也是个体完成任何有目的的活动的重要前提。有意注意需要一定的意志努力,很容易引起疲劳,无意注意容易引发但不持久。所以教师在组织教育活动时,要根据教学内容和幼儿的注意发展水平,灵活地运用两种注意方式。

④合理地组织教育活动

教师作为教育活动的组织者和引导者,对防止儿童注意分散具有重要的作用。教师要不断学习专业知识,不断总结自己的教学经验,科学、合理地组织每一次教育活动。在轻松、愉快、有效的教育活动中,不仅可以有效地避免幼儿注意分散,也可以促进他们各种心理机能的发展,尤其是注意的发展。

2.儿童的多动现象与注意

儿童注意的稳定性比较差,主要特征之一就是"多动",注意力不集中。

"多动"与"多动症"是不同的概念。好动是儿童的天性,与儿童的好奇和自制力差等有关。儿童多动症又称轻微脑功能失调或活动过度及注意缺陷障碍,是一种常见的儿童行为异常问题。

在不同的年龄阶段,多动症有不同表现。新生儿表现为易兴奋、惊醒、惊跳、夜哭、要成人抱着睡或嗜睡;婴儿的表现是不安宁、好哭、容易愤怒、好发脾气,母亲会常常抱怨幼儿难带;儿童表现为乱蹦乱跑、易摔跤、注意障碍开始变得明显、注意力难以集中、睡眠不安、喂食困难、在幼儿园不遵守规则、不能静坐。

近几年的研究表明,多动症既有病理上的原因,又有心理上的原因,它的确定需要医疗机构认真综合诊断,才能下结论。因此,教师应谨慎对待儿童多动现象,不能轻率地把儿童的爱动好动现象归为多动症,但也不能忽视儿童注意力不稳定的现象。教师要善于分析原因,注重儿童良好习惯的养成,在活动中逐渐提高儿童的注意水平。

二、学前儿童感知觉的发展

(一)感知觉的概述

1. 什么是感知觉

感知觉是人生最早出现的认识过程,在学前儿童的认识结构中,感知觉始终占据主导地位,也是他们认识世界的开端。

(1)感觉

感觉是人脑对直接作用于感觉器官的客观事物的个别属性的反映。现实中事物的个别属性有颜色、声音、气味、质量、质地等。当这些个别属性作用于我们的感觉器官时,人脑对它们的反映,就是感觉。如当苹果作用于儿童的感觉器官时,儿童可以通过视觉反映它的颜色,通过味觉反映它的酸甜,通过嗅觉反映它的清香,同时还可以通过触觉感觉它的光滑。

(2)知觉

知觉是人脑对直接作用于感觉器官的事物的整体的反映,是人对感觉信息的组织和解释过程。客观事物的信息往往以孤立、片段的形式形成个体的感觉,但是人类并不是以孤立、片段的方式认知客观事物,而是有组织、有界限,以统一、整体的方式认知客观事物。人们不仅能听到各种声音、看到各种颜色、闻到各种气味,而且可以认识到作用于我们感官的事物是什么,能叫出它的名称,并用词语表示它。

(3)感觉和知觉的关系

首先,感觉和知觉一样,都是人脑对直接作用于感官的客观事物的反映,即都离不开人脑、客观事物、感觉器官。但它们也有所不同,感觉是对事物个别属性的反映,而知觉是对事物整体的反映。知觉按照一定方式整合个别感觉信息,形成一定的结构,并根据个体的经验来解释由感觉器官提供的信息。

其次,感觉依赖个别感觉器官的活动,而知觉依赖多种感觉器官的联合活动。

最后,感觉的产生主要由刺激物的性质决定,而知觉除了受刺激物的性质制约之外,还有其他心理成分,如需要、动机、兴趣、记忆、思维、言语的参与等,它在很大程度上依赖个体的知识经验。

感觉是知觉的基础,没有感觉便没有知觉,但知觉并不是感觉信息的简单相加,而是对它的有机结合。在现实生活中,任何事物的个别属性都不可能离开整体而单独存在,所以纯粹的感觉几乎是没有的,我们常把感觉和知觉合称为感知觉。

2.感觉和知觉的种类

(1)感觉的种类

根据刺激的来源不同,可把感觉分为外部感觉和内部感觉。

①外部感觉

外部感觉是指接受外部刺激,反映外界事物个别属性的感觉。它包括视觉、听觉、味觉、嗅觉和肤觉。就人类而言,视觉和听觉最为重要,因为人类90%的信息是通过视觉和听觉获得的。

②内部感觉

内部感觉是指接受内部刺激,反映机体内部变化的感觉。它包括运动觉(动觉)、平衡觉(静觉)和机体觉(内脏觉)。

(2)知觉的种类

知觉可分为一般知觉和复杂知觉。

①一般知觉

根据知觉过程中起主导作用的分析器的不同,可把知觉分为视知觉、听知觉、味知觉、嗅知觉和触知觉,这些即为一般知觉。

②复杂知觉

根据知觉对象性质的不同,知觉又可分为物体知觉和社会知觉。前者是对物的知觉,它包括空间知觉、时间知觉和运动知觉;后者是对人的知觉,它包括对他人的知觉、自我知觉和人际关系知觉等,这些即为复杂知觉。

3.感知觉在学前儿童心理发展中的作用

(1)感知觉是人生最早出现的认识过程,是其他心理现象产生的基础

许多研究表明,新生儿能够对一定的光、颜色和声音等产生反应,并且随着个体的生长,会逐步具备更完善的感觉能力和一定的知觉组织能力。

儿童感知觉的发展是记忆、思维、想象等较为复杂、高级的心理过程发展的基础,如果没有感知觉的发展为其提供感性材料,儿童的记忆、思维、想象等心理过程就不可能产生和发展。例如,儿童只有看到"筷子"这一物体,才可能将筷子的形象保留在头脑中,并在游戏中将两根木棍当成筷子来使用。如果没有视觉的发展,儿童就不可能产生对这些物体形象的记忆和想象。

(2)感知觉是儿童认识世界的基本手段

皮亚杰认为0~2岁的儿童处于"感知运算阶段",依靠从感官得来的信息对环境刺激做出反应。如果儿童不能通过感官接触到某个客体,即不能看到、听到或接触到等,儿童就不会去寻找该客体。如对于毛绒玩具的认识,光靠成人单纯的说教是不起作用的,儿童只有在亲眼看、亲手摸之后才能认识。

(3)感知觉在儿童认识活动中占主导地位

在整个幼儿期,控制系统在认知结构中并没有上升到主导地位,感知系统仍然是儿童认识世界的主要途径。如在实验中,让儿童观察两排硬币,数量一样,都是5个,排成一样的长度,儿童很容易判断一样多,但当实验人员把上面一排硬币摆开一些时,儿童会觉得上面一排多,因为它们看起来更长。儿童主要是借助形状、颜色、声音,而不是依靠语言来认识

世界的。

(二)学前儿童感知觉的发展概述

1.学前儿童感觉的发展

（1）视觉的发展

视觉是指个体辨别物体的明暗、颜色、形状、大小等特性的感觉。人们认为从婴儿出生那一刻起，视觉就已经产生了。研究表明，用强光照射母亲的腹部，会发现胎儿的眼睛会一开一合，或干脆闭上，这表明婴儿在出生前就能感觉光的存在。婴儿刚出生时，对光线会产生反应，但眼睛发育并不完全，视神经尚未成熟，视力只有成人的1/30,5~6个月的婴儿在视觉方面已接近成人。

①视觉集中

视觉集中是指通过两眼肌肉的协调，能够把视线集中在适当的位置观察物体。由于婴儿的眼肌不能很好地协调运动，因此在出生后2~3周内，表现为一只眼睛偏右，一只眼睛偏左，或者两眼对合在一起，一旦遇到光线，眼睛就会眯成一条缝或完全闭合。所以，这段时期的婴儿不能长期放在光源的同一侧，避免眼肌的平衡失调，造成斜视。出生后3周的婴儿能将视线集中在物体上，出生2个月的婴儿的视线能够追随沿水平方向移动的物体，出生3个月的婴儿的视线能追随物体做圆周运动。此外，视觉集中的时间和距离会逐渐增加。3~5周的婴儿能够对1~1.5米处的物体注视5秒，3个月的婴儿能够对4~7米的物体注视7~10分钟,6个月的婴儿能够注视距离较远的物体，此时他们对周围环境的观察更具主动性。

②视敏度的发展

视敏度是指个体分辨细小物体和远距离物体的细微部分的能力，也就是人们通常所说的视力。儿童视敏度的发展是随年龄的增长不断提高的，但发展速度不均衡。新生儿的视敏度只有正常成人视敏度的1/10,1岁时与成人接近。

有人认为，儿童年龄越小，视力越好，但事实并非如此。有研究者对4~7岁儿童的视力进行了调查。调查时采用一种视力测试图，图上有许多带有小缺口的圆圈，以此来测量儿童站在多远的距离可以看出圆圈上的缺口。结果是:4~5岁儿童平均距离2.1米,5~6岁是2.7米,6~7岁是3米。可见儿童的视力并不是年龄越小越好，而是随年龄的增长不断提高。但儿童的视力并非等速发展。

教师要提醒儿童注意用眼卫生，保护儿童视力，教育儿童不要在光线太强或太暗的地方看书、画画;看书、写字的姿势要正确且时间不要太长;不边走边看书;不躺着看书;不要用脏物、脏手揉眼睛;幼儿园要定期检查儿童视力，发现问题及时矫正;另外，教师给儿童提供的图书及玩教具字体要大、要清晰等。

③颜色视觉的发展

颜色视觉也称辨色力，是指个体辨别颜色细微差别的能力。婴儿对颜色的辨别能力发展得相当快，以至于有人认为颜色视觉是幼儿早期心理装置中的重要成分。新生儿能够区分红与白，对其他颜色的辨别缺乏足够的证据。出生后2个月，婴儿能够区分那些视觉正常的成人所能区分的大部分颜色。4个月时，哪怕在光照条件差异很大的情况下，婴儿仍能保持颜色识别的正确性。4~5个月以后，婴儿的颜色视觉的基本功能已接近成人水平。

试验研究表明，儿童辨色力发展有如下趋势:小班儿童已能初步分辨红、黄、蓝、绿等基本颜色,但辨认近似颜色较难且难以说出颜色名称;大多数中班儿童已能区分基本颜色色与近似颜色色,如红与粉红,并能说出基本颜色色的名称;大班儿童不仅能认识颜色、运用颜色,而且能正确地说出常用颜色的名称,如黑、白、红、蓝、绿、黄、棕、灰、粉红、紫等,并且开始注意颜色的搭配和协调。

儿童辨色能力的发展,主要在于掌握的颜色名称。如果掌握了颜色名称,即使是混合色,如淡棕、橘黄,儿童也同样可以掌握。

教师在日常生活和教学活动中,要为儿童提供各种色彩丰富的环境,指导儿童认识和辨别各种色彩并学习调配各种颜色;同时把颜色名称教给儿童,这对儿童辨色能力的发展有直接的促进作用。

（2）听觉的发展

从接受的信息量来讲,听觉是仅次于视觉的感觉通道。研究表明,处于妊娠期第 20 周的胎儿已经具备听觉能力,25 周的胎儿对声音刺激能做出身体运动的反应,并伴随生理指标的变化。

①听觉感受性的发展

感受性是指有机体对内外刺激的感受能力。听觉感受性是指听觉感受器官对声音的感觉能力。

儿童的听觉感受性随年龄的增长而提高,但存在着明显的个体差异。新生儿的听觉阈限在最好的情况下比成人高出 10~20 分贝,最差的时候高出 40~50 分贝,所以其听觉阈限不容易测量。但随着他们的成长,听觉感受性越来越接近成人,对高频声音的听觉接近最佳水平的时间要早于对低频声音的听觉,6 个月时他们对高频声音的感受性已经接近成人水平。

听觉是人们极其重要的感觉通道。教师应避免噪声对儿童听力的影响。幼儿园是儿童集中的地方,儿童又非常容易兴奋,他们在一起玩耍时,容易出现大声喧哗现象。教师应加强对儿童的教育与组织工作,教师说话时要轻声细语,起到示范作用;教师要防止大吵大闹;如果条件允许,儿童的自由活动应该多在户外进行。

儿童耳道短,容易患中耳炎,可能导致听力丧失,教师在这方面也要做好保健工作。如防止儿童耳部进脏水;不用锐器乱挖耳垢;避免感冒;如有问题,及时救治等。

②语音听觉的发展

语音听觉是指对说话声的感知能力。儿童语音听觉是在言语交际中发展和完善的。幼儿初期还不能辨别语言的微小差别,如,分不清汉语拼音中的"s"和"sh","k"和"h"等;幼儿中期可以辨别语言的微小差别;到了晚期,几乎可以毫无困难地辨别本民族的所有语音。

出生只有 1 天的新生儿对成人的语音和磁带播放的语音都表现出明显的同步动作反应。研究发现,1 个月大的婴儿就能分辨"pah"和"bah"的差别,于是有人推测,人类在语言方面的某些能力具有先天成分。随着婴儿年龄的增长,他们会逐渐失去过去拥有的某些语音的辨别能力,而随着他们经验的增加,会形成某些新的能力。这种能力的减弱大概发生在青春期,语言的灵活性也同时下降。我国学者张劲松等人对儿童的语音听觉进行了研究,结果发现,3 岁以上的儿童中,女孩的语音辨别能力比男孩好;大年龄组儿童的语音辨别能力显著高于低年龄组;语音辨别能力在 2~3 岁提高最为明显。

教师可通过语言教学与训练发展儿童的语音听觉能力。语言教学中语音的变化、词语声调的不同,语言表达时语气的多样化等都是促进儿童听觉发展的有效途径。良好的音乐环境,如多让儿童倾听各种物体及各种乐器发出的声音,也是发展儿童听觉的有效手段。此外,幼儿园还可以组织专门的训练听力的游戏,如让儿童闭上眼睛,听小朋友说一句话,辨别说话的人的声音,猜猜说话的是谁,以此来训练儿童的听觉辨别力。

在儿童阶段存在着"重听"现象。所谓"重听",即"半聋""半听见",是指这些儿童听力上有缺陷,但是能够根据他人的面部表情、嘴唇的动作以及当时说话的情境,正确地猜到他人说话的内容。这种现象易被忽视,但它会对幼儿的语言听觉、语言能力和智力的发展带来危害,应引起人们的重视。

（3）皮肤觉的发展

皮肤觉包括触觉、温度觉和痛觉,它们对于维持儿童的生命具有直接的生物学意义。触觉是儿童认识世界的重要手段,尤其是2岁以前,婴儿出生后就有灵敏的触觉反应,一些无条件反射都有触觉活动的参与。早期婴儿主要是通过口腔和手的触觉来探索外部世界的。口腔触觉出现较早,在1岁之前,在此后相当长的时间内,它都是婴儿认识客体的重要手段。早期手的触觉是一种无意的触觉活动,5个月左右,婴儿伸手能够抓住东西,手的触觉能够同视觉活动相协调,这是婴儿认知发展的重要里程碑。进入幼儿期,更喜欢摆弄玩具和物体,在这些活动中,儿童逐渐认识物体的软或硬、粗糙或光滑等属性,同时也进一步促进触觉能力的发展。

新生儿的温度觉比较敏锐,对冷的刺激比热的刺激反应明显,健康状况受环境温度的影响很大,需要适当保暖。痛觉是随着年龄的增长而发展的,新生儿的痛觉感受性很低,紧张、恐惧、伤心、焦虑、烦躁等都可以构成痛的情绪成分,成人情绪对儿童"痛"的感受可以起暗示的作用。例如,儿童摔倒了,实际上他没有感到很痛,可是成人表现出的紧张情绪,反而会"加大"儿童"痛"的感觉。

2.学前儿童知觉的发展

（1）空间知觉的发展

空间知觉是指人们对物体空间特性的反映,它包括方位知觉、深度知觉、形状知觉和大小知觉。

①方位知觉的发展

方位知觉是对自身或物体所处空间方向的知觉。例如,对上下、前后、左右、东西南北的方向辨别。

儿童在判断方位时,常以自身为中心进行判断,随后逐渐过渡到以其他客体为参照判断方位。小班儿童（3岁）可以辨别上下;中班儿童（4岁）开始辨别前后;大班儿童（5岁）开始能以自身为中心辨别左右;7岁儿童开始能够辨别以其他人为基准的左右方位。

②深度知觉的发展

深度知觉又称距离知觉,是个体对同一物体的凹凸或对不同物体的远近的辨别。

生命开始时,新生儿通过运动深度线索对深度进行感知;5~6个月时,他们通过图示深度线索感知深度;随着双眼线索的有效应用,深度知觉的精细程度逐渐增加。

儿童距离知觉发展水平较低。具体表现:一是他们只能区分熟悉的物体或场地的远近,对于比较远的距离则不能正确认识;二是幼儿对透视原理还不能很好把握,不懂得近物大而清晰、远物小而模糊等感知距离的视觉信号,因此他们画出的物体远近、大小不分,也不善于把现实物体的距离、位置、大小等空间特性在图画中正确地表现出来,更不会正确判断图画中人物的远近。如把图画中在远处的树看成小树,把近处的树理解为大树。

为使儿童较好地掌握物与物之间的距离,在教学中教师应教给他们判断远近的方法或线索。如两物重叠时,前面的物体在近处,应画大一些、清楚些;后面被挡住的物体在远处,应画小些、模糊些。也可在现实中引导儿童进行分析、比较或用实际动作来配合,如用手比一比、量一量,结合动作练习目测等。

③形状知觉的发展

形状知觉是对物体几何形体的辨别。

幼儿早期就具备了对物体形状和集合图形的分辨能力。早在 1961 年,范茨就得出婴儿对有图形结构的对象更感兴趣的结论(即图形视觉理论),且对面孔的注意远高于其他对象。其他研究者以微笑为指标对各种面孔图形和真实面孔进行了试验。大约 6 周的婴儿只要对着黑色背景的两只眼睛就会微笑,随着年龄的增长,到了 6 个月时,他们才会只对完整的面孔微笑;3 个月时,婴儿能够辨别不同的面孔特征;在 7~10 个月,婴儿开始对情感表达做出有序而有意义的整体反应。

儿童对物体形状的辨别能力发展较快,通常情况下,小班儿童已能正确辨别圆形、正方形、三角形和长方形;中、大班的儿童除此之外还能进一步掌握半圆形、梯形、菱形、平行四边形等。研究表明,4~5 岁的儿童已能辨别物体的各种基本几何图形。

由于形状是儿童学习数学、绘画及辨认物体的必要基础知识之一,所以在教学中,教师还要进一步地加强儿童对形状的认识和掌握,可结合生活实际让儿童认识物体及其形状。如让小朋友找一找现实生活中什么东西是圆的、方的、三角的;说一说户外树叶的形状、游戏材料的形状等。还可通过游戏提高儿童形状知觉的水平,如配对游戏,找出形状完全一样的物品。又如准备 10 个形状不同的盒子,每个盒子都有相应形状的盖,让儿童尽快把盒子都盖上。各种镶嵌板玩具也是培养儿童形状知觉的材料,教师和家长都可以加以利用。

④大小知觉的发展

大小知觉是对物体长度、面积、体积的辨别。

由于大小是相对的,是在比较中获得的,对物体大小的判断蕴含着辩证思维,而儿童思维能力发展水平较低,所以儿童在判断物体大小时,形状相同或长度、面积、体积差异明显的物体对他们来说比较容易判断,否则有一定的难度。2.5~3 岁的儿童已经能够按照成人的语言指示选择出大皮球或小皮球,3 岁以后判断大小的精确度有所提高。2.5~3 岁是儿童判断平面图形大小的能力快速发展的阶段。

总之,儿童的空间知觉有明显的发展,但还不精确。教师要在实践活动中,通过绘画、泥工等活动,或利用散步的机会让儿童了解物体的空间特性,并教给他们有关的空间特性的词语,以促进他们空间知觉的不断发展。

(2)时间知觉的发展

时间知觉是个体对客观事物运动过程的先后和时间长短的辨认,即对客观现象的顺序性和延续性的反映。它是一种感知时间的长短、快慢、节奏及先后的知觉。

时间知觉有自身的特殊性:一是时间本身没有直观的形象,二是人们也没有专门感知时间的分析器。因此人们很难准确把握时间,必须借助某种媒介来认识,自然界周期性的变化,如昼夜、四季交替、月亮圆缺,知觉主体的生理变化(如饥饿),时钟、日历等计时工具。

儿童自出生之时起就在时间中成长,但感知时间是无意识的、不自觉的。起初,他们主要依靠生理上的变化来体验时间(如对吃奶时间形成条件反射,即到时间感到饥饿)。之后逐渐学习通过某种生活经验(作息制度、有规律的生活事件等)和环境信息(自然界的变化等)来反映时间。到了幼儿晚期,在教育影响下,儿童开始有意识地借助计时工具来认识时间。但由于时间比较抽象,因此儿童感知时间也比较困难,且水平不高。研究表明,儿童的时间知觉表现出如下特点与发展趋势。

①时间知觉的精确性与年龄正相关,即年龄越大,精确性越高。

②时间知觉的发展水平与儿童的生活经验相关。他们常以作息制度作为时间定向的依据。如"早上"就是起床上幼儿园的时间,"晚上"就是看完动画片上床睡觉的时间。

③儿童对时间单元的感知和理解有一个"由中间向两端""由近及远"的发展趋势。如他们对"天"的理解最先是"今天",然后才是"昨天"和"明天",再后才是"前天""后天"等。

④理解与利用计时工具的能力与年龄相关。儿童常常不理解计时工具的意义。如妈妈告诉儿童到 6 点半时,可以打开电视看动画片,儿童等得不耐烦了,就要求妈妈把钟表拨到 6 点半。有的儿童听妈妈说"日历撕完了,就该过新年了",他便跑去把日历全部撕掉,回来告诉妈妈"该过新年了,日历已撕完了"。有研究表明,大约到 7 岁,儿童才开始利用时间标尺估计时间。

(三)学前儿童观察力的发展

观察是一种有目的、有计划、比较持久的感知过程。在观察过程中表现出来的观察事物的能力称为观察力。学前期是一个人的观察力开始形成并迅速发展的时期。观察力是智力的一个重要组成部分,是一切能力发展的基础。我国心理研究工作者姚平子根据观察的有意性对学前儿童的观察力发展提出了"四阶段说"。第一阶段(3 岁):不能接受所给予的观察任务,不随意性起主要作用;第二阶段(4~5 岁):能接受任务,能主动进行观察,但深刻性、坚持性差;第三阶段(5~6 岁):接受任务以后,开始能坚持一段时间进行观察;第四阶段(6 岁):接受任务以后能不断分解目标,能长时间反复观察。

1. 学前儿童观察力的发展趋势

(1)观察的目的性,从无意性向有意性发展

学前儿童的观察是从无目的性向有目的性方向发展的。有研究者曾对 3~6 岁儿童进行研究,要求他们分别在图片中找出相同的图形、图形中的缺少部分、两张大致相同的图片中的细微差异以及在图中找出物体。结果发现,儿童的观察准确性随年龄的增加而稳步提高。研究认为,3 岁儿童的观察已经带有一定的目的性,但水平低;4~5 岁明显提高;6 岁时就能够按活动任务进行活动了。

(2)观察的持续性,时间由短到长

幼儿初期,观察持续的时间很短,很容易受主体情绪、兴趣的影响,也容易受客体变化的影响。阿格诺索娃的研究发现,3~4 岁儿童持续观察某一事物的时间平均为 6 分 8 秒;5 岁儿童有所提高,平均为 7 分 6 秒;从 6 岁开始,观察持续的时间显著增加,平均时间为 12 分 3 秒。

试验研究表明,儿童观察持续性的发展与儿童观察的目的与兴趣有关。如果观察目的明确且是感兴趣的事物,观察的时间就相对较长。例如,把观察者分成两组,一组提出明确的要求,即找出两张图片中穿相同服装的人,另一组只是笼统地概括描述,结果,前一组由于目的较明确,所以观察时间较长。再如,因为儿童对金鱼更感兴趣,所以他们观察金鱼比观察树木的时间长。

（3）观察的细致性，从笼统、模糊向准确发展

学前儿童的观察比较模糊，这可能是注意力无法长时间集中和稳定导致的。通常他们只看到事物的大概轮廓就得出结论，不再深入观察。随着年龄的增长，学前儿童对事物的观察更加仔细、精确，50%以上的6岁儿童在观察精确性的测验中几乎完全正确。姚平子等探索了3~6岁儿童观察图片的过程，结果表明，儿童观察的细致性随年龄增长而提高。

（4）观察的概括性，从感知事物的表面特征向感知事物的本质特征发展

幼儿初期，儿童在观察时，常常不能把事物的各个方面联系起来观察，因而不能发现各事物之间的相互联系及本质特征。例如，教师让儿童看两盘萝卜，其中一盘泡在水里，萝卜头长出了小绿叶；另一盘无水，萝卜头萎缩了。小班儿童通常看不出萝卜头生长情况与水分之间的关系。再如，给儿童看两幅图画，其中一幅画着小孩玩球，另一幅画着球把玻璃打碎了，小班儿童往往也说不出这两幅图画间的因果关系。这主要是与他们观察的系统性差有关，尤其是小班儿童，他们只能回答图片上"有什么""是什么"，不能回答"在做什么""怎么做的"等问题。到了中、大班，儿童的观察概括能力有了一定发展，他们能说出图片上人物之间的关系，有的还能用一句话概括地说明图画内容。

2. 学前儿童观察力的培养

（1）提出明确的观察目的与任务

观察前，教师应告诉儿童观察什么、怎么观察。比如，在儿童观察桃树之前，先向儿童说明："今天我们观察桃树，要仔细看看桃树的树干是什么样子，树杈多不多，从哪儿开始分叉，桃花是什么颜色，它有几个花瓣……"使儿童对观察桃树的任务有一个比较具体、清楚的理解。有人做过这样的试验：请两组儿童观察两张完全相同的图片，对其中一组儿童在观察前讲明这两张图片有5处不同，而对另一组儿童只笼统地要求他们找出图片的不同处，不说明共有几处不同。结果前组儿童平均找出4.5处不同，后组儿童只找出3.7处不同。由此看出，观察目的、任务的明确程度，会直接影响观察效果。目的、任务越明确，效果就越好。

（2）培养幼儿的观察兴趣

一方面，应经常引导儿童注意观察周围事物及大自然。比如，春天，老师可以带儿童观察小草怎样变绿，小花怎样开花，到冬天可以带儿童看看它们怎样凋谢、枯黄，然后启发儿童想一想小草、小花的生长与季节、气候间有什么关系。夏天，在下雨之前，可带儿童去观察地上的蚂蚁怎样忙碌地搬家，下雨后再带儿童去看天上出现的美丽的彩虹，使儿童懂得下雨与蚂蚁搬家、彩虹出现之间的联系。

另一方面，还可让儿童动手实验。比如，把两盆花分别放在向阳和靠阴的地方，将两颗蒜分别放在有水和无水的盘子里，然后带儿童观察它们生长、变化的过程及其异同，使儿童了解植物生长与阳光、水分之间的关系，这无疑比单纯用语言讲解的效果更好。这样能启发儿童多提问，并尽可能使儿童的多种感官都参与其中。再比如，在认识黄瓜和西红柿时，不仅让儿童用眼睛看，还可以让他们用手摸、用嘴尝；教儿童认识菊花、水仙花时，不仅可以让儿童看看、摸摸，还可以让儿童闻闻。这样可使得儿童从形状、颜色、气味等各个方面对黄瓜、西红柿、菊花、水仙花有比较完整、精确的认识。

（3）提供丰富的观察材料，引导儿童观察概括

如让儿童观察小兔形象时，不要总是提供白色的小兔，还可提供灰色的、黑色的、花的小兔等，让儿童来概括其本质特征。

（4）教授儿童观察的方法和步骤

儿童的观察是从跳跃式的、无序的逐渐向系统有顺序地发展的。教师应教给儿童观察的方法，让儿童能够学会或从左到右，或从上到下，或从外到里，或从整体到局部，或从局部到整体，有顺序地进行观察。在此基础上，引导儿童学会思考和概括。

总之，观察是一个人认识世界的重要手段，从小培养儿童的观察力是十分必要的。应当通过日常生活和教学，有意识地组织儿童在教师的指导下，有目的、有计划地进行观察，以促进儿童观察力的发展。

（四）感知规律在幼儿园教学活动中的运用

1. 感觉的规律及其运用

感觉的规律主要表现在感受性的变化上。感受性是指有机体对内外刺激的感受能力。每个人的感受性都存在着个体差异。感受性的变化主要体现在以下几方面。

（1）感觉的相互作用

感觉的相互作用可以使感受性发生变化。如一明一暗的灯光，会使一个强度保持不变的音调听起来带有时高时低的波动现象，这是视觉对听觉的影响，反之亦然。

感觉的相互作用可使感受性提高或降低。一般情况下，弱刺激可提高感受性，强刺激则降低感受性。例如，在寂静的夜晚或教室，低声说话也可以听见，而在喧哗的闹市，大声讲话也听不清楚。根据以上规律，教师在讲课时，应轻声细语，不要高声大叫，以免影响儿童的听觉感受性。

（2）感觉的适应

适应是指在刺激的持续作用下引起感受性变化的现象。视、听、嗅、味、肤各种感觉都有适应现象。如视觉上有明适应和暗适应；听觉上表现为常在噪声下工作，对声音的感受能力会降低；嗅觉上，有古话说的"入芝兰之室，久而不闻其香""入鲍鱼之肆，久而不闻其臭"；肤觉上表现为用冷水或热水泡脚，久而不知其凉或烫，棉衣穿久了不知其重等。

强刺激可以降低感受性（如明适应），弱刺激可以提高感受性（如暗适应）。教师讲课时，声音不要一直很高；把儿童从亮的地方领到暗的地方，要适应一会再开始活动，以免发生意外，反之亦然；要注意儿童看书的光线，不能太强或太弱；每次运动前都要先做好准备活动，之后再开始，以免受伤。

（3）感觉的对比

感觉对比是指同一分析器接受不同刺激引起的感受性的变化。对比可分为同时性对比和相继性对比。同时性对比，如月明星稀、白与黑、红和绿、冷和热；灰纸放在黑背景中亮一些，放在白背景中暗一些；同样长的线放在短线中长些，放在长线中又短些；等等。相继性对比，如吃完中药后吃甘蔗，就会觉得甘蔗更甜；吃完甘蔗后吃橘子，就会觉得橘子比平时酸。

教师在为儿童制作直观教具或布置教室和活动室时，应注意运用"对比"规律，注意色彩搭配，以突出主题；讲话时应注意音调的高低对比，以引起儿童的注意。教师也可利用不鲜明的对比，以培养儿童的观察力。如在草丛中找青蛙、在花丛中找蝴蝶等都是对比规律在教学中的运用。

（4）感觉的敏感化

感觉的敏感化是指分析器的相互作用和练习可使感受性提高的现象。人的感受性是可以训练的,即它可以通过特殊训练和积累经验而提高。如盲人的听觉和触觉特别发达,染色工人可以区分 40~60 种黑色色调,美术家的辨色力、音乐家的辨音力等,这些都是特殊训练的结果。

教师要重视感知觉的教育,通过各种活动有意识地训练幼儿的感知能力。如音乐活动、美术绘画活动等,都是发展儿童的听觉、辨色力和触觉的有效手段。

2. 知觉的规律及其运用

知觉的规律主要表现在以下四个方面。

(1)知觉的选择性

知觉的选择性是指人们从众多事物中选择知觉对象。在现实生活中,人所处的环境复杂多样。在每一瞬间,人不可能同时清楚地去反映所有对象,而总是有选择地把某一事物作为知觉对象挑选出来,加以注意,与此同时,把其他事物作为背景,这就是选择性。如教师上计算课时,写在黑板上的题是幼儿的知觉对象,比较清晰;而周围的一切作为背景在幼儿的视野外,比较模糊。

影响知觉选择性的因素有以下几个方面。

一是对象与背景的差别。差别越大,越容易被选择。强烈的、对比明显的刺激,如强光、大声,以及绿草中的红花等,都容易被选择。根据这个规律,教师的板书、挂图和实验演示,应当重点突出、色彩分明,以加强对象与背景的差别,便于引起儿童的注意,从而加以选择。

二是刺激物的组合特点。越有规律,越容易被选择。如穿着统一服装的儿童很容易从人群中被感知出来。据此,教师给儿童呈现的教具排列要有规律,不能杂乱无章;为突出某一部位,周围最好不要附加其他线条或图形,注意拉开距离或加上不同色彩;所讲知识应由浅入深,不能跳跃太大。

三是对象的活动性。在固定不变的背景上,活动着的对象容易被选择。如小虫子趴着不动不易被觉察,而乱蹦乱跳的小虫子容易被注意到。所以在教学过程中,教师应尽量制作和使用活动的教具。如活动模型、活动玩具、幻灯片和录像等,使儿童获得清晰的知觉。此外,教师讲课的声调应有变化,抑扬顿挫,重点内容要加重语气,辅以合适的表情与手势,便于儿童理解和掌握。

(2)知觉的整体性

虽然事物是由多种属性和各个部分构成的,但是人们并不把它感知为个别的、孤立的几个部分,而倾向于把各个部分组合为一个整体来认识,这便是知觉的整体性。例如图画中树后的小动物,虽只画出它们露出的一小部分,儿童也能猜出是什么动物。正因为如此,当人感知一个熟悉的对象时,哪怕只感知了它的个别属性或部分特征,也可以依据以往的经验感知到其他特征,从而产生整体性的知觉。

知觉整体性主要与人的知识经验有关。在日常生活和教学中,我们要通过各种途径扩大儿童的知识面,丰富儿童的知识经验,便于儿童把事物的各种属性结合起来,从整体上把握事物,形成完整的印象。

(3)知觉的理解性

知觉的理解性是指人总是根据以往的知识经验理解当前的事物,并把它们标示出来。如根据画中的人物形象知道其扮演的角色。

影响知觉理解性的因素有以下几个方面。

一是与知识经验有关。即在理解过程中,知识经验是关键。例如,面对一张 X 光片,不懂医学的人很难看懂,而放射科的专业医师能获知相关信息,判断病变与否。又如,"一人比画一人猜"的游戏,也都受知识经验的影响和制约。

二是受语言指导的影响。有些事物只有通过语言指导方可明白其含义,如对古诗、古文的理解。所以教师应通过语言启发、提供线索,帮助儿童提取知识经验,组织知觉信息。儿童年龄小,知识经验少,理解事物有一定的困难。因此,要想提高儿童知觉的理解性,一方面要丰富儿童的知识经验;另一方面,教师要耐心地给予解释,帮助儿童理解事物。

(4)知觉的恒常性

知觉的恒常性是指当知觉条件发生改变时,知觉对象仍然保持不变。

知觉的恒常性表现在很多方面,最主要的是视觉恒常。视觉恒常又包括亮度恒常,如石灰与煤不管放在哪里,石灰都比煤亮;形状恒常,如圆盘不管怎么放置(平放、竖放斜放),它在人们脑中仍然是圆的;大小恒常,如妈妈已走远,孩子仍然将其感知为原形中的妈妈,并未因人变小而改变。此外,知觉的恒常性还包括声音恒常。如飞机与蚊子的声音相比,飞机的声音要大,即使它飞得很高,我们仍然觉得它的声音大过蚊子的声音。

知觉恒常性也与知识经验有关。即过去的知识经验对当前的知觉起纠正作用,从而使人对事物有了较稳定的看法,形成知觉的恒常性。

正因为有了恒常性,我们对事物才能做出相对准确的评判,否则每个事物随时都可能变成新事物,整个世界就不知会是什么样子了。

第二节　学前儿童情绪和情感的发展

一、学前儿童情绪和情感的产生、发展

即便是很小的婴儿也有感情,他们也会表达情绪和情感。在生命开始的前两年里,儿童有各种情绪,如哭、笑、恐惧等,随着年龄的增长,这些情绪和情感与社会性需要的关联性增强。儿童在生活经验不断丰富、思维水平不断提高的同时,其高级的社会性情感,如道德感、美感、理智感等也开始萌芽,并表现出这个年龄阶段的一些特点。

(一)情绪和情感的产生与初步发展

1.原始的情绪反应

大量的观察和研究表明,儿童出生后就有情绪反应,如新生儿出生时的哭闹、安静和四肢舞动等,都是原始的情绪反应。原始的情绪反应具有两个特点:一是与生理需要是否得到满足有直接的关系,如婴儿吃饱喝足时,一般会变得安静或愉快;二是原始的情绪反应是与生俱来的本能,具有先天性。

经典婴儿情绪发展理论的代表人华生对 500 多名婴儿进行了观察和研究,认为婴儿原始的情绪反应有三种,即惧、怒和爱,并详细阐述了惧、怒、爱三种情绪反应产生的原因及表现。

(1)惧

惧是由大声和失持引起的。当婴儿静静地躺在地毯上时,如果用铁锤在他头部附近敲击钢条,立刻就会引起他的惊跳反射、肌肉猛缩以及大哭。其他的高声,如器皿掉落的声音

等也会引起类似的反应。另外,当婴儿的支持物移开,身体突然失去支持,或者身体下面的毯子被人猛抖时,他也会出现屏息、抓手、闭眼、皱唇,继而出现哭喊等行为。

(2)怒

怒是由于限制儿童运动引起的。例如,用毯子把婴儿紧紧裹住,或者双手温和坚定地按住婴儿的头部,阻止其身体的活动时,婴儿就会发怒,表现为身体挺直、手脚乱动,甚至屏息、哭泣、号叫或者面红耳赤。

(3)爱

爱是由抚摸、轻拍或触及身体敏感区域引起的,这些敏感区域包括唇、耳、颈、臂等。例如,母亲温柔地抚摸婴儿的皮肤或者柔和地轻拍、摇动会使婴儿安静下来,产生一种广泛的松弛反应,表现为微笑、展开手指和脚趾或者发出咿呀的声音。

成人的情绪也是经由上述三种基本情绪通过条件作用和泛化发展而形成的。但是不少心理学家做了类似的试验性观察,并没有验证华生的结论,对其提出的三种原始情绪反应理论提出了反对意见。他们认为婴儿的这些情绪反应是试验者强加给婴儿的。多数心理学家认为,原始的情绪反应是笼统的,还没有分化。

2.情绪的分化

在人类进化的过程中,情绪成了人们为生存而衍生的适应功能。随着社会刺激在形式上的增多和质量上的增长,情绪也逐渐发展分化。一些学者对儿童情绪的分化和发展基于各自的研究提出了不同的观点。

(1)布里奇斯的儿童情绪发展理论

在婴儿成长过程中,情绪类别是由单一到多样,由原始、简单的基本情绪到复杂的高级情感。加拿大心理学家布里奇斯的情绪分化理论是早期比较著名的理论。布里奇斯通过对100多个婴儿的观察,提出了关于情绪分化较为完整的理论以及0~2岁儿童情绪分化的模式。该理论认为,情绪的发展就是在出生时未分化的一般性激动或兴奋状态的基础上,逐渐成为分化的与某种情境和动作反应相联系的不同情绪。布里奇斯认为,初生婴儿只有皱眉和哭的反应,这种反应是未分化的一般性激动。3个月以后,婴儿的情绪分化为积极的和消极的两个方面——快乐和痛苦,在此之后情绪继续分化;6个月以后,分化为愤怒、厌恶和恐惧;12个月以后,快乐的情绪分化为高兴和喜爱;18个月以后,又分化出喜悦和忌妒;到2岁左右,儿童已具有大部分成人的复杂情绪。

依据布里奇斯的理论,情绪的分化和整合是逐步发生的,每个年龄阶段具有显著意义的情绪是不同的。布里奇斯的情绪分化理论在早期被较多的人接受,一些人还用不同的形式把情绪分化模式表示出来。但是,还有一些心理学家认为,布里奇斯的情绪分化理论是以观察而不是以试验为基础的,同时,其对新生儿的行为没有予以充分的注意。另外,布里奇斯的情绪分化阶段缺乏具体的指标,难以鉴别每种情绪是如何区分出来的,也没有说明形成分化的机制。

(2)林传鼎的儿童情绪发展理论

我国的心理学家林传鼎曾观察了500多个出生1~10天的新生儿的动作变化,根据观察结果提出了不同于华生提出的原始情绪高度分化理论,也不同于布里奇斯关于出生时情绪未分化的看法。林传鼎的情绪分化理论认为,儿童的情绪分化过程可以分为泛化阶段、分化阶段和系统化阶段。

泛化阶段(0~1岁):此阶段的儿童往往是生理需要引起的情绪占优势。他认为,新生儿已具有两种完全可以分清的情绪反应,即愉快和不愉快,二者都与生理需要是否得到满足有关。在这两种情绪反应的基础上,婴儿到3个月时,出现了6种情绪,即欲求、喜悦、厌恶、忿急、烦闷和惊骇。但这些情绪不是高度分化的,只是在愉快与不愉快的基础上增加了一些面部表情。4~6个月时,婴儿开始出现由社会性需要引起的喜欢、忿急等情绪。

分化阶段(1~5岁):此阶段的儿童情绪开始多样化,3岁后,进一步产生同情、尊敬、羡慕等20多种情感。一些高级情感,如道德感、美感等开始萌芽。

系统化阶段(5岁以后):这一阶段的基本特征是情绪的高度社会化,这个时期道德感、美感、理智感等多种高级情绪达到一定的水平,有关世界观形成的情绪也初步建立起来。

林传鼎的理论对我国儿童的情绪发展研究曾产生很大的影响。他关于婴儿情绪分化的不少观点,特别是新生儿已有两种完全可以分清的情绪反应,4~6个月的婴儿相继出现与社会性需要有关的情感体验,社会性需要逐渐在婴儿情感生活、交流中起越来越大的作用等观点,始终为人们所接受,并不断被现今的研究证实。

(3)伊扎德的儿童情绪发展理论

心理学家伊扎德是当代国际著名的美国情绪发展研究专家。他关于婴儿情绪发展的研究以及据此提出的情绪分化理论,在当代美国情绪研究中颇有影响。伊扎德和他的同事用录像记录了婴儿在面对诸如握住冰块、玩具被人拿走、看见母亲回来等情况的反应,以研究婴儿的情绪表达。

根据研究结果,伊扎德认为婴儿出生时具有5种情绪,即惊奇、痛苦、厌恶、微笑和兴趣。随着年龄的增长和大脑的发育,婴儿的情绪也逐渐增多和分化,4~6周时,出现社会性微笑;3~4个月时,出现愤怒、悲伤等情绪;5~7个月时,出现惧怕等情绪;6~8个月时,出现害羞等情绪;0.5~1岁时,出现依恋,以及分离时的伤心、对陌生人的恐惧等情绪;1.5岁左右,出现羞愧、自豪、骄傲、焦虑、内疚和同情等情绪。

伊扎德认为每一种情绪都有对应的面部表情模式,他把面部分为3个区域,即额—眉、眼—鼻—颊、嘴唇—下巴,并提出了区分面部动作的编码手册。

在伊扎德的研究中,每一种新出现的情绪反应都有具体、客观的指标,易于鉴别、判断,对比前人的研究,在科学性和可测性上都大大提高。

(4)孟昭兰的儿童情绪发展理论

我国情绪心理学家孟昭兰认为,人类婴儿在进化过程中通过遗传获得8~10种基本情绪,如愉快、兴趣、惊奇、痛苦、愤怒、惧怕和悲伤等,它们在个体的发展过程中相继出现。情绪的诱因由开始的生理需要和防御本能向社会性诱因变化。对婴儿的刺激包括社会的、视觉的、触觉的和听觉的四种,前两项作用更大。此外,孟昭兰还提出了个体情绪产生的次序、时间和诱因。

孟昭兰的情绪分化理论是基于其对婴儿情绪发展的一系列研究和他人的众多研究而提出来的,对理解和把握婴儿情绪的分化、发展及诱因、条件的个别差异性有很大的促进作用。

(二)学前儿童情绪和情感的发展

儿童出生后,就有情绪表现。随着儿童的成长,在成熟和后天环境的作用下,儿童的情绪和情感也在不断地变化和发展。学前儿童情绪发展的趋势主要体现在3个方面:社会化、丰富化和深刻化、自我调节化。

1. 情绪和情感的社会化

儿童最初出现的情绪是与生理需要相联系的，是一种原始的、本能的反应，由机体内外的某些刺激引起，并反映机体当时的内部状态和生理需要。随着年龄的增长，儿童逐渐进入人类社会，和成人进行交往，因而情绪逐渐与社会性需要相联系。社会化成为影响儿童情绪发展的一个主要趋势，也是近年来探讨得最多的热点课题之一。

（1）引起情绪和情感反应的社会性动因不断增加

情绪性动因是指引起学前儿童情绪反应的原因。婴儿的情绪反应主要和其基本生理需要是否得到满足相联系。在 3 岁以前儿童情绪反应的动因中，生理需要是否被满足是主要动因，温暖的环境、吃饱、睡足、身体舒适等，都是引起愉快情绪的动因。随着儿童年龄的增长，触发情绪的情景或事件开始转向社会性需要。如儿童焦虑和恐惧的原因由无法解释或直接处理的"威胁"（真实或想象的）变成重要的生活事件。又如在学习上与同伴建立良好关系并得到他们的信任。

1~3 岁儿童的情绪除了与满足生理需要有关外，还出现了与社会性需要有关的情绪反应。例如，这个年龄段的儿童有独立行走的需要，如果父母让其在一定范围内自由行走，儿童就会感到愉快；如果父母抱着限制其自由行走，不满足儿童的愿望，儿童就会哭闹。

3~4 岁儿童仍然喜欢身体接触，如刚入园的儿童很愿意老师牵他的手，喜欢让老师抱一抱、亲一亲。这表明 3~4 岁儿童情绪的动因处于主要满足生理需要向主要满足社会性需要的过渡阶段。

5~6 岁儿童情绪反应的社会性动因更加明显。例如，小朋友不和他玩，成人对他不理睬、不注意，会让他觉得伤心，表现出不良的情绪状态。

有研究表明，儿童产生愤怒的原因有：生理习惯问题，如不愿吃东西、睡觉、洗脸和上厕所等；与权威矛盾的问题，如被惩罚、受到不公正待遇、不许参加某种活动等；与人的关系问题，如不被注意、不被认可、不愿和人分享等。研究结果发现，2 岁以下儿童生理习惯问题最多，3~4 岁儿童与权威矛盾的问题占 45%，4 岁以上儿童则出现人际关系问题最多。

由此可见，学前儿童的情绪和情感与社会性交往、社会性需要的满足密切联系，学前儿童情绪和情感正日益摆脱同生理需要的联系，逐渐社会化。社会性交往、人际关系对儿童情绪影响很大，是左右儿童情绪和情感的主要动因。

（2）情绪和情感中社会性交往的成分不断增加

在学前儿童的情绪活动中，涉及社会性交往的内容随着年龄的增长而增加。例如，社会性微笑的出现是婴儿情绪社会化的开端，而对学前儿童交往中微笑的研究也发现，随着年龄的增加，儿童逐渐对社会性交往的内容、对象展现出更多的微笑。有研究发现，学前儿童交往中的微笑可以分为三类：第一类，儿童自己玩得高兴时的微笑；第二类，儿童对教师微笑；第三类，儿童对小朋友的微笑。在这三类中，第一类不是社会性情感的表现，后两类则是社会性的。

1.5~3 岁，儿童非社会性交往微笑的比例下降，社会性微笑的比例则不断增长。从儿童的微笑看，1.5 岁左右的儿童对自己微笑的比例较大，对小朋友微笑的比例较小，而 3 岁儿童对自己微笑的比例变小，对教师、同伴微笑的比例变大。即 3 岁儿童非社会性的微笑逐渐减少，社会性交往的微笑则开始增加。

（3）情绪和情感表达的社会化

每个社会都有一系列情绪表达的规则，规定着在各类场合下哪些情绪可以表达，哪些情绪不可以表达。例如,儿童在收到长辈礼物时应该表示高兴和感激,即便这些礼物并不是他们想要的,也要会学会掩饰自己的情绪。

表情是情绪的外部表现。学前儿童不仅通过表情传达丰富的情感,随着年龄的增长,还通过情绪和情感表达其社会性需要。表情的表达方式包括面部表情、肢体语言和言语表情。儿童在成长过程中,逐渐掌握各类表情手段,表情日益社会化。儿童表情社会化的发展主要包括两个方面:一是理解(辨别)面部表情的能力;二是运用社会化表情手段的能力。1岁的婴儿已经能够笼统地辨别成人的表情,比如,如果对他微笑,他就会笑;如果对他做出严厉的表情,他就会哭起来。儿童从2岁开始,已经能够用表情手段去影响别人,并学会在不同场合用不同方式表达同一种表情。

2. 情绪和情感的丰富化及深刻化

情绪和情感的丰富化包括两种含义:一是情绪和情感过程越来越分化。刚出生的婴儿只有少数的几种情绪,随着年龄的增长而不断分化、增加。以笑为例,刚出生的婴儿一般是生理性的微笑,之后逐渐学会羞涩的笑、嘲笑、冷笑、狂笑等。二是情绪和情感指向的事物不断增加。有些原先不能引起儿童体验的事物,随着年龄的增长,引起了情感体验。学前儿童入园之后,实践活动领域扩展了,集体生活、学习活动和社会生活对儿童提出了更具体的要求,这些要求一旦被儿童接受,便会成为他们的社会生活需要,根据需要被满足与否,产生对应的情感,从而使情绪和情感的指向物不断丰富。例如,3岁前的婴儿不太在意小朋友是否和他一起玩,而3岁以后的学前儿童面对小朋友的孤立以及成人的不理睬,特别是被误会、不公正对待、批评等,会感到非常伤心。

情绪和情感的深刻化是指情绪和情感所指向的事物的性质的变化,从指向事物的表面到指向事物内在的特点。如幼小的学前儿童对父母产生依恋,主要是基于父母满足他的基本生理需要,而年长的学前儿童对父母的依恋,已包含对父母劳动的尊重和爱戴等内容。又如,学前儿童对行动有不同的体验,对自己的行动成就可能表现出骄傲,而对别人行动的成就可能表现出羡慕。儿童情绪和情感的深刻化,一方面是由于引起情感的社会性需要增多,如大班的儿童希望得到老师的表扬,帮助其他小朋友或者为班集体服务;另一方面,随着年龄的增长,儿童开始根据一定的道德标准来评价好坏,情绪和情感的表现从最初的从自我角度出发或从具体关系出发到从一定的道德标准出发来评价他人或事件,从而使情绪和情感深刻化。

3. 情绪和情感的自我调节化

(1)情绪和情感的冲动性逐渐减少

幼小的学前儿童面对特殊情况常常处于激动的情绪状态。在日常生活中,他们往往由于某种刺激而非常兴奋、情绪激动。当处于高度激动的情绪状态时,他们完全不能控制自己,会大哭大闹或大喊大叫且短时间内不能平静下来,在这种情况下,即使成人要求他们"不要哭""不要闹"也很难使他们停止激动的行为。

幼小的学前儿童的情绪冲动性还常常表现在他们用过激的行动表达自己的情绪。随着大脑的发育以及语言的发展,他们情绪的冲动性逐渐降低,起初对自己情绪的控制是被动的,即在成人的要求下,因服从成人的指示而控制自己的情绪。到了学前晚期,个体对情绪的自我调节能力才逐渐发展。例如,打针时感到疼痛,但是认识到要学习解放军叔叔的勇敢精神,能够含着泪露出微笑。又如,母亲因为工作需要外出,能够控制自己不愿与母亲分离的情绪。这个年龄的儿童能够调节自己的情绪表现,做到不愉快时可以不哭,或者在伤心时也可以不表现出来等。

（2）情绪和情感的稳定性逐渐提高

学前儿童的情绪不稳定、易变化。我们知道，情绪是有两极对立性的，如喜与怒、哀与乐等。学前儿童的两种对立情绪，常常在很短时间内互相转换。比如，当学前儿童由于得不到心爱的玩具而哭泣时，如果成人给他一块糖，他就会立刻笑起来。这种"破涕为笑"的现象在小班儿童中尤为明显。学前儿童的情绪不稳定与两个因素有关。

①情境性

学前儿童的情绪常常被外界情境所支配，某种情绪往往随着某种情境的出现而产生，又随着情境的变化而消失。例如，对看得见而拿不到手的玩具，婴儿会产生不愉快的情绪。但是，当玩具从眼前消失时，不愉快的情绪也会很快消失。

②易感性

学前儿童的情绪非常容易受周围人的情绪影响。新入园的一个儿童哭着要找妈妈，会引起班里其他儿童都哭起来。听故事时，一个儿童笑，其他儿童也会跟着笑起来。

随着年龄的增长，知识经验逐渐丰富，抽象思维能力开始萌芽，情绪的稳定性逐渐提高。到学前晚期儿童的情绪比较稳定，情境性和易感性逐渐减弱，这时期儿童的情绪较少受一般人感染，但仍然容易受亲近的人，如家长和教师的感染。因此，父母和教师在学前儿童面前必须注意控制自己的不良情绪。

（3）情绪和情感从外露到内隐

婴儿期和幼儿初期的儿童，不能意识到自己情绪的外部表现。他们的情绪完全表露于外，丝毫不加以控制和掩饰。随着语言和心理活动有意性的发展，学前儿童逐渐能够调节自己的情绪及其外部表现。

学前儿童调节自己情感外部表现的能力，比调节情感本身的能力发展得早，例如，他们一边抽泣，一边自言自语地说："我不哭了，我不哭了。"这说明学前儿童产生了调节和控制自身情感表现的意识，但还不能控制自己的情感表现。

处于学前晚期的儿童，调节自己情绪和情感表现的能力已有一定的发展。学前儿童还会在不同场合下以不同方式表达同一情感，如在别人家看见喜爱的食物，从伸手去拿，到默默注视，再到以问长问短的方式表达喜爱。

学前儿童情绪外显的特点有利于成人及时了解他们的情绪，并给予正确的引导和帮助。但是，控制和调节自己的情绪表现以及情绪本身，是社会交往的需要，主要依赖正确的培养。同时，由于处在学前晚期的儿童情绪已经开始有内隐性，因而成人要细心观察和了解其内心的情绪体验。

（三）基本情绪和高级情感的发展

情感是一种非常复杂的心理现象，是个体基于对刺激事件的反应所产生的一种态度；情绪通过与认知的相互作用，为个体的生存和人际交往提供心理动力，按照社会化程度看，可分为同生理社会事件相联系的基本情绪和同社会意识相联系的高级情感。学前儿童的基本情绪和高级情感在其社会化的过程中不断发展，呈现一定的顺序性和阶段性。

1.学前儿童基本情绪的发展

（1）哭

人出生时，最明显的表现就是哭，啼哭是新生儿与外界沟通的第一种方式，新生儿啼哭是由饿、冷、痛、睡眠被打扰和活动被限制引起的。随着年龄的增长,啼哭的诱因从以生理性的为主变为以社会性的为主。

婴儿啼哭的主要模式有如下几种。

①饥饿时的啼哭。这是婴儿的基本哭声,有节奏,频率为 250～450 Hz,伴有闭眼、双脚乱蹬等行为。

②发怒时的啼哭。啼哭时声音往往失真。

③疼痛性啼哭。事先没有呜咽,而是突然高声大哭,极度不安,脸上有痛苦的表情。

④恐惧和受惊吓时的啼哭。突然发作,强烈且刺耳,伴有间歇性、时间较短的号叫。

⑤不称心时的啼哭。从无声开始,起初两三声是缓慢而拖长的,后持续不断。

⑥吸引别人注意的啼哭。从第 3 周开始,先是长时间"哼哼唧唧",哭声低沉单调、断断续续,如果没人理会,则会大哭。

婴儿的啼哭经历三个发展阶段。

第一阶段:生理—心理激活(出生～1 个月)。这个时候婴儿的啼哭通常表现为生理性啼哭,是饥饿、腹痛或者一般性身体不适导致的。面对这一阶段婴儿的啼哭,成人应及时查看婴儿的生理需求,细心观察,及时安抚他们,并尽可能满足他们的各种需求。

第二阶段:心理激活(1～2 个月)。这个阶段婴儿的啼哭有了分化,表现为一种低频率、无节奏的,没有眼泪的"假哭"。这种啼哭通常意味着婴儿想被注意或看护,当这种需求被满足时,"假哭"就会停止。大约在第 6 周时,当母子对视时,婴儿倾向于停止啼哭。而到了3 个月时,吸吮拇指可以减少啼哭的次数。成人面对这个阶段婴儿的啼哭时,要有更多的耐心,并且与婴儿进行更多的身体接触,这是防止婴儿啼哭最有效的方法。

第三阶段:有区别的啼哭(2～22 个月)。这个阶段婴儿的啼哭是一种有区别的啼哭。这种啼哭其实是一种社会性行为,是真正意义上的"哭",反映着婴儿的某种需求。这种啼哭可以由不同的人来激活或者终止。依恋对象,如母亲往往是最能激活或终止婴儿啼哭的人。成人面对这个阶段婴儿的啼哭,应该尽量分散其注意力,并给予适当的安抚,不可大惊小怪,夸大婴儿的啼哭行为。

随着年龄的增长,学前儿童啼哭现象逐渐减少,一是因为学前儿童对外界环境和成人的适应能力逐渐增强,周围成人对学前儿童的适应性也逐渐改善,学前儿童不愉快情绪减少;二是因为学前儿童逐渐学会了用动作和语言来表达自己不愉快的情绪。随着言语的发展,在 3～4 岁时,学前儿童自我控制和掩饰内心不愉快情绪的能力逐渐形成,哭的现象是较少的。

(2)笑

笑是一种愉快情绪的表现,是婴儿与人交往的基本手段之一。婴儿的笑比哭发生得晚。笑既可以使婴儿获得照料者更多的关爱,与父母之间形成温暖的、支持性的关系,也有利于婴儿身心的健康发展。

婴儿的笑主要包括自发性的笑和诱发性的笑。自发性的笑也称内源性的笑是婴儿最初的笑,主要发生于婴儿的睡眠中,通常是突然出现的、低强度的笑。诱发性的笑是由外界刺激引起的笑,包括两种,一种是反射性的笑,如温柔的抚摸、声音,以及有趣的、动态的事物诱发的笑;另一种是社会性的笑,是一种对社会性物质的微笑反应,如对人脸、人声的微笑。

婴儿的笑经历三个阶段。

第一阶段:自发微笑(0~5周)。1周左右的新生儿在清醒时间内,吃饱了或听到柔和的声音时会笑。这种早期的微笑通常可以在没有任何外部刺激的情况下发生,通常在3个月后逐渐减少。这种早期的微笑是一种生理表现,而不是交往的表情手段。

第二阶段:无选择的社会性微笑(5周~3.5个月)。这一阶段,能使婴儿微笑的刺激范围大大缩小,人的声音和面孔特别容易使婴儿微笑。2个月左右的婴儿会出现社会性微笑,3个月后,婴儿与人交流时经常会笑。这种诱发性的社会性微笑是无差别的,对主要抚养者或者家庭其他成员与其他陌生人的微笑是不加区分的。

第三阶段:有选择的社会性微笑(3.5个月之后)。从3.5个月之后,尤其是4个月开始,婴儿出现有差别的社会性微笑,他们对熟悉的人比不熟悉的人笑得更多,对熟悉的人无拘无束地笑,而对陌生人带有一种警惕性,此时笑已成为一种明显的社会信号。

随着年龄的增长,儿童愉快的情绪进一步分化,愉快情绪的表现手段不只是笑等面部表情,他们更多地会用其他方式,如手舞足蹈及语言来表示。

(3)恐惧

恐惧是一种消极的情绪体验,强烈的恐惧会使人变得感知狭窄、动作笨拙、思维受抑制,导致儿童行为上出现逃避和退缩。但恐惧并不总是有害的,它的原始适应功能在于起到警戒作用,有助于从逃避中得到解救或在群体动荡的情况下保证个体的安全。

学前儿童的恐惧经历四个阶段。

第一阶段:本能的恐惧(0~4个月)。恐惧是先天性的、本能的、反射性反应。婴儿出生就有恐惧情绪,由巨大的声响或身体失重引起。

第二阶段:与知觉和经验相联系的恐惧(4~6个月)。从4个月左右开始,婴儿出现与知觉相联系的恐惧,过去曾经出现过的恐惧经验刺激,如被火烫过、被小猫抓过等,有可能再次引起恐惧反应,其中视觉对恐惧的产生起主要作用。如婴儿在一定主动爬行经验的基础上,开始产生深度知觉的恐惧。

第三阶段:害生陌生事物(6个月~2岁)。随着婴儿认知的分化、表征能力的增强、客体永存能力的发展,6~7个月的婴儿开始对陌生刺激物感到恐惧,怕生与依恋同时产生,依恋感越强,怕生情绪就越强烈。一般在6~8个月时,婴儿开始对陌生人产生恐惧,当陌生人接近时,婴儿会特别警觉并拒绝接近。这一阶段,婴儿不仅害怕陌生人,还害怕许多陌生、奇怪的物体和没有经历过的情况。

第四阶段:预测性恐惧(2岁以后)。2岁左右的儿童随着想象、推理能力的发展,开始怕黑,不愿一个人关灯睡觉等。此时,成人可以通过讲解、肯定和鼓励的方式来帮助儿童克服恐惧。

2.学前儿童高级情感的发展

高级情感是指人对具有一定文化价值或社会意义的事物产生的复合情感,主要表现为道德感、理智感、美感。

(1)道德感

1岁时,婴儿就表现出一种对人的简单的"共情感",看到别的儿童哭或笑,也会跟着哭或笑,这就是所谓的"情感共鸣",它是高级情感活动产生和发展的基础。

2~3岁的儿童已经产生了简单的道德感,此时的道德感主要指向个别行为,往往是由成人的评价引起的,被成人表扬就会高兴,被批评则不高兴。

3岁前儿童只有某些道德感的萌芽。3岁后,特别是在幼儿园的集体生活中,随着儿童掌握了各种行为规范,道德感逐渐发展起来。但是,3~4岁儿童的道德体验不深,往往容易随着成人的改变而改变。他们的道德判断容易受到成人的影响,只要成人说是好的,他们就认为是好的,否则就是坏的。同时,他们判断某件事情时,只凭结果,而不注意行为的动机。

4~5岁的儿童已经掌握了生活中的一些道德标准,他们不但关心自己的行为是否符合道德标准,而且开始关心别人的行为是否符合道德标准,由此产生相应的情感。如中班儿童常常"告状",就是由道德感引起的一种行为。

5~6岁大班儿童的道德感进一步发展和复杂化,他们对事物的好与坏、人的好与坏有鲜明的不同感受。同时,他们开始注重某个行为的动机、意图,而不是单从结果来进行判断。在这个年龄,爱小朋友、爱集体等情感已经有了一定的稳定性。

（2）理智感

学前儿童理智感的产生,在很大程度上取决于环境的影响和成人的培养。适时地提供恰当的知识,关注智力的发展,鼓励和引导提问等,有利于促进理智感的发展。

学前期是理智感开始发展的时期,学前儿童理智感的发展有两种特殊的表现形式。

一种表现形式是好奇、好问。一般来说,5岁左右的儿童,理智感明显地发展起来,突出表现在很喜欢提问题,并由于提问和得到满意的回答而感到愉快。他们特别喜欢问成人:"这是什么?"因此,心理学家也常将这个时期称为"疑问期"。学前儿童认识事物的强烈兴趣不仅能使他们获得更多的知识,也进一步推动了理智感的发展。

另一种表现形式是与动作相联系的"破坏"行为。如新买的玩具,可能一眨眼的工夫,就被儿童拆得七零八落了。一般来说,6岁的儿童喜爱各种智力游戏,如下棋、猜谜语、拼搭大型建筑物等,这些活动既能满足他们的求知欲和好奇心,又有助于促进理智感的发展。家长和教师要珍惜学前儿童的探究热情,并创造机会"解放"他们的双手。

家长和教师应注意对学前儿童的探究热情和求知欲给予正确的引导,鼓励他们多提问、多思考、多探究,并创造机会让他们探索和创造;学前儿童在游戏和学业上取得成功时要及时给予表扬,尽量避免让他们体验过多和过强的失败情绪;教师布置的任务和要求要切合学前儿童的实际;要善于发现他们在认识活动中的优势领域和兴趣,成功和兴趣是推动学前儿童理智感发展的重要保证。

（3）美感

美感是一种复杂的情感,随着儿童的认知、理解和想象能力的发展而发展。同时,儿童对美的体验有一个社会化过程。

婴儿从小喜好鲜艳、悦目的物品以及整齐清洁的环境。有研究表明,新生儿已经倾向于注意端正的人脸,而不喜欢五官丑陋的人脸。他们喜欢有图案的纸板甚于纯灰色的纸板。

幼儿前期的儿童仍然主要是对颜色鲜艳的东西、新的衣服鞋袜等产生美感。他们自发地喜欢相貌漂亮的小朋友,不喜欢形状丑陋的物品。这个时期的儿童喜欢穿漂亮的衣服和鞋子,知道要搭配起来才好看。

在环境和教育的影响下,学前儿童逐渐形成审美的标准。比如,对衣服邋遢的样子感到厌恶,对于衣物、玩具摆放整齐产生快感。同时,他们也能够从音乐、舞蹈等艺术活动和美术作品中体验到美,3岁后的儿童能够感受线条、形状、色彩等符号所表达的意蕴,关注艺术作品外在的、普遍的形式化特征。学前儿童也能较好地关注音乐和诗歌中的节奏感,感受音乐的旋律美,能够根据自己对音乐的理解,自发地舞蹈等,而且对美的评价标准也日渐提高。

二、学前儿童情绪和情感的培养

良好的情绪和情感对学前儿童智慧的发展、德行的养成以及整个人的成长来说,如同阳光雨露。不良的情绪和情感,不利于健康人格的形成,因此,幼儿园教师和家长绝不能忽视对学前儿童健康情绪和情感的培养。

(一)提供良好的物质环境和精神环境

1. 创设温馨、舒适的生活环境

宽敞的活动空间、优美的环境布置、整洁的活动场地和充满生机的自然环境,对学前儿童情绪和情感的发展是非常重要的。研究表明,学前儿童如果长期生活在狭小的环境中,就会经常出现情绪暴躁、不安的现象。可见生活的整体环境对学前儿童情绪、情感的影响是不容忽视的。良好的生活环境无压抑感,充满激励的氛围,可以使学前儿童感到安全和愉快。为此,成人应尽可能地为他们创造良好的生活环境,合理安排好他们的一日生活,使他们在生活中能感受到轻松和愉快,以促进其情绪、情感的健康发展。

2. 营造宽松、和谐的交往氛围

物质环境对学前儿童情绪的影响固然很大,但精神环境同样不容忽视。学前儿童与周围人的关系是影响其情绪、情感的重要因素。良好的师幼关系和同伴关系有助于学前儿童形成积极的情绪和情感体验,使其喜欢上幼儿园;反之,则会使其反感上幼儿园,在幼儿园也会感到孤独、寂寞,心情不好。因此,教师要为学前儿童创设一种欢乐、融洽、友爱、互助的氛围,如教师要经常有目的地组织学前儿童自由交谈和玩"过家家"等交往游戏,使他们感到在幼儿园的生活十分愉快。对于那些胆小懦弱的儿童,要鼓励他们敢于表现自我,善于与人交往。教师尤其要注意那些受排斥型和被忽视型的儿童,要使他们能够和小伙伴友好相处,并使儿童在与同伴的交往中得到快乐。对那些缺乏温暖的单新家庭的学前儿童,教师要给予更多的爱,使他们在幼儿园里获得更多的快乐,能够健康成长。教师可在幼儿园的某个角落布置一个温馨舒适的"心情角"或"悄悄话小屋",让儿童有一个和同伴单独相处的小空间,在这里他们可以发泄自己的不良情绪,也可以和好朋友说说心里话。此外,成人还要注意教育学前儿童在交往中互相关心、互相爱护、互相帮助,要学会与人分享快乐和拥有同情心,能体验集体的温暖和真挚的友情,培养儿童积极健康的情绪、情感。

3. 创造良好的学习环境

学前儿童良好的情绪也依赖幼儿园丰富多彩的学习环境。因为单调的刺激容易使人产生厌烦等消极情绪,而环境的变化与多样能激发人的探索兴趣。丰富的活动内容会让学前儿童产生兴趣,有探索欲望,感到快乐和满足。因此,教师和家长要尽量为学前儿童提供丰富多彩的活动内容,如创设手工操作区、娃娃乐园、科学实验室等,也要多带学前儿童进行各种户外活动,让他们有更多亲近自然、感知世界的机会。教师和家长还可以选择适合学前儿童年龄特点的文学作品,使他们在欣赏这些文学作品的同时培养高级的社会情感。如童话故事《萝卜回来了》中的小动物们在困境中还能关爱自己的伙伴等。这些活动都有利于学前儿童健康情绪、情感的养成。

(二)提供良好的情绪和情感示范

学前儿童的情绪易受感染、模仿性强，因此成人的情绪、情感示范非常重要。家长和教师在日常生活中所显现出的积极热情、乐于助人、关爱儿童等良好的情绪、情感，对学前儿童良好情绪和情感的发展会起到潜移默化的作用；反之则会造成不良后果。教师和家长要以身作则，为学前儿童树立良好的情绪和情感榜样。同时，成人对学前儿童的教育管理应有科学的教养态度。如教师、家长要随时以亲切的微笑、和蔼的面孔出现在学前儿童的面前，跟他们亲切地交谈，适度地给他们以抚摸、搂抱等，让他们获得愉快、积极的情绪、情感体验；能公平合理地对待学前儿童，满足其提出的合理要求；坚持正面教育，不恐吓、不威胁，也不能过分溺爱或严厉地对待学前儿童；对学前儿童进行爱心教育，培养他们的爱心和同情心等。

(三)开展游戏或主题活动，促进学前儿童健康情绪和情感的发展

游戏是学前儿童最喜爱的活动。在游戏中，他们可以自由地宣泄自己的情绪，不受真实环境的条件限制，充分地展开想象，从事自己向往的各种活动，从而获得心理的满足，产生积极、愉快的情绪。如绘画、玩泥、玩水、玩沙、唱歌、跳舞等都可以使学前儿童充分表达自己不同的情绪，使学前儿童感到轻松、愉快。学前儿童由于年龄小，还不能完全理解自己内心情感的变化，不可避免地会出现某种程度的焦虑或不满，而游戏正好可以使他们从这些不愉快的情绪中得以释放和解脱，有利于积极情绪的发展。如游戏中，中班的一个女孩自己想当"理发师"，而别人不愿意带她一起玩，她一个人偷偷地哭泣。教师发现后，先是稳定她的情绪，让她说出不高兴的原因，然后帮她分析自己的情绪，让她知道遇到事情生气、哭是不能解决问题的，并引导她想出克服不良情绪、解决问题的方法。最后，她与别人商量先当"顾客"，然后再轮流当"理发师"，这使得她顺利地参与到同伴的游戏中，情绪也逐渐变得愉快、积极起来。

此外，应开展有关情绪的主题活动。教师可以通过开展如"我们都是好朋友""会变的情绪""赶走小烦恼"等主题活动，增强学前儿童的自信心和独立性，培养他们积极健康的情感。

(四)教给学前儿童恰当的情绪表达方法，帮助学前儿童及时疏通、转移不良情绪

每个学前儿童在生活中都有可能发生冲突、受到挫折，从而表现出不良的情绪反应。家长和教师一定要充分理解和正确对待他们的发泄行为，不要让幼小的心灵总受压抑，并且要为他们创设发泄情绪的环境和情境，培养他们多样化的发泄方法，促使他们学会自我疏导。

1. 合理宣泄法

每个学前儿童在生活中都会出现消极情绪，家长和教师的任务不是要求他们一味压抑，而是帮他们学习选择用对自己和他人无伤害的方式去疏导和宣泄这种情绪。成人可以通过多种方式为学前儿童提供机会诉说自己心中的感受，引导他们表达自己的情绪、情感。例如，在学前儿童因争执产生愤怒、悲伤等情绪反应时，教师能够支持和鼓励他们充分表达各自的感受，耐心倾听他们对于冲突的解释，这有利于他们及时疏通消极情绪，以平和的心

态面对矛盾,积极寻求解决问题的办法。

2. 自我控制法

自我控制能培养学前儿童的忍耐力,缓解不良情绪带来的过度行为。教师可建议他们在发怒时默数"1、2、3、4……"或默念"我不发火,我能管住自己"等情绪管理方法,暂时缓解紧张,避免他们做出冲动的行为。

3. 学会哭诉

哭是学前儿童表达和发泄情绪的最好方式。当一名儿童开始哭或发脾气时,很重要的一点是教师要留在他的身边,倾听他的诉求,温和地抚摸或搂住他,讲几句关心的话,但不要多,如"再告诉我一些""老师爱你""发生这样的事真令人难过";假如此时说得太多,可能会在这种交流中凌驾于学前儿童之上,要耐心倾听学前儿童的声音,而不是"企图"纠正它,这样学前儿童会深深地感受到老师的关心。

4. 注意力转移法

学前儿童的注意力相对较弱,注意某一事物的时间相对较短。因此,当学前儿童对某一事件具有不良情绪反应的时候,教师可以将其注意力转移到高兴的事情上,如看电视、做游戏、玩玩具,也可以讲一些笑话或快乐的事,使学前儿童的情绪重新变得愉快。

5. 负强化

当学前儿童的情绪失控时,成人的训斥、打骂不仅无益于问题的解决,还有可能造成他的逆反心理。成人可以用"负强化"的方法,即以不予理睬的方法来对待学前儿童的情绪失控。例如,儿童吵着要买玩具,甚至在地上打滚,家长可采取不劝说、不解释、不争吵的方法,让他感到父母并不在意他的这些行为。当他闹够了,从地上爬起来时,父母可以说:"我们知道你不开心,但你现在不闹了,真是一个好孩子。"并表示高兴和关心,跟他讲道理,分析他刚才行为的不当之处。

(五)引导家长缓解学前儿童的过度焦虑情绪

对于学前儿童的过度焦虑,教师和家长要引起注意,要分清焦虑的种类对症下药。

1. 缓解入园焦虑

儿童与父母或抚养者分离引起的分离焦虑中,以入园焦虑居多。家长要在学前儿童入园前为其做好一定的心理准备。如在入园前要有计划地扩大他们的交往范围和活动空间,帮他们找玩伴,让其多和其他儿童接触,引导他们主动和他人交往。家长之间也要多接触,以帮助学前儿童建立良好的人际关系和社会关系,初步建立交往的信任感和安全感。

2. 针对不同气质类型的学前儿童缓解其焦虑情绪

有些学前儿童由于自身气质类型,会对外界的细微变化较敏感,容易产生焦虑情绪,他们的父母常常也有不同程度的焦虑现象。因此家长要注意言传身教,不要当着孩子的面焦虑不安,以免孩子染上焦虑情绪,同时应对不同气质类型的学前儿童区别对待。

(1)哭闹不稳定型

哭闹不稳定型学前儿童焦虑情绪尤为严重,简单的亲近方式和玩具都无法消除他们的不安全感。家长应给予他们更多的关心,多顺应、多满足他们的合理要求,让他们感受到父母的关爱。

(2)安静内敛型

安静内敛型学前儿童性格多内向、害羞,表现出一种极度的不安全感,往往借助玩具来安慰自己,难以亲近陌生人。因此,可采用循序渐进的方法让他们逐步摆脱焦虑感。

3.缓解学前儿童的期待性焦虑

期待性焦虑多见于家长对学前儿童的期望过高,超过了他们的实际能力,使他们无法满足家长的要求,担心受到父母的责备,因此产生焦虑不安的情绪。如很多家长会横向比较,总是夸奖别人的孩子,对自己的孩子给予更多的任务和期望,如让他们学琴考级等。对于这种情况,家长要实事求是,从孩子的兴趣出发,多给他们鼓励而不是过高的期待和要求。

此外,还可以运用音乐法和游戏法来缓解学前儿童的焦虑情绪。还要注意,一部分焦虑的学前儿童不适合做安静的活动,因为在安静的环境中,他们很容易产生伤心的情绪,因此需要多组织一些令他们开心愉快、情绪兴奋的活动,从而转移他们的注意力。"玩"是学前儿童的特性,为吸引他们的注意力,可增添户外活动环境的自然情趣和魅力,让他们在大自然中缓解自身的焦虑情绪。

第三节　学前儿童个性的发展

一、学前儿童性格的发展

事实上,有不少科学家认为,他们一生所学到的最主要的东西,就是小时候形成的良好习惯。儿童带着自身气质特点在适应社会的过程中,与人相处、互动、成长,从而形成了一些更具社会性的稳定态度和行为习惯,使他们能够更好地保护自身、融入社会、发展能力。如一个儿童非常具有爱心,对人友善,愿意把自己的玩具分享给大家,愿意帮助老师整理桌椅、书籍,愿意安慰因摔倒而哭泣的小朋友,从而得到别人的肯定和认同,快乐地与老师和同学们相处。这些现象可能发生在胆汁质和多血质的儿童身上,也可能发生在黏液质和抑郁质的儿童身上,只不过他们做出这些举动时的方式不同而已。胆汁质的儿童热情、直接些,黏液质的儿童稳重、被动些。我们把人的心理活动表现出来的比较稳定的动力特征叫作气质,而把人对外界事物的态度和行为方式中比较稳定的心理特征的总和称为性格。

(一)性格的概述

1.性格的含义

我们把一个人对现实的态度和习惯的行为方式称为性格。性格是个性中最重要的心理特征,代表着个体个性的本质,是人与人之间差别的最明显的特点。比如,当我们走在拥挤的人群中,看到地上有一张百元钞票,不同性格的人可能会有不同的表现:有的人会捡起来,大大方方地放进自己的口袋里;拾金不昧的人会拿起钱大喊"谁的钱丢了",无人认领就会交给警察来处理,不是自己的东西不会拿;有的人会偷偷用脚踩住,待人群走过,再慢慢地佯装系鞋带,偷偷地把钱捡起来攥在手里,然后迅速离开现场;还有的人会装作没看见,多一事不如少一事。

性格作为一种稳定的态度和习惯的行为方式,基本上表现在一个人"做什么"和"怎么做"两个方面。追求什么,拒绝什么,这是态度;如何追求,采用什么方式去追求,这是行为方式。性格一旦形成,就具有稳定性,会经常性地表现在生活的很多方面。因此,我们不但可以看到自私的人看到百元钞票时的表现,还可以推测他在工作与生活中,在与人相处时可能会发生的事情。

性格与气质之间联系密切,且相互渗透、相辅相成,它们共同构建一个人的个性。不同的是,气质主要受个体神经系统活动特点的影响,是先天的;而性格受环境与教育的影响,是后天的。同一种气质类型的人,由于社会环境和接受的教育不同,可能有着不同的性格。如胆汁质的人可能是慷慨大方、不拘小节的,也可能是多吃多占、蛮横霸道的。由此可见,气质本身并没有好坏之分,而性格有好坏之分。

2. 性格的类型

一个人的性格特征会表现在生活的方方面面,如果把性格作为对象来深入研究,对性格进行分类是必要的。但是心理学界对性格的划分并不统一,不同的研究者从不同的角度,把性格分成了不同的类型。本书简要介绍常见的几种分类。

(1)情感抑制型和情感非抑制型

美国心理学家凯根认为,儿童性格最重要的指标是儿童适应新环境的难易程度,根据适应新环境的难易程度,他把性格分为情感抑制型和情感非抑制型。情感抑制型性格的儿童对周围事物的感知水平较高,对不熟悉、不可预测的环境反应往往比较强烈,因此他们面对新环境,容易表现出畏惧和退缩。对于这类儿童,当生活或学习环境发生改变时(如刚上幼儿园、换新老师、搬家),教师和家长应该多加关注,增强他们的安全感,以使他们更好地适应新变化。

情感非抑制型的儿童对新环境有着强烈的兴趣和自信,乐于探索、敢于冒险,总能在新环境中发现乐趣、结交朋友。当环境过于稳定或需要集中注意力的时候,教师和家长应该多关注他们,引导他们耐心地完成应该做的事情。

(2)外向型和内向型

根据心理活动的倾向性,可以把性格分为外向型和内向型。瑞士心理学家荣格从心理能量活动的倾向性角度,将性格分为外向型和内向型,这是心理学界最有影响的性格分类,也是生活中应用最广泛的性格分类。

外向型性格的人重视外部世界,活泼开朗、反应迅速、善于交际、热情直率、喜欢去影响别人;内向型性格的人重视内部精神世界,沉静稳重、反应迟缓、善于思考、含蓄谨慎,不善于接受关注和评价。

(3)场独立型和场依存型

根据个人认知方式的差异,可以把性格分为场独立型和场依存型。美国心理学家威特金根据自己的场理论,发现人们在认知活动中对外界影响的依赖程度不同,据此把性格分为场独立型和场依存型。

场独立型性格的人,善于独立思考、不易受环境暗示和干扰、有决断力、有坚定的信念、不盲目听从别人的建议,但喜欢将自己的意见强加给别人;场依赖型性格的人则容易犹豫不决、没有主见,喜欢听从别人的建议,不善于独立思考,很容易受暗示,抗外界干扰能力差。

(二)学前儿童性格发展的概述

1. 婴儿期性格的萌芽

性格是个体在出生后,带着自身先天的气质特点,在与周围环境的相互作用过程中逐渐形成的。对婴儿来说,最重要的环境就是家庭,最重要的相互关系便是母婴关系。1岁前,婴儿主要依赖母亲的照顾,他与母亲的依恋关系的质量,为今后其性格的形成奠定了基础。随着自身心理机能、心理过程及自我意识的发展,儿童在 2 岁左右性格开始萌芽,3 岁左右在以下几个方面表现出最初的性格差异。

（1）合群性

在与同伴的相处中,有的儿童喜欢跟别的小朋友一起玩,在单独玩耍时会感到孤独、厌烦、没有兴致;有的儿童则不喜欢跟很多人一起玩,专注于自己正在进行的活动,在集体活动中不太活跃;有的儿童在群体中很受欢迎,具有同情心,会领导别人一起游戏,在发生分歧时也能灵活地处理;有的儿童则比较霸道专断,具有较强的攻击性,喜欢欺负别人。

（2）独立性

独立性是婴儿期发展较快的一种特征,独立性强的儿童能够自己完成许多事情,如很早就学会了自己吃饭、穿衣、穿鞋袜,自理能力较强;独立性弱的儿童则显得比较黏人,做什么事情都让大人陪同或协助,离开大人的陪同就容易沮丧,不知道干什么好。

（3）自制力

总体上讲,婴儿期的儿童对自身情绪和行为的自制力还不成熟,容易冲动、任性。但在3 岁左右,在正确的教育和引导下,有些儿童已经掌握了一些社会性行为的规范,发展出一定的"延迟满足"的能力。如不抢夺别人的玩具,学会了交换玩具或轮流玩的方法;在看到超市里的零食时,能够按与妈妈的约定来购买;看到可口的冰激凌,能够等病好了再去吃。而有些儿童不具备这些品质,看到好玩的、好吃的就要马上得到,得不到满足就会发脾气、大哭大闹,甚至躺在地上不起来,自制力极弱。

（4）活动性

2~3 岁儿童的身体动作有了一定的发展,能够控制自己的肌肉系统,能够自由运动。不同的儿童在活动中也开始表现出一些明显的差异,有的儿童精力充沛,似乎一刻也闲不下来,到处跑来跑去,对很多事物都感兴趣;有的儿童则比较安静,喜欢看书、画画类静态的游戏,不喜欢激烈的运动,活动的范围也较小。

2. 儿童性格的年龄特点

性格是后天形成的,与个体的生活经验密切相关。儿童的性格由于环境和教养的不同而有着明显的差异,但同时也因为年龄的关系,儿童的身体发育、活动能力和范围以及生活节律的相似,使得生活经验也具有高度相似性,因此儿童的性格具有突出的年龄特点。

（1）好动

与其他年龄阶段相比,活泼好动是儿童最突出的特点之一。他们似乎闲不住,整天动个不停,很少能保持长时间的安静,就连那些内向、害羞的儿童,在熟悉的环境中,也表现出这一明显的特征。据观察,儿童在活动过程中好像总也不会厌烦,他们玩累了休息一会儿,马上又能投入活动之中。他们总会不断变换活动的内容和方式,单调的、受限制的活动很容易使他们丧失兴趣。成人如果能在活动上满足儿童,就容易培养出儿童开朗的性格。

（2）好奇、好问

儿童的知识经验较少,但好奇心强。他们对身边的很多事物都感到新鲜,什么都想试一试、摸一摸、看一看,求知欲很强。他们看到蜗牛,会认真地观察蜗牛的爬行,还可能会拿根小棍子去戳它的触角,当蜗牛触角缩回去时,他们就会很兴奋,并乐此不疲地玩上很久也不愿离开。有一些儿童,甚至想要拿起蜗牛仔细研究,用各种办法去探索。好奇心是求知的开始,这对儿童将来的学习有着积极的作用。

在好奇心的驱使下,儿童很喜欢发问,如:"蜗牛为什么会缩进去?""太阳为什么会落下去不见了?"他们总想弄清楚周围世界为什么是这样的。有时因为好奇心太强,还可能会做出一些破坏玩具的行为或危险的行为(如研究家里的插座),因此成人在保护儿童好奇心的同时,应该注意引导,充分保证探索行为的安全性。

(3)好模仿

模仿是儿童生活和学习的一种有效方式,有研究显示,刚出生10分钟的婴儿就能模仿父亲吐舌头和张嘴巴的行为。儿童很喜欢模仿别人的语言和行为,如喜欢模仿自己喜欢的老师给小朋友上课,喜欢模仿父母的行为,甚至模仿在动画片里看到的行为。再比如,看到别人骑单车,自己也兴致勃勃地骑上去;看到别人写字,自己也像模像样地拿着笔去写;看到别人读书,自己也拿本书去看。

儿童好模仿,但其本身没有主见,对事情的判断能力不强,成人应该注意对儿童行为进行正面教育,避免错误的模仿,使儿童在模仿中建立良好的行为习惯。

(4)好交往

儿童特别喜欢与同伴一起玩耍,游戏和活动是他们建立同伴关系的重要纽带。只要有好玩的游戏,哪怕不认识的儿童也能很快玩在一起。孤独对他们来说很难忍受,他们总是要求到外面去找小朋友玩,喜欢到别人家做客,也喜欢邀请别人来自己家里。被拒绝、被孤立的儿童会产生更多的消极情绪。因此,教给儿童一些人际交往的规则和方法,教会儿童与人友好相处都是必要的。

(三)影响学前儿童性格发展的因素

1.家庭环境

家庭是儿童最主要的环境,不仅为他们的发展提供了物质基础,也对他们性格的形成和发展有着深远的影响,甚至有人说家庭就是制造人类性格的"工厂"。

(1)依恋关系

心理学家弗洛伊德认为婴儿和母亲的关系是独一无二、无可比拟的,母亲作为最早、也是最稳固的爱的对象,影响着儿童今后所有的爱的关系的模式。可见,儿童出生后的亲子关系对儿童性格的形成有着重要的影响。埃里克森的理论也认为,0~1岁的婴儿与母亲的依恋关系的质量,影响着婴儿安全感的建立,今后会形成对人及环境的信任或不信任的性格。

(2)教养方式

美国心理学家鲍姆令德在一项著名的、长达10年的研究中,根据父母的教养方式将他们分为四种类型:权威型、专制型、溺爱型、忽视型。

①"权威型"父母在对儿童的要求方面会适当的"高"和"严",施行"理性、严格、民主、关爱和耐心"的教育方式。在这样的教导之下,儿童会慢慢养成自信、独立、善合作、积极乐观、善社交等良好的性格品质。

②"专制型"父母会拿自己的标准来要求儿童,对儿童缺乏热情和关爱,要求儿童无条件服从。在这种"专制"下,儿童容易形成对抗、自卑、焦虑、退缩、依赖等不良的性格特征。

③"溺爱型"父母对儿童充满了无尽的期望和爱,无条件地满足儿童的要求,却很少对儿童提出要求。这些儿童随着年龄的增长,会变得任性、冲动、幼稚、自私,做事没有恒心、耐心。

④"忽视型"父母不关心儿童的成长,他们不会对儿童提出要求和行为标准,对儿童冷漠。这类儿童自控能力差,对一切事物都采取消极的态度,还会有其他的不良心理特征。

（3）家庭氛围

在和谐有序的家庭氛围中,家庭成员之间坦诚相待、相互尊重、相互包容、关系融洽,儿童在这样的家庭中比较愉快、有安全感、信心十足,容易形成乐观、开朗、自信等积极的性格特点。在冷漠、焦虑或关系紧张的家庭氛围中,家庭成员之间相互猜疑、相互指责、经常吵架或"冷战",儿童在这样的家庭中情绪不稳定、精神紧张、缺乏安全感,且担心家庭解体,容易形成爱自责、对人不信任、悲观等消极的性格特点。

2. 教育环境

幼儿园是学前儿童主要的教育环境,是学前儿童教育的专门机构,它根据儿童的身心发展特点,有计划地开展全面教育。幼儿园集体生活的规则制约着儿童对事物的态度和行为方式,有利于纠正儿童已经形成的不良性格。一个任性、爱发脾气的儿童,在幼儿园中会遭到小朋友的冷落与拒绝,他要想与大家共同游戏,就必须控制自己的行为方式,这时教师的引导能使他学会与人相处的良好模式(如等待、协商),从而促进儿童性格的发展。

幼儿园的教育教学促进儿童良好性格的发展。幼儿园的教育内容结合儿童的特点,使用合适的方式,在学习和活动中促使儿童对真善美的事物产生向往之心,同时摒弃假恶丑的事物和行为,塑造其良好的性格。

幼儿园教师的榜样示范也对儿童的性格形成有着重要的影响。儿童进入幼儿园后,教师逐渐取代了父母的权威地位,儿童非常崇拜老师,喜欢模仿老师,老师做的都是对的、应该的,老师给他们的行为提供了学习榜样。如一个乐观的老师影响着儿童从积极的角度看问题,使他们在潜移默化中形成乐观的态度和性格。

3. 个人因素

性格是儿童的先天因素和后天因素在相互作用的过程中形成的,儿童自身的特点是性格形成的自然前提,家庭和教育环境在此基础上发挥作用,共同构建出儿童特定的性格特征。一般来讲,儿童的个人因素有以下几个方面。

（1）生理特点

①性别

男孩、女孩生理特征的差异也会影响到其性格特点。一般而言,女孩比较富有同情心、体贴、温顺、乐于助人、易胆怯;男孩则更愿意冒险、更加活泼好动,支配性和独断性较强,行为具有更强的冲动性。

②身体特征

在幼儿园,漂亮的儿童容易得到同伴和老师的关注、赞美和鼓励,表现得更加自信、合群;身材高大的儿童容易在同伴中获得领导者或主导者的地位,表现出更多的支配性和独断性。

（2）心理特点

儿童出生时就带着自己高级神经活动的特点——气质,如胆汁质的人精力充沛,但反应不够灵活、耐性差,在发展顺利的条件下,比其他气质类型的人更容易形成勇敢、进取的性格;在不顺时,也更容易形成轻易放弃、自暴自弃的性格。在自制力方面,黏液质的人比胆汁质的人更容易养成自制力。

（四）学前儿童性格的培养

儿童的性格是在自身先天条件的基础上,在与周围环境的互动中形成的,其中后天的环境和教育起着决定性的作用。学前期是儿童各方面性格形成的关键期,这一时期儿童的性格还未定型,可塑性很强,它是未来性格形成的基础。

1.抓住性格发展关键期,促进学前儿童性格的发展

（1）分享行为

2~4岁是分享行为的萌芽期,5~6岁是分享行为的飞跃发展期。在这一时期,家长和教师应鼓励儿童的分享行为,以正面教育为主,不强迫、不批评、不嘲笑、不贴负面标签(如小气、自私等),可以采用榜样示范或角色扮演的方式,促进儿童形成乐于分享的性格。

（2）独立性

3~4岁是儿童行为独立性发展的重要时期,4~5岁是儿童情感独立性发展的重要时期。成人应给儿童创造宽松的环境,让儿童自己完成力所能及的事情;培养儿童自己做主的能力,使儿童能够独立地活动、自主地解决困难,培养其独立的性格。

（3）坚持性

1.5~2岁,儿童的坚持性开始萌芽,但坚持水平较低;3~5岁是培养儿童坚持性的非常重要的时期;5~6岁,儿童的坚持性进一步提高。在儿童专心看书、画画或游戏时,成人不应随意打断,应耐心等待他们完成自己的任务,这有利于培养他们坚持、专心的性格。

（4）抗挫折能力

学前期是儿童经历挫折的高峰期,3~4岁是培养抗挫折能力的重要时期。如果成人对儿童过度保护或忽视不管,都不利于其抗挫折能力的发展。成人应帮助和引导儿童正确认识挫折,鼓励他们"再试一次",不断积累成功的经验,提高应对挫折的能力。

（5）延迟满足能力

延迟满足能力强的儿童能够抵制诱惑,愿意为更有价值的长远的目标放弃眼前的满足,这对其未来的发展大有好处。3~5岁是儿童延迟满足能力发展的重要时期,成人应教会儿童学会"等一等",学会等待的方法。比如"等一等"的时候可以玩游戏,也可以做自己喜欢的事情,从而培养儿童有耐心的性格。

2.正面引导,榜样示范

儿童有好模仿的心理,家长、教师、同伴、传播媒介中的人物形象都可以成为儿童模仿的榜样;但同时儿童的分辨力不强,容易受暗示。结合这样的特点,教师和家长对儿童应该以正面引导为主,不讽刺、贬低,不使用反面典型,以积极的形象树立好榜样,使儿童在正面的语言和行为下受到影响,在模仿中形成良好的行为习惯和性格特点,否则,有可能发生可悲、可笑的事情。

3.家园合作,对儿童提出一致的教育要求

对儿童的性格养成教育要一以贯之,不能出现幼儿园和家庭两个标准、两条线的情况。比如幼儿园要求儿童自己的事情自己做,培养儿童的独立性;家里的爸爸、妈妈、爷爷、奶奶对孩子娇宠溺爱、凡事包办,这样冲突的教育方式很可能造成儿童的双重性格,家里家外两个样,不利于儿童良好性格的养成和身心发展。

家园合作要求家长与教师多沟通、相互配合。家长对儿童的特点最清楚,而教师也有着专业的教育教学方法,应两相配合,做到因材施教,共同促进儿童养成良好的性格,为其

今后的发展打下坚实的基础。

二、学前儿童自我意识的发展

(一)自我意识的概述

1. 自我意识的含义

自我意识,也称自我,是个体对自身的认识。如果教师请儿童做一个自我介绍,他们很可能会说,"我叫×××,我4岁了""我是一个男孩""我喜欢吃冰激凌""我有很多玩具汽车""我最喜欢打篮球"等。这反映了儿童能把自己当作一个认识对象来反观自身,这也是儿童自我意识的表现。

自我意识既包括对自己生理状况的认识,如自己的外貌、身高、体重、体形等;也包括对自己心理特征的认识,如兴趣爱好、能力、性格等方面;还包括对自己与他人关系的认识,如自己与他人的互动关系、自己在群体中的地位和价值等。自我意识是人类特有的反映形式,是人的心理区别于动物心理的一大特征。

2. 自我意识的结构

自我意识是一个复杂的系统,我们可以从内容和形式两个方面来认识它。

(1)从内容上看,自我意识可分为物质自我、心理自我、社会自我

①物质自我即个体对自己的身体和所有属于自己的事物(如物品、家庭成员等)的意识,如"这是我的玩具""这是我的妈妈""我的个子高高的""我的衣服很漂亮"等,反映的是儿童对物质自我的认识。

②心理自我即个体对自己的认知、情感、意志等心理行为过程,以及对自己的能力、气质、性格等个性心理的意识,如儿童会谈到"我喜欢跑步""我会画画,我画的画可好看了""我是个听话的乖孩子"等,反映的是儿童对心理自我的认识。

③社会自我即个体在人际交往中对自己所承担的角色、义务、责任,拥有的权利,以及自己在群体中的地位、声望和价值的意识,如儿童所说的"我是老师的小帮手""我是小组长,大家听我的""好多小朋友都喜欢跟我玩"等,反映的是儿童对社会自我的认识。

(2)从形式上看,自我意识可分为自我认知、自我体验和自我调控

①自我认知

自我认知是自我意识的认知成分,包括自我观察、自我分析和自我评价。

自我观察就是将自己的心理活动作为被观察的对象。曾子说过"吾日三省吾身",这里的"省"就有自我观察的意思。如"我听到自己获奖时,脚步轻盈起来,整个人顿时轻松起来",这便是对自己的感知、情感和行为的观察。

自我分析指人把通过自身的思想与行为所观察到的情况加以分析、综合,在此基础上概括出自己个性品质中的本质特点,找出有别于他人的重要特点。比如,我们结合对自身在遇到挫折后的心理与行为反应的分析,认为自己是一个理性客观、思维缜密的人,或者是一个情绪稳定、爱憎分明的人。

自我评价即一种价值判断,建立在自我观察和自我分析的基础之上,是对自己的能力、品德及其他方面的社会价值的判断。

自我评价有适当与不适当两种。适当的、正确的自我评价使主体对自己采取分析的态度,并能将自己的力量与所面临的任务及周围人的要求加以恰当的比较,如"我虽然在手工

方面表现不如某某,但我认为我还是能够胜任这项任务的"。不适当的自我评价又分为过高的自我评价和过低的自我评价。比如,认为自己十分优秀,谁也比不上,或认为自己一无是处,生下来就是别人的累赘等。

②自我体验

自我体验是自我意识的情感成分,主要有自尊感和自信感。

自尊感也称自尊心。人们生活在一定的群体中,在生理需要和安全需要得到满足的条件下,总希望在群体中占有一定的地位、享有一定的声誉、得到良好的社会评价,这就是自尊的需要。

当社会评价满足个人自尊需要时,就会产生自尊感,它促使自己更加奋发向上,追求实现更高的社会期望。当社会评价不能满足个人的自尊需要,甚至产生矛盾时,可能会产生两种后果:一种是产生自我压力感,从而使自己加倍努力,迎头赶上;另一种是将这种压力转化为对自己的不满,产生自卑心理,从此自暴自弃、一蹶不振。

自信感也称自信心,是因完成任务而产生的自我体验。自信是对自身力量的确信,深信自己一定能做成某件事,实现所追求的目标。自信感与自我认识和评价紧密联系。儿童的自信心建立在他对自己正确的自我评价的基础上,而不恰当的自我评价会导致儿童自信感的变化。在自我评价过高的情况下,自信会转化为自负;当自我评价过低时,自信又会转化为自卑。

③自我调控

自我调控是自我意识的意志成分,指人对自己的行为、活动和态度进行调控。主要表现为自我检查、自我监督和自我控制。

自我检查是主体在头脑中将自己的活动结果与活动目的加以比较、对照的过程,以保证活动的预定目的与计划得以实现。

自我监督是一个人以其良心或内在的行为准则对自己的言论和行为实行监督,有人把它比作一个人内心的"道德法庭"。

自我控制是主体对自身心理与行为的主动的掌握。自我控制表现为两个方面:一是发动作用,如玩具要收拾好,坚持利用课余时间进行阅读等;二是制止作用,如睡觉前不说话,上课时停止小动作等,都是自我控制的结果。

3. 自我意识的作用

自我意识是个性系统中最重要的组成部分,制约着个性的发展。自我意识负责整合个性中的各个部分(如气质、能力、性格、兴趣、需要等),也是推动儿童个性形成与发展的内部动因。

自我意识的发展水平直接影响着个性的发展水平,自我意识发展水平越高,个性就越成熟和稳定。

(二)学前儿童自我意识的发展特点

儿童出生时并没有自我意识,自我意识是在儿童感知经验逐渐丰富,掌握了语言、活动和交往范围逐步扩大的基础上产生并不断发展起来的。下面主要从自我认识、自我评价、自我体验、自我控制四个方面来认识学前儿童自我意识发展的过程。

1. 学前儿童自我认识的发展

学前儿童的自我认识包括对自己的身体、行动和心理活动的认识。

（1）对自己身体的认识

儿童认识自己比认识外界事物更加困难,需要的时间也更久一些。几个月的婴儿还没有把自己与周围的物体区分开,还不能意识到自己的存在,也不知道身体的哪些部分是属于自己的。我们常会看到婴儿像对待玩具一样兴致勃勃地对着自己的手或脚又啃又咬。

随着认知能力的发展和成人的不断教育,1 岁左右,儿童逐渐认识了自己身体的各个部分;到了 1.5 岁左右,儿童基本上认识了自己的整体形象。在著名的"点红测验"中(在儿童的鼻子上点个红点,然后让他照镜子,看他是摸镜里的红点还是摸自己鼻子上的红点)发现:部分 15 个月的儿童会去摸自己的鼻子,大多数超过 21 个月的儿童都会摸自己的鼻子;1.5 ~ 2 岁的儿童借助镜子立即去摸自己鼻子的人数迅速增加,在自我意识上有了质的飞跃。

儿童 2 岁左右,开始意识到自己身体的内部状态,比如饿了、吃饱了、肚子痛等。

（2）对自己行动的认识

动作的发展是儿童产生对自己行动的意识的前提条件。婴儿通过偶然性的动作逐渐能够把自己的动作和动作的对象区分开,并意识到自己的动作与物体的关系。比如他无意中摇了摇手中的铃铛,铃铛发出悦耳的声音,接下来他摇铃铛的动作就会经常发生。

儿童 1 岁以后,经常想要独立行动,如试图自己吃饭。特别是学会独立行走之后,常拒绝成人的帮助,自己去拿玩具或走向某个地方,按自己的想法和目标支配自己的行动。

（3）对自己心理活动的认识

儿童从 3 岁左右开始,出现对自己内心活动的认识,这比对自己的身体和动作的认识更困难,需要有较高的思维发展水平的支持。他们开始认识到"愿意"和"应该"的区别,以前总是"高兴做什么就做什么",现在知道了"该做什么才能做什么"。

4 岁儿童开始出现对自己的认知活动和语言的意识,他们慢慢地可以根据要求来管理自己的活动。比如,老师说"请安静",他们就停止了喧哗,看着老师。

掌握"我"字是自我意识形成的主要标志。儿童从知道自己的名字发展到知道"我",意味着他们在行动中真正地成为主体,意识到了自己是各种行动和心理活动的主体。

2. 学前儿童自我评价的发展

自我评价也属于自我意识的认知成分,是自我认知的一个方面。自我评价包括:个体掌握别人对自己的评价;在与别人的比较中对自己做出评价;自我检验。自我评价在 2 ~ 3 岁时出现,在整个学前期儿童对自己的评价能力都是不高的,主要具有以下特点。

（1）主要依赖成人的评价,但逐渐出现独立的自我评价

儿童的自我评价主要依赖成人,特别是年龄较小的儿童,他们常常会不加怀疑地轻信成人对自己的评价,把成人的评价意见看作自己对自己的评价。

到了幼儿晚期,独立的自我评价开始萌芽。这个时候,儿童的自我评价虽然在很大程度上仍依从成人的评价,但成人对他们的评价不符合实际或不公正时,他们会提出疑问,甚至表示反对。比如我们对一个容易害羞的儿童说:"你肯定是个大大方方、不怯场的孩子。"这个儿童就会摇头反驳:"不是的,我会害羞。"

（2）自我评价带有主观性和情绪性,逐渐趋于客观

幼儿初期的儿童在进行自我评价时,往往不从事实出发,而从情绪出发,带有明显的主观性。例如,在欣赏美术作品时,问谁画的画漂亮,绝大多数儿童都会说自己的最好;如果告诉他有一幅是老师画的,哪怕这幅明显比他的差,他也说老师的最好,自己的与其他小朋

友的相比,还是自己的最好。

儿童一般都会过高评价自己,随着年龄的增长,自我评价逐渐趋于客观。

(3)自我评价具有表面性和片面性,逐渐出现从多方面评价和对内心品质的评价

由于认知能力有限,儿童的自我评价常常是表面的和片面的。在评价自己时,他们很容易只看到自己的优点,看不到自己的缺点。而且儿童的自我评价往往局限于对一些具体行为的评价。例如,他们认为一个打了人的小朋友就不是好孩子;一个分享玩具给自己的小朋友就是好孩子。

到了幼儿晚期,儿童开始从多个方面进行自我评价,并出现向对内心品质评价过渡的倾向。例如,同样在回答好孩子的原因时,6岁的儿童会说:"我是好孩子,因为我喜欢帮助人。在家我帮妈妈干活,见到认识的人主动问好,上课积极发言,还帮老师收拾图书。"

3.学前儿童自我体验的发展

4岁左右儿童的自我体验开始发展,表现在儿童会说"我生气了""我很开心"来表达自己的内心感受。学前儿童自我体验的发展具有以下特点。

(1)从生理性体验向社会性体验发展

学前儿童的自我体验显示出从生理性体验向社会性体验发展的特点。如儿童最初的愉快和愤怒往往是生理需要(饥饿、疼痛等)的体验,而委屈、羞愧、自尊是社会性体验的表现。

(2)自我体验易受暗示,但受暗示性逐渐减弱

学前儿童的自我体验表现出易受暗示的特点。成人的暗示对儿童的自我体验起着重要作用,年龄越小,表现就越明显。

这说明大多数3岁左右的儿童在成人的暗示下才会有羞愧感,成人应注意到儿童自我体验易受暗示的特点,多使用积极暗示促进儿童自我体验的发展(如自尊、自信),同时避免消极暗示带来的不良影响。到了5~6岁,儿童受暗示性则不再明显。

(3)自我体验随年龄增长逐渐丰富,自尊感逐渐形成

儿童的自我体验随年龄增长而逐渐丰富,并有一定的顺序性。其中愉快感和愤怒感发展较早,自尊感和委屈感发展较晚。

自我体验中最为重要的是自尊感,它是儿童对自己的价值判断所引起的情感。学前儿童主要有两个方面的自尊感因素:社会接受(即自己受欢迎的程度)和能力(自己擅长做什么和不擅长做什么)。少数3岁的儿童可以体验到自尊感,到了6岁,绝大多数儿童都能体验到自尊感。

自尊心强的儿童会高度估计自己,希望得到他人好的评价,对自己的要求比较高,并以此激励自己表现得更好;自尊心弱的儿童则不能正确认知自己,行为退缩,会对获得正常的自尊丧失信心。

由于学前儿童的自我评价主要依赖成人的评价,因此获得成功的机会越多,受到别人的鼓励越多,自尊的水平就越高。有些儿童表现出来的信心不足,只能看成他尚未充分形成自信,不能武断地认为是自卑,更不能给儿童贴上"笨""胆小""没出息"等负面标签,加剧儿童自尊水平的降低。

4.学前儿童自我控制的发展

(1)自我控制的年龄特点

自我控制的特点主要表现在坚持性和自制力上。学界普遍认为学前儿童开始自我控

制的年龄转变期为 4~5 岁,3~4 岁的儿童坚持性和自制力都很差,自我控制的水平是非常低的,主要受成人的控制;5~6 岁,他们逐渐学会使用简单的控制策略进行自我控制,自我控制水平也相应提高。

（2）自我控制的性别差异

大量研究表明,男孩的自我控制能力明显低于女孩,且这种趋势随着年龄的增长而明显化。这是由于受到男孩和女孩不同的生理特点以及文化背景的影响,男孩的神经活动性明显高于女孩,在大多数行为上表现出更多的冲动性。而且在大多数的文化背景下,人们都更倾向于容忍男孩的淘气行为,而对女孩较为严厉。

（3）学前儿童的自我控制发展受父母控制特征的影响

2 岁左右的儿童自我控制水平很低,主要受成人（特别是父母）的控制。随着年龄的增长,在教育的影响下,学前儿童的自我控制能力逐渐增强。

在父母控制水平低、对学前儿童要求低或者要求很少的家庭中,学前儿童的自我控制水平也会低,攻击性行为较多;在父母控制水平高、对学前儿童管教严厉的家庭中,学前儿童有压抑、盲目服从等过度自我控制的倾向。

（三）学前儿童自我意识的培养策略

1. 培养学前儿童自我服务的能力和简单的劳动技能,增强自信

幼儿园的一日活动中包括许多自我服务的机会,如穿衣、吃饭、洗手、洗脸、收拾图书和玩具等。有些家庭对儿童过度包办代替,导致儿童生活能力差;到了幼儿园,他们会面临很多困难,如担心自己不如别的儿童,缩手缩脚,在班里处于弱势地位。

针对这些情况,成人应该尽早教会儿童一些简单的劳动技能,使其掌握一定的自我服务能力,锻炼他们的生活能力,使儿童在集体中、在与别人的比较中获得成就感和自信。尽可能多安排缺乏自信心的儿童帮老师做事情,如擦餐桌、分发餐具、扫地、收拾玩具及教具等,同时给予肯定和鼓励,让他们知道自己也很能干、会做许多事情,从而增强他们的自信心。

2. 成人多给予学前儿童客观、积极的评价

学前儿童处于自我意识形成的初期,经验少,认知水平低,他们常常把成人对他们的评价当作自己对自己的评价。因此成人的评价十分重要。经常得到家长及教师肯定和表扬的儿童,往往会对自己产生一种积极的看法,能比较有信心地面对各种问题,敢于积极尝试和面对挫折。

学前儿童的认知水平低,各项能力正在发展,在做事情时难免会出差错。成人应对儿童的行为做出正确的评价,既不可褒扬过度,造成儿童骄傲自满;也不可随意贬损,导致儿童产生自卑心理。例如,有的儿童认为自己不行、自己笨,问其原因,竟然是"老师说我不行""爸爸骂我是笨蛋"。因此成人应从儿童的实际出发,客观、积极地评价他们。

3. 教师多给学前儿童提供自我评价和评价他人的机会

自我评价能力的发展对学前儿童良好个性的形成、心理的健康发展以及良好人际关系的建立有着重要的意义。儿童的大多数时间都是在与同伴的交往中度过的,在日常生活中为儿童提供自我评价及评价他人的机会,有助于儿童正确地认识自己。例如,在游戏、绘画活动结束后,帮助儿童通过积极导向的谈话活动,如"我觉得自己哪些地方进步了""我看到谁的哪些进步""我最欣赏的人"等,通过自己对自己的评价、同伴对自己的评价,形成多方

面积极客观的自我评价。

4.鼓励自主探索,创设表现机会

儿童刚来到这个世界时,就怀着强烈的好奇心和良好的动机,允许他们用自己独特的方式去探究周围世界,对儿童形成良好的自我意识有着重要的作用。

在充分认识儿童各方面能力的实际情况后,应尽量为儿童创造能够充分表现自己的机会,使他们也能享受成功的乐趣。如让儿童轮流做小老师、区域中的负责人、值日生、礼貌宣传员等,帮助老师为大家服务。在这个活动中,不管儿童的能力强弱,都有机会为同伴服务,在不同的角色中丰富自我的体验,使其在一些积极的角色中领悟到人与"我"的关系。又如,举办小小画展、小小故事会等,为每位儿童提供展示自己的"舞台",使他们发挥出应有的潜力,体验到成功的快乐和幸福。

5.在游戏活动中提高学前儿童自我控制的能力

游戏是儿童最喜欢的活动。游戏的规则帮助儿童从以自我为中心向社会合作发展。在游戏中,儿童可逐步摆脱以自我为中心的桎梏,以愉快的心情再现现实生活。在玩"医院"游戏时,平时自制力、坚持性较差的儿童常被选为"医生",游戏规则中"医生"必须坚守自己的岗位,只能眼睁睁地看着其他儿童看完病去玩耍,自己却不能参与。这会引起被选为"医生"的儿童的心理冲突,他需要极大的意志力克制自己才能坚守岗位。这种感受会加强他对自己行为的调节能力,从而将这种能力迁移到别的活动中去。

另外,在游戏过程中,在与同伴的沟通、协作中,应引导儿童使用礼貌用语,教育儿童学会分享、协商、合作等技能。例如,要求儿童站在他人角度思考问题,关心他人,理解他人的心情;学会自我控制、宽容忍让,重新认识、评价自己,调整自己的言行。儿童的自我意识正是通过一次次的误会、争吵、和好、共享不断改进的。这样,儿童在与外界(包括人、事、物、环境)相互作用中逐步提高交往能力,他们的自我意识也随之建立和形成。

第四节　学前儿童心理健康教育

一、学前儿童心理健康教育的实施

身体健康和心理健康是密切相关的,心理健康教育是学前儿童健康教育的重要组成部分。实施心理健康教育,使他们从小具有健康的心理素质,是人类发展的需要,也是社会发展的需要。

(一)学前儿童心理健康教育的目标

学前儿童心理健康教育是根据儿童的心理发展特点,有目的、有计划、有组织地开展的以改善和提高儿童的心理健康认识,培养儿童的健康行为,维护和促进儿童心理健康为核心目标的一系列教育活动。学前儿童的心理健康教育是系统的、完善的心理素质启蒙教育,在学前教育中占有重要位置。对学前儿童进行心理健康教育,使每个幼儿都能受到良好的心理健康培养,使他们逐步形成健康的心理和良好的心理素质。

1.学前儿童心理健康教育总目标

①学习适当表达情绪、情感和思想的方法。

②培养对他人的积极情感。

③改善与人交往的技能。

④形成与人合作、分享和商量的品质。

⑤增强积极的自我意识。

⑥发展自尊、自信、自主和自我控制。

⑦养成良好的习惯及培养对问题的解决能力,自觉抵制有损于心理健康的行为。

2. 学前儿童心理健康教育各年龄阶段教育目标

(1)0~3岁

①通过对婴幼儿的护理和照顾,婴幼儿情绪愉快,对周围人产生信任感。

②伴随与周围环境接触增多,情感等心理活动逐渐发展,语言能力发展迅速。

③经常与婴幼儿交流,促进语言、思维、想象力以及性格的发展。

(2)3~4岁

①学习用适当的方式表达情绪,初步学会排解不愉快,喜欢与人分享快乐。

②愿意与同伴合作玩玩具和游戏,能勇敢地玩一些户外大型玩具。

③能够分辨男女在外形上的不同,了解并认同自己的性别角色。

(3)4~5岁

①喜欢幼儿园集体生活,能与同伴相互合作、团结友爱。

②能自觉遵守活动的规则和要求,初步形成良好的日常行为习惯。

③关心周围的人、事、物,学会爱亲人、朋友、老师。

(4)5~6岁

①学会用积极的心态去理解和帮助别人。

②对待挫折、困难,勇敢顽强。

③对力所能及的事情有自信心,具有较强的竞争和合作意识。

(二)学前儿童心理健康教育的内容

学前儿童心理健康教育的内容是心理健康教育目标的具体化,直接体现心理健康教育目标,并为实现心理健康教育目标服务。学前儿童心理健康教育内容的选择,一方面受学前儿童心理健康教育目标的制约;另一方面也要考虑学前儿童的年龄特征和心理发展水平以及心理健康状况。

1. 帮助学前儿童学会表达情感和调整情绪

情绪、情感是影响学前儿童心理健康的一个重要因素,他们有时不知道该如何表达自己的情绪、情感,对情绪、情感的控制还有困难。因此,要给学前儿童创设良好的情绪、情感环境,它能给予学前儿童潜移默化的影响,使他们的情感和行为受到感染,有利于他们良好情绪的产生。

帮助学前儿童学会恰当地表达情感。规范学前儿童在不同的场所和氛围中的行为,例如,在客人面前不能无故发脾气,在医院、电影院里不能大声喧哗等。要为学前儿童提供机会,让他们能大胆、自信地表达自己的情绪、情感和思想,特别是在他们遇到挫折、感受到不愉快时,能不受压抑地表达、发泄和沟通,这样可以减轻学前儿童心理上的压力,避免产生过激行为。

帮助学前儿童学会调整自己的情绪。当学前儿童的情绪表现强烈而难以自制时,要适时转移注意力,用他们感兴趣的活动或玩具帮助其从当前情绪状态中走出来。当学前儿童在生活中产生不良情绪时,要进行合理疏导,教会学前儿童一些方法来及时释放不良情绪,减轻内心压力。另外,要引导学前儿童形成乐观、向上、开朗、自信的良好心态,不对事情过分苛求;正确评价自己,坦然面对挫折,对周围环境有安全感,学会自我鼓励、自我安慰;对成功或失败反映适度。

2. 帮助学前儿童学习社会交往技能

研究表明,2~6 岁是学前儿童社会能力快速发展的时期,学前儿童在这个阶段通过学习而获得的社会交往技能对其一生的社会适应能力具有非常重要的作用。但是,学前儿童并不是生来就知道如何适应社会生活和如何与人相处的,他们必须经过学习,这就要求成人帮助学前儿童掌握一定的社会交往技能和方法。

帮助学前儿童学会感知和理解他人的情感。在托幼机构中,教师可鼓励学前儿童向同伴表露自己的情绪、情感,让同伴知道自己的愿望。这种同伴之间的相互表述和讨论有益于他们将自己置身于他人的立场考虑问题。同样,角色游戏也是让学前儿童感知和理解他人情感的良好途径。通过扮演各种角色,丰富学前儿童的生活经验,增进对他人情绪、情感的理解。

帮助学前儿童学会分享与合作。在托幼机构中,教师通过设立一些节日庆祝活动,让学前儿童带上自己喜欢的玩具和食品与同伴一起分享,感受并表达与人分享的快乐。为学前儿童提供与同伴一起工作、共同完成任务的机会,让他们感受通过合作而获取成功的快乐。

此外,帮助学前儿童达成与同伴及相关成人、周围现实环境的合协和适应;帮助学前儿童学会基本的礼貌、礼节。

3. 帮助学前儿童养成良好的习惯

习惯是指在一定情况下比较固定的完成某种动作的自动化的倾向,是一种信念和行为的定式,具有稳定且持久的特点。帮助学前儿童养成良好的习惯,对其一生将会产生积极的影响。学前教育阶段主要是培养学前儿童良好的生活习惯、卫生习惯和行为习惯。

帮助学前儿童养成良好的生活习惯。学前儿童的日常生活包括睡觉、起床、饮食、排便以及室内外的活动等。要在每天固定的时间让儿童按时睡眠,一旦习惯养成,每到睡眠时间,儿童就会自动入睡。要使儿童养成按时进餐、细嚼慢咽、不吃零食、不暴饮暴食、不挑食、不偏食等良好的饮食习惯。一岁半左右,培养儿童每天按时大便的习惯,一般应在起床后 5 分钟进行。

帮助学前儿童养成良好的卫生习惯。良好的个人卫生习惯包括勤理发、勤剪指甲、勤换衣服、勤洗澡、饭前便后洗手、吃东西前洗手、不抠鼻子、不挖耳朵等。要让学前儿童懂得,个人的清洁卫生不只是自己的事,还关系到是否尊重别人,培养学前儿童自觉养成良好的卫生习惯。

帮助学前儿童养成良好的行为习惯。培养学前儿童良好的行为习惯,需要家长与教师形成教育合力。教师可以发动家长与孩子一起讨论并制定行为规范,让学前儿童认识到习惯的重要性。要纠正学前儿童的一些不良的行为习惯,如攻击性行为、退缩性行为、神经性尿频等。

4. 对学前儿童进行初步的性教育

学前儿童对自己性别的认识,对自己在社会生活中应起的作用的认识,以及性意向的发展,是他们社会化发展的一个重要的部分。这一发展结果,不但影响到儿童期的心理活动和行为特点,而且关系到他们最终形成的个性,影响到他们的一生。

帮助学前儿童确立正确而恰当的性别同一性和性别角色。通过游戏的方式,使学前儿童知道自己的性别。用表演游戏、角色游戏的方式,让学前儿童模仿、学习与自己同性别的成人的行为和语言方式,加深自己的性别认同。同时,要注意纠正学前儿童的性角色偏差。对有性别偏差倾向的儿童,要与其家长取得联系,找出问题产生的原因,家园配合及时纠正。

(三)学前儿童心理健康教育的途径

学前儿童心理健康教育是健康教育的组成部分,学前儿童的心理健康离不开成人对其心理状态的关注和呵护。充分利用各种有效的途径,有目的、有计划地组织实施心理健康教育,才能将其落到实处。

1. 正式的途径

(1)开设专门的心理健康课程

根据学前儿童心理健康教育的目标和内容,或是针对当前存在的实际问题,向学前儿童进行相关的心理健康教育。例如,对于心理健康教育中某些学前儿童不太容易理解的健康常识,不太容易掌握或需要系统训练的健康行为技能等,教师可以通过有目的、有计划、精心地设计教学活动,引导并启发学前儿童探索、理解和掌握,同时将学前儿童的健康教育有机地渗透在托幼机构各领域的教育之中,才能形成学前儿童健康良好的心理。

(2)设置心理健康教室

心理健康指导是学前儿童心理健康教育的重要组成部分,它是指在托幼机构开设专门的心理健康教室,配备专业学前儿童心理健康教育指导老师,对心理健康方面有问题的学前儿童进行初步干预,对于有心理障碍的幼儿,要视障碍程度进行分级管理和分别矫正。情况特别严重的,可建议家长带学前儿童到专业的医院进行系统的治疗。

2. 非正式的途径

(1)家园配合做好学前儿童心理健康教育工作

在进行心理健康教育的过程中,家园配合是必要的途径,只有双方的教育达成一致,才能取得良好的教育效果。教师要深入学前儿童的家庭进行访谈,获取有关信息,及时发现问题,了解学前儿童在家的表现,找到问题儿童出问题的原因,进行分析和个别心理辅导,促进家园配合,引导他们向更和谐、更完美的人格方向发展。

(2)心理健康教育关系一日活动的各个环节

幼儿园一日活动各个环节的渗透影响,是实施学前儿童心理健康教育的有效途径,具有一定的优势:一方面,日常生活中的心理健康教育自然、及时;另一方面,日常生活中的心理健康教育能在其他教育活动中得以延伸,有利于巩固儿童的健康行为。在儿童入园后,进餐、入厕、就寝等生活方面的问题,教师可以适时予以行为指导。在常规活动之外,对于突发事件,教师应迅速做出反应,给予儿童相应的帮助和指导。

(四)学前儿童心理健康教育的方法

实施学前儿童心理健康教育的方法有很多,而在实际教育教学活动中,只有科学、合理、灵活、创造性地运用教育方法,才能真正实现学前儿童心理健康教育的目标。开展学前儿童心理健康教育常用的方法主要有以下几种。

1.讲解法

讲解法是指用具体、形象、生动的语言,结合直观教具或实物(模型)向学前儿童说明、解释有关心理健康的一些粗浅知识,以提高学前儿童的认知水平,帮助他们改善对心理健康的态度。在运用这一方法时,一定要循循善诱,让学前儿童自己意识到自己的言行正确与否,是否给同伴带来不良影响等,内容上要符合学前儿童的认知水平。

2.情境表演法

情境表演法是指让学前儿童以表演的方式,体验生活中不同角色在一定情境中遇到的问题和冲突,并让他们认识到自己行为正确与否,及时纠正行为偏差,帮助他们形成健康心理的方法。由于情境表演法直观、形象、有感染力,情境来源于学前儿童的现实生活,因而容易激发他们的兴趣和表演欲望。在运用这一方法时,家长和教师要注意引导学前儿童积极思考,锻炼他们判断是非的能力和学习选择办法的能力。

3.行为练习法

行为练习法是指让学前儿童对已经学过的技能和行为进行反复练习,加深和巩固他们对某个行为或技能的理解和掌握,从而逐步在日常生活中形成稳定的行为习惯。行为练习法具有直接、具体、典型等特点,减少了中间环节,符合学前儿童喜欢模仿的心理特征,有利于进行个别教育。在运用这一方法时,家长和教师要注意行为练习的兴趣性、持续性和指导性,这样才能取得良好的效果。

4.讨论评议法

讨论评议法是组织学前儿童参与心理健康教育的过程,通过提出问题、发表意见、共同交流而取得较一致的认识。它可以使学前儿童拥有更广阔的空间和主动权,积极参与到心理健康教育的活动中,理解和尊重他人的情感和观点,有利于培养学前儿童的交往能力和口语表达能力。这种方法的运用,可以是在同伴之间,也可以是在儿童和成人之间。应当允许学前儿童发表不同的看法,也应当鼓励他们表达自己真实的情绪和情感,以及对他人的观点发表评议。

5.榜样示范法

在心理健康教育中,树立榜样,让学前儿童通过模仿,从无意到有意、从自发到自觉学习榜样的行为和习惯,这是心理健康教育的一种行之有效的方法。榜样可以是同龄儿童的良好行为,或是学前儿童喜欢的公众人物形象的良好言行。值得注意的是,在学前儿童良好行为形成的过程中,具有决定性影响作用的是父母和教师的行为。在运用这一方法时,家长和教师要以身作则,为学前儿童树立模仿学习的典范。同时,家长和教师在为学前儿童选择榜样时,要注意榜样的典型性、权威性和情感性,使榜样和范例能对学前儿童的行为起到启动、控制和矫正的作用。

(五)学前儿童心理健康教育应注意的问题

1.幼儿教师必须具备健康的心理素质

幼儿教师的心理健康与否,直接影响着学前儿童的心理健康。因此,要对学前儿童进行心理健康教育,幼儿教师首先应注意提高自身的心理健康水平,合理安排和处理教学以外的事务,保证在教学中以良好、健康的心理进行教学和指导;在教学中切实地以自己的言行给幼儿正面、积极的影响,恰当地指导幼儿积极面对日常生活中发生的影响心理健康的事情,促使幼儿心理朝着健康的方向发展。

2. 面向全体和照顾个别相结合

对幼儿进行心理健康教育，既要面向全体幼儿，又要照顾到个别幼儿，使不同的幼儿得到不同的发展。面向全体幼儿，要根据幼儿的身心发展规律以及心理健康教育活动自身的特点，精心设计丰富多彩的游戏活动，提高幼儿参与的主动性。通过参与活动，指导幼儿处理活动过程中所发生的事情，促使幼儿心理健康发展。同时，在游戏过程中还应仔细观察，正确看待幼儿的个别差异，注意对特殊幼儿的照顾，使每个幼儿的心理都能得到健康发展。

3. 家园密切配合

家庭环境是学前儿童形成个性心理的第一场所。家庭成员，特别是父母对孩子个性心理的形成有着很大的影响。因此，需要有效整合幼儿园和家庭的教育影响，使各方面的力量保持一致，形成合力，这样才能促进学前儿童的心理健康发展。对于学前儿童出现的各种心理问题，教师都要及时与家长联系和沟通。一方面，可以了解孩子心理问题产生的原因；另一方面，可以取得家长的支持和配合，共同采取一致性的引导策略，促进学前儿童的心理健康发展。

4. 不轻易给幼儿"贴标签"

教师要尊重每个幼儿，保护他们健康成长，不要轻易下结论，如指责某幼儿有"多动症"，或是其他行为异常。这会对幼儿的心灵造成严重伤害，导致其社会性发展受阻。如果发现某幼儿有一些症状与幼儿易患的心理疾病相似，教师应及时提醒家长带孩子去医院检查，以免错过最佳治疗时间。即使幼儿确认了患有某方面的心理疾病，教师也应尊重并保护其隐私，尽量为其提供正常的交往环境，并在家长的配合下尽可能帮助治疗，促进其健康发展。

二、学前儿童常见的心理问题

幼儿期是个体社会化的初始阶段。这一阶段的发展，对学前儿童今后乃至一生的发展都是极其重要的。此时所造成的任何心理上的落后和偏差，都会给学前儿童今后的发展和教育带来很大的困难。无论从学前儿童本身发展的角度，还是从当前社会的实际情况来看，预防和矫正学前儿童心理问题已迫在眉睫。

学前儿童本身天真、单纯、活泼、可爱的特点，使得他们的一些心理问题常常被成人忽视。而且，正常心理和异常心理的区别是相对的，并非泾渭分明，很难找出一条严格的界限。尤其是年幼的学前儿童，如果观察不仔细，识别不准确，干预不到位，会对他们的成长产生不良的影响。所以，对于学前儿童成长过程中的心理问题，我们应当在认识、了解的基础上，给予特别的关注。

第四章　学前儿童语言教育与活动指导

第一节　学前儿童语言教育概述

一、学前儿童语言教育与学前儿童的发展

(一)学前儿童语言教育的研究对象和意义

1.学前儿童语言教育的研究对象

学前儿童语言教育是研究0~6岁学前儿童语言发生及发展的现象、规律与其教育的一门学科,是学前教育专业的一门应用性课程。

学前儿童语言教育有狭义和广义之分。

狭义的学前儿童语言教育是把0~6岁学前儿童早期掌握母语的训练和教育作为该学科主要的研究对象,强调对0~6岁学前儿童加强口语听说训练。

广义的学前儿童语言教育把0~6岁学前儿童的所有语言获得和学习现象、规律及其教育作为主要的研究对象,强调对0~6岁学前儿童加强听、说、读、写的训练。

2.学前儿童语言教育的意义

(1)及时把握学前儿童语言发展的关键期

语言是学前儿童认识世界和接受教育的重要工具。大量学前儿童心理的研究成果和长期的教育实践已经证明,学前期是人类语言发展最关键也是最迅速的时期。

(2)促进学前儿童认识能力的发展

学前儿童在掌握语言之前,要认识一个物体的特征,必须对该物体的各部分及其特征逐一进行详细的感知。他们把物体抓起来玩弄着看、用手摸、放进嘴里咬、把物体拆了、甚至丢到地上用脚踩……而当学前儿童掌握了语言以后,情况就不同了。如学前儿童已感知到山楂是酸的,下次再认识柠檬时,只要告诉他们"柠檬是很酸的",这样即使他们不尝味道也能明白柠檬的味道是怎样的。

学前儿童受思维水平的限制,认识事物时抽象概括水平很低,很难找出事物之间的共同特征或抓住事物之间的本质联系。如颜色属事物的次要特征,而学前儿童却常常把它作为事物的主要特征,他们常常会说出"灰色的小白兔或黑色的小白兔"之类的话。这种情况就需借助语言给予解释,让学前儿童知道兔子不仅有白色的、灰色的,还有黑色、棕黑色、棕红色、枯草色和花色……好多种颜色,但不管哪种颜色,兔子都是长耳朵,三瓣嘴,短尾巴,前腿短,后腿长,走起路来一蹦一跳的,让学前儿童知道这些也是兔子的主要特征。

(3)促进学前儿童社会性的发展

影响学前儿童社会化的条件有社会环境、生物因素和心理工具,其中,心理工具指学前儿童的符号系统,主要是语言。学前儿童获得语言,被称为学前儿童社会化进程中的一个里程碑。学前儿童接触社会、融入社会、与社会相互作用的主要方式就是语言交流。语言

的发展可以提高学前儿童社会交往能力和道德认识水平,帮助学前儿童逐步发展对外部世界、对他人和对自己的认识,使学前儿童社会化发展得以正常进行。

(4)为学前儿童学习书面语言打好基础

书面语言是外部语言的一种形式,是人们凭借某种语言文字来表达自己思想的语言。无论是从人类的发展历史还是从个体发展的过程来看,书面语言都晚于口头语言。书面语言不是直接面对他人,无法借助表情、声调、手势、动作等来表达思想。根据学前儿童的年龄特征和人类掌握语言的规律,学前儿童的语言教育主要是发展其口头语言,而书面语言的发展是以口头言语为基础,掌握了口头言语,才能更好地学习书面语言。

(二)影响学前儿童语言发展的因素

重视并认真研究不同因素对学前儿童语言发展的影响,并在此基础上采取一些行之有效的措施,对学前儿童语言的发展具有良好的促进作用。

1. 生理因素

(1)正常的发音器官

人体的发音器官可以分为三大部分。

动力区:由肺、横膈膜、气管等器官组成。

声源区:声带。声带位于喉头的中间,是两片富有弹性的带状薄膜。

调音区:由口腔、鼻腔、咽腔等器官组成。

发音器官的完善与成熟,是学前儿童语言发生和发展的重要生理前提。

(2)正常的听觉器官

听觉器官包括外耳、中耳和内耳三部分。正常的听觉是语言发展的保证。语言的发育依赖于听力,只有先接受外界语言的刺激,个体才会做出相应的反应,逐渐产生语言。如果一个学前儿童有听力损失,那么他的语言发展通常会推迟。如果听力出现严重障碍或无法感受到声音,就无从学习说话,也就成了聋哑人。听力在言语活动中还起着监督的作用,它能协调舌和咽腔活动的相互联系,从而保障说话的流畅性和发音的准确性。如果听觉减弱的话就不能够听清正确的发音,也不能区分错误的发音,会出现言语的不清晰。因此,学前儿童想要学会准确发音,一定要有良好的听力。

(3)健全的大脑

人脑由大脑、小脑、间脑、脑干(包括延髓、桥脑、中脑、网状系统)四部分组成,其中大脑是最发达的部分,占整个脑重的80%,是产生心理现象的主要器官和机能结构。大脑是语言活动的中枢所在,人的语言经过听觉器官和视觉器官感知后,输入大脑皮层语言活动中枢,经中枢分析处理后,再经神经传出支配外周发音器官进行言语的口头表达。

学前儿童语言的发展有赖于一个健全的大脑,如果大脑受到损伤,学前儿童就不能正确地处理接收到的语言信息,进而影响学前儿童与他人进行言语交流,使学前儿童的语言发展出现各种类型的语言障碍。

总之,发音器官、听觉器官以及大脑的健康和完善是人的语言发展的先决条件,其中任何一个环节不完善或受到损伤,都会直接影响到人的语言发展。然而,生理因素只是提供了一种语言发展的可能性,这种先天潜在的可能性能否成为现实,还要受到一些后天因素的制约与影响。

2.心理因素

(1)认知能力

认知能力是指人脑加工、储存和提取信息的能力。语言能力和认知能力有密切关系,因为听、说、读、写等语言能力都建立在对语言内容的理解的基础上。也就是说,学前儿童要获得语言能力,学会使用语言,就必须对语言所表达的客观世界和社会生活有一定的了解,就必须掌握一定的文化知识,而要掌握这些知识,必然需要一定的认知能力。

(2)个性

心理学中的个性是指一个人全部心理活动的总和,或者说是具有一定倾向性的各种心理特点或品质的独特结合。个性是一个复杂、多侧面、多层次的动力结构,个性的差异对学前儿童的语言学习和发展会造成较大影响。如性格外向、充满自信的学前儿童会积极参加各种活动,主动与人进行言语交流,能争取到更多学习和表现的机会,其语言能力发展的速度较快;性格内向、胆怯、没有自信的学前儿童则相对缺少成功和失败的体验,缺乏吸收语言信息的主动性和有效性。

3.环境因素

环境分为自然环境和社会环境,对学前儿童语言发展影响较大的是社会环境。印度狼孩卡玛拉这个典型的案例就有力地说明了人类的后代即使具有人类的遗传素质,但如果在其生命的早期脱离了人类社会的生活环境,就不可能形成正常的人的心理,也不可能掌握正常的人类的语言。

对学前儿童语言发展影响最大的社会环境主要包括家庭、托幼机构和社区。

(1)家庭

家庭是学前儿童最早接触的社会环境。许多研究都表明,家长受教育程度、家长的文化素养及生活方式、家庭的教养方式、家庭成员之间的沟通方式与策略、与学前儿童交谈过程中的情绪状态,以及家庭的结构、氛围、社会经济地位等都影响着学前儿童的语言发展。

(2)托幼机构

托幼机构是对学前儿童实施保育和教育的机构,是学前儿童生活的另一个重要的社会环境。托幼机构中如教师与学前儿童的比率、班级人数、师资条件、学前儿童与教师之间的互动、课程设置、健康和安全、物质环境等,都是影响学前儿童语言发展的重要因素。

(3)社区

学前儿童生活在具体的社区里,周围的人群、经济状况、文化氛围、地理位置、社区规模、环境设施、社会组织等因素,都将对学前儿童的语言发展产生影响。

(三)学前儿童语言发展的基本规律

1.0~3岁婴幼儿语言发展的基本规律

婴儿一出生就具备了极大的语言发展潜能,如果在生命的最初几年里能对婴幼儿进行科学的语言训练,儿童的这种潜能就会充分发挥出来。

(1)0~1岁儿童的语言发展

在此阶段,儿童的语言发展主要体现在语音感知和理解方面,处于语言发展的发音准备期——前言语阶段。

①简单发音阶段(0~3个月)

哭是儿童最初的发音。在新生儿的哭声中,特别是哭声稍停的时候,可以听出汉语拼音中"ei""on"的声音;2个月以后,婴儿不哭时也开始发音。当成人逗他时,发音现象更为明显,已能发出"a""o""e"等音。发这些音不需要较多的唇舌运动,只要一张口,气流自口腔冲出,音就发出了。这与儿童发音器官不完善有关,这阶段的发音是一种本能行为。

②连续音节阶段(4~8个月)

4~8个月的婴儿,当吃饱、睡醒、感到舒适时,常常自动发音。如果有人逗他,或者他们看到什么鲜艳的东西而感到高兴时,发音更频繁。发出的声音中,不仅韵母增多、声母出现,而且连续重复同一音节,其中有些音节与词音很相似,如 ba—ba(爸爸),ma—ma(妈妈)等。父母常常以为这是孩子在呼喊他们,感到非常高兴,但其实这些音还不具有符号意义。如果成人能利用这些音与具体事物相联系,就可以形成条件反射,使语音具有意义。

③学话萌芽阶段(9~12个月)

8~9个月,婴儿已能听懂成人的一些语言,表现为能对语言做出相应的反应,但这时引起学前儿童反应的主要是语调和整个情境(如说话人的动作表情等),而不是词的意义。

一般到了11个月左右,语词才逐渐从复合情境中分离出来,真正作为独立信号而引起儿童相应的反应。到这个时候,儿童才算是真正理解了这个词的意义。

在此阶段,儿童所发的连续音节不只是同一音节的重复,还明显地增加了不同音节的连续发音,音调也开始多样化,汉语拼音中的四个声调均出现了,听起来很像是在说话。当然,这些"话"可能仍然是没有意义的,但却为学说话作了发音上的准备。这一阶段,儿童开始模仿成人的语音,如 mao—mao(帽帽),deng—deng(灯灯)等,这标志着儿童学话的萌芽。1岁左右,学前儿童已经能够理解几十个词,但能说出的很少。

(2)1~2岁儿童的语言发展

1~2岁儿童进入了正式学习语言的阶段,此时儿童的口语处于不完整句时期,从单词句阶段发展到简单句阶段。

①单词句阶段(1~1.5半)

1岁后儿童的理解能力明显提高,辨别力明显发展,已经能听懂大多数简单句子。他们不仅用一个词代表多种物体,而且用一个词代表一个句子,因此这阶段称为"单词句"阶段。

单词句阶段具有三个特点。

a.和动作紧密结合。如在说出"抱抱"的同时,会向妈妈的方向伸出双手,身体前倾。

b.意义不明确,语音不清晰,常一词多义。如儿童说"妈妈",这时"妈妈"这个词有可能是想吃东西或喝水,也有可能是要妈妈抱。

c.词性不确定,常以词代句。如"嘟嘟"既可作名词来称呼汽车,又可作动词表示开车。"以音代物"也是1.5岁以前的儿童说出词汇的一个明显特点,例如,把汽车叫"笛笛",把小狗叫"汪汪"。

②简单句阶段(1.5岁~2岁)

到了1.5岁左右,儿童语言能力有了一个飞跃式的变化,学说话积极性很高,对周围事物的好奇心也很强烈,一般能说出50个左右的词汇,每个月增加25个新词;能用简单的话表达自己的意思。两岁时其词汇量可增加到200个左右,会使用的词近70%仍然是名词。

此阶段儿童语言的发展主要表现在开始说由双词或三词组合在一起的简单句,语句结构多为名词和动词,由主语与谓语组成,如说"妈妈上班""宝宝吃饭";有时语句不完整,句子只有谓语和宾语,没有主语,如说"买饼饼""没有球球";有时句子前后颠倒,如"糖糖没有";有时"偷工减料"省去句中的词,如说"宝宝、车车"等。在接近两岁时,儿童语句中出现了少量的复合句,如"妈妈给我笔笔,贝贝画画"等。

在语音方面,已经掌握了双唇音、舌面音的发音,但还不会区分平舌音 z、c、s 和翘舌音 zh、ch、sh,前鼻音与后鼻音,不会准确发边音。在句式方面,是多种句式并存的阶段。常用的句子有单词句(大约占三分之一)、简单句(占一半以上)、复合句(不到十分之一)。

一般来说,1.5 岁到 2 岁是从"被动"转向"主动"的言语活动期。

③复合句阶段(2~3 岁)

2~3 岁是复合句发展阶段,是人生初学说话的关键时期,是基本掌握口语的阶段。

在语音方面,唇音已经基本没有问题,但在区分平舌音和翘舌音、前鼻音与后鼻音方面还存在不同程度的困难,儿童能准确发出这些较复杂的音要在满 3 岁以后。

在词汇方面,此阶段是词汇量迅速增加的时期,儿童在这一年词汇量猛增到 800~1 000 个,词的种类和每类词所含的内容都扩大了许多;词的泛化现象明显减少,对词义的理解能力、词的概括性程度进一步提高,如对花、树等已能理解为代表一类事物的词。

在口语表达方面,儿童开始能用比较完整的句子与人交流,表达个人的感情、要求和愿望。在他们使用的句子中,陈述句占绝大多数,经常出现的复合句也已占总句数的三分之一以上,但仍然是省略连词的简单句的组合。

2.3~6 岁儿童语言发展的基本规律

(1)儿童语音的发展

幼儿期是掌握语音的关键时期,也是语音可塑性最大的时期。

一般 3 岁儿童的语音辨别能力已经发展起来,但对个别相似音(如汉语拼间音中 b 和 p、d 和 t 的发音)有时还可能会混淆。对于少数民族和方言地区的儿童来说,由于缺乏语言环境,听懂普通话尚是一项比较困难的任务,正确发音一般比听准音要困难一些。相比较而言,3~4 岁儿童韵母发音的正确率较高,声母的发音正确率则稍低,但由于儿童言语器官发育还不够完善,他们还不能协调地运用发音器官的某些部位(如唇、齿、舌等),不会或者不能掌握某些发音方法,以致发音不清楚、不准确。如"老师"说成"老西","汽车"说成"汽切"等。

4~5 岁儿童的言语器官发育逐渐完善,能正确发出大多数的音,如果有良好的语言环境、正确的教育,儿童就基本能够掌握本民族语言的全部语音了,只是对某些(如 n、l、r、y 等)相似音,发音仍有困难。

5~6 岁儿童在成人的正确教育下,能做到发音正确、咬字清楚,区分四声音调,并能按照语句的内容和情感的需要调节自己的音调。6 岁左右的儿童对语音的意识开始形成。

一般来讲,如果 6 岁左右的儿童经过训练,仍有口齿不清、发音不准或发不出某些音的情况,则应引起成人的注意,及时带儿童到正规的医疗机构进行专门的检查和矫正。

(2)儿童词汇的发展

词是语言的基本构成要素,词汇是否丰富,使用是否恰当,都直接影响语言表达能力。儿童词汇的发展主要表现在以下三个方面。

①词汇数量迅速增加

据国内外的一些研究材料报道,幼儿期是人一生中词汇增加最快的时期。3 岁儿童的词汇达 1 000~1 100 个,4 岁为 1 600~2 000 个,5 岁为 2 200~3 000 个,6 岁增至 3 000~4 000 个,几乎每年增长一倍,具有直线上升趋势。当然,个别差异也很大。

②词类范围日益扩大

随着年龄的增长，儿童不仅词汇量大量增多，同时掌握词的种类也不断扩大。儿童首先掌握的是实词，然后是虚词。在实词中，儿童掌握的顺序是名词—动词—形容词，对副词、代词、数词掌握较晚。因为虚词较难理解，在儿童掌握的词汇中，虚词占的比例很小。

3~4岁的儿童所掌握的词汇，大多以名词和动词为主，这时儿童运用形容词的能力也有了初步的发展，但只能掌握例如，大、小、长、短、冷、热、胖、瘦等词，对粗、细、高、低等形容词较难掌握，运用上也往往不够准确，如常用大、小来代替长、短、高、低等形容词。儿童对量词的掌握较为困难，如可能会说"一个小狗""一只树"等。

儿童对数词的把握则与儿童对数的概念的发展有关。这一年龄阶段的儿童所掌握的代词中除了表示方位的指示代词"这、那里"以外，还出现了人称代词"我、你、他"；在生活中和讲故事时也经常会用到感叹词，如"啊、吧、哇"等。

4~5岁的儿童所掌握的词汇，仍然以名词、动词和形容词占多数，只是数量上有明显的提高。如名词方面，儿童在掌握了对物体的整体认识和名称的基础上，逐渐转入对事物各部分的认识，同时掌握各部分的名称，如衣服的袖子、扣子、领子等；在动词方面，除能正确运用常用的各种动词外，他们还能掌握一些意义相近的动词，如读书、看报、开汽车、驾飞机等；在形容词方面，幼儿已经学会运用多种多样的形容词来描述事物，如甜甜的、长长的、漂亮的、鲜艳的、静悄悄、绿油油、笑嘻嘻等；在数量词方面，儿童已掌握更多的基本数词，开始学习掌握序数词。这一年龄阶段的儿童还开始使用常用副词和连词。

5~6岁的儿童随着生活范围的扩大和知识经验的增加，词汇已经相当丰富，各类词都能运用。由于形象思维水平的提高，抽象思维开始萌芽，儿童的概括能力也明显提高，能逐步掌握一些概括性较强的名词，如玩具、家具、动物、交通工具、水果、蔬菜等，会较准确地用形容词来描述物体的特点或状态，而且还能注意到事物间的联系，掌握了一些关联词，如"因为……所以……""如果……就……"等，以及一些表示转折的词，如"虽然……但是……"等。这阶段儿童对于新词很感兴趣，能很快将听到、学到的词运用到自己说话中去，但有时由于对新词没有正确理解，可能会出现"用词不当"和"乱造词"的现象。

③词义理解逐渐加深

随着年龄的增长，儿童对词本身的内容、意义的理解也逐渐地确切和加深了。从最初只能掌握词的本义，到对词的理解逐渐由单义向多义发展，如5~6岁左右的儿童能把"春天"理解为季节的名称，知道"春"与"夏、秋、冬"的顺序关系；会用复合形容词，如粉红、浅绿等来表示颜色的细微差别；会用一些代表抽象意义的形容词，如勇敢、光荣、胆小等来评价人的行为等。但儿童仍难理解词的隐喻和转义。

儿童已掌握了许多积极词汇，但也有不少消极词汇，因此常常发生乱用词的现象。

（3）儿童在语法与句子上的发展

儿童对语法结构的意识出现较晚，他们掌握语法结构，主要是通过日常生活中的言语交流或模仿成人说话而进行的，只是从语言习惯上掌握语法结构。

①由简单句到复合句

3~4岁的儿童已能用词组成简单句子来表达自己的意思，但句子有时不完整，常出现没有主语的短语或用词颠倒的情况，如"妈妈，玩水"（缺少主语"我"）；偶尔也会出现复合句，但是数量很少。4~5岁的儿童已经能正确地运用简单句表达自己的意愿或描述见闻了，他们的语言能力呈现出由简单句向复合句发展的趋势，但常常省略关联词语。5~6岁的儿童知识经验渐渐变得丰富，抽象思维开始萌芽，已学会了运用各种复合句。

②由陈述句发展到多种形式的句子

儿童的基本句型是陈述句，其他的如疑问句、祈使句、感叹句、否定句等多种形式的句型也都随着年龄的增长发展起来。在非陈述句中，疑问句、祈使句、感叹句主要是在具体的情境下用得较多。如幼儿在公园里看到万紫千红的鲜花时，儿童会不由自主地发出感叹说："哇！多美的花呀！"经过玩具店的橱窗时，儿童会说："多漂亮的娃娃呀！我好喜欢！"在游戏中，如果没有如愿争取到自己想扮演的角色，儿童可能会问老师："为什么我总是不能扮演白雪公主呢？老师，求求你让我扮演一次白雪公主，好吗？"在看到新奇的事物时儿童就会提出很多问题，如："鱼在水里会睡觉吗？它睡觉时眼睛是睁开的还是闭着的？"这一时期被动句偶有出现，双重否定句尚未出现。但儿童常对一些复杂的句型发生误解，如5~6岁儿童对被动句不理解，把"小孩被妈妈推着走"误认为"小孩推妈妈走"。

③由无修饰句到有修饰句

3岁左右的儿童语句非常简单，没有任何修饰成分，即使能说出"小白兔""大灰狼"等短语，实际上也只是将这些短语作为一个词来学习、理解和运用，并没有区别出修饰词和被修饰词。3~3.5岁的儿童使用修饰语的数量迅速增长，4岁以后，有修饰的句子开始占优势，他们会使用一些地点状语，如"我在公园看见好多漂亮的花"。5~6岁的儿童除行动状语和地点状语外，还会使用一定数量的时间状语，如"妈妈昨天带我去动物园看大熊猫了"。

（4）儿童口语表达能力的发展

随着词汇的大量丰富和语法结构的逐渐掌握，儿童的口语表达能力也逐步发展起来。幼儿期就是从对话语言逐渐过渡到独白语言、从情境性语言过渡到连贯性语言的时期。

3岁以前，儿童基本上都是在成人的帮助下和成人一起进行活动的，儿童与成人的语言交际也正是在这样一种协同活动中进行的，所以儿童的语言基本上都是采取对话的形式。

到了幼儿期，由于身心发展水平提高，独立性进一步发展，儿童常常离开成人进行各种活动，从而获得自己的一些印象、经验、体会等，因此产生了独立地向成人或同伴表达自己各种体验、印象的愿望，这样，独白语言也就逐渐发展起来了。

3~4岁的儿童虽然能够独自向别人讲述一些事情，但他们的讲述往往主题不明确，只罗列具体事物或现象等，还常常没头没尾，句子很不完整，让听的人感到莫名其妙。例如，一个3岁的孩子向别人讲自己昨天去动物园游玩的经历时会说："看到猴子、老虎了，在树上，打架，嗯……好疼，叫……了。妈妈带我去的，还有小姨。"一边讲，一边做出一些手势和表情。这种要别人边听、边看、边猜想当时情境才能懂的语言，就是情境性语言。

一般说来，随着儿童年龄的增长，情境性语言的比例逐渐下降，连贯性语言的比例逐渐上升。连贯性语言的特点是句子完整、前后连贯、逻辑性强，听者只要从言语本身出发就能完全理解讲话人所要讲的内容和想要表达的思想。

4~5岁的儿童已逐渐能就某一个主题展开谈话，并注意事物之间的联系和讲述的重点，能独立讲故事或叙述一些事情，连贯性、完整性也有所增强，在叙述事物时已初步有了时间、地点、起因、经过与结果的概念。

5~6岁的儿童无论是在讲述自己经历过的事情，还是在看图讲述或者是复述故事时，情境性语言的成分都比较少。6岁儿童一般都能清楚、流畅、完整、准确地表达自己的体验或讲故事，可以顺利地运用语言与同伴或成人交流。

总之，学前期是人类个体语言发展的关键期，如果在这一时期能够给予正确的语言教育,则会使个体更容易获得语言反应,甚至可以促使其语言发展达到最高水平,而且此时获得的语言习惯最易长期保持下去。但如果错过了这一关键时期,再进行补偿教育,就不可能再达到其应有的水平与能力。因此,托幼机构、家庭与社会都应高度重视学前儿童语言教育工作,为学前儿童学习母语创设良好的学习环境。如果条件许可,还应创造第二语言的学习环境。教师、家长都应树立科学的学前儿童观、教育观、语言观,及时把握语言发展与教育的关键期,对学前儿童开展富有科学性、时代性、活动性、趣味性的语言教育,促进学前儿童语言的发展。

二、学前儿童语言教育的基本观念

起始于 20 世纪 70 年代末 80 年代初的全语言教育是当代国外学前儿童语言教育界最为重要的一种理论思潮,它最初是用于美国中小学校本民族的语言艺术及其阅读教学,后来逐渐地运用到学前儿童教育领域,在美国、英国、澳大利亚等英语国家中很受欢迎和重视。从 20 世纪 90 年代开始,全语言教育思想波及国际学前教育界,引发了世界范围内学前儿童语言教育的改革,对我国学前儿童语言教育也产生了积极的影响。

全语言教育主要有以下一些基本原则。

(1)学前儿童的语言学习是整体性的学习。

(2)学前儿童的语言学习是自然而然的学习。

(3)学前儿童的语言学习是有效的和有用的学习。

(4)学前儿童的语言学习是整合的学习。

(5)学前儿童的语言学习是开放而平等的学习。

(6)学前儿童的语言学习是创造性的学习。

全语言教育观念具体体现在以下三个方面。

(一)完整教育观

语言的完整教育观强调学前儿童语言教育的目标应当是完整的,内容应当是全面的完整的,倡导教育活动要在形式多样且真实的交流情境下进行。

1.学前儿童语言教育目标的完整性

完整的学前儿童语言教育目标应包括培养学前儿童语言在听、说、读、写四个方面的情感、态度、认知和能力,而不能只有单纯的认知或能力等某一方面的目标,但其中主要的还是培养听、说能力和良好的听、说行为习惯,同时获得早期的读、写技能。而在所有的目标中,培养学前儿童的语言运用能力特别是语言核心操作能力,又应当作为学前儿童语言教育的重点。

2.学前儿童语言教育内容的全面性、完整性

全面的、完整的语言教育内容是指在学前儿童语言教育中,既要引导学前儿童学习口头语言,又要引导其学习书面语言;既要引导学前儿童理解和运用日常交往语言,又要引导学前儿童学习文学语言。

3.学前儿童语言教育情境的真实性

教育情境的真实性是指教师在设计和组织学前儿童语言教育活动时应着眼于创设真实的、多向的语言交流情境,使语言教育活动成为师幼共建、积极互动的过程。

教师要在专门的、日常的语言教育活动中,给学前儿童提供真实的语言学习环境,为学

前儿童提供动脑、动口、动手的生活环境和学习材料,使学前儿童成为学习的主体。学前儿童只有在真实的情境中带着积极的交流动机,主动地运用语言,才能更加有效地发展自己的语言。

4.学前儿童语言教育活动形式的多样性

学前儿童语言教育活动形式的多样性是指教师在设计和组织学前儿童语言教育活动时应该采用丰富多样的、全面的、适合学前儿童的活动类型和形式。如,学前儿童语言教学游戏活动包括发音游戏、词汇游戏、句子游戏、描述游戏、早期阅读游戏以及综合性游戏等各种语言游戏;学前儿童的讲述活动可以有看图讲述、实物讲述、情境表演讲述、生活经验讲述,还可以有拼图讲述、绘图讲述等类型。

(二)整合教育观

整合的语言教育观念强调学前儿童的语言学习是一个整合的系统,在这个系统中,学前儿童语言的发展与其他智能、情感等方面的发展是整合一体的关系,离开了学前儿童其他方面的发展,学前儿童的语言学习是不可能成功的。

1.语言教育目标的整合

语言教育目标的整合是要求在制定学前儿童语言教育目标时,既要考虑完整语言各组成成分的情感、能力和知识方面的培养目标,又要考虑语言教育可以实现哪些与语言相关的其他领域的目标,同时还需要考虑哪些语言教育的目标可以在其他领域的教育中得以实现,使学前儿童语言教育活动既促进学前儿童语言发展,又能促进其他方面的发展。

2.语言教育内容的整合

语言教育内容的整合是指在设计和组织学前儿童语言教育活动时,要将语言知识、社会知识和认知整合在一起,由此构成学前儿童语言教育活动的内容。

在选择语言教育内容时,既要考虑学前儿童身心发展的特点和语言发展的规律,又要兼顾学前儿童发展的整体适应性,满足学前儿童发展多元化的需要,使语言教育立体化。学前儿童语言教育内容的整合既要注意本领域内不同语言教育形式的整合,又要尽可能地发掘和建立与其他领域活动的联系及相互作用。

3.语言教育形式、方法和手段的整合

学前儿童语言教育目标与内容的整合决定着语言教育形式、方法和手段的整合。这种整合的突出特点是以活动的组织形式来建构学前儿童语言教育内容,其中包括专门的语言活动和与其他活动相结合的语言活动。

这种语言教育活动应糅合多种促进学前儿童发展的因素,允许多种与学前儿童发展有关的符号系统的参与,从而促使学前儿童在外界环境因素的刺激和强化作用下,产生积极地运用语言与人、事、物交往的愿望和需要,并主动通过各种符号手段(包括语言、音乐、美术、动作等)作用于环境,在整合的语言教育环境中获得语言和其他方面的共同发展。

(三)活动教育观

语言教育的活动观强调把教师和学前儿童共同参与的活动作为学前儿童语言教育的基本形式,在活动过程中鼓励学前儿童在外界环境的刺激和强化下,积极主动地参与丰富多彩、生动活泼的语言操作实践活动,成为语言的学习者、加工者和创造者。

1.为学前儿童提供充分操作语言的机会

学前儿童的发展需要外界环境中的各种信息,但这些信息不是由成人去灌输或强迫学前儿童接受的,而是在没有压力、非强迫的状态下,学前儿童通过自身积极与之相互作用而主动获得的。学前儿童的语言发展是通过个体在外界环境中与各种语言和非语言材料交互作用得以逐步获得的。学前儿童语言教育便是引导学前儿童积极地与语言及其相关信息进行相互作用的过程。

2.通过多种形式的操作,促进学前儿童语言的发展

学前儿童正处于直觉行动思维向具体形象思维发展的阶段,对客观事物的认识主要依赖于自身的各种操作活动,通过动脑、动手和手脑并用的操作来与环境发生交互作用。学前儿童语言的发展有赖于认知的发展,而认知的发展主要依靠学前儿童自身的动作。成人应为学前儿童提供多种形式的操作活动,使其在亲身体验中增强语言操作的积极性,获得愉快和成功的体验。只有通过对操作材料的探索激发幼儿学习的内在动机和兴趣,使其变被动学习为主动学习,才能真正实现以活动的形式促进学前儿童语言的发展。

3.充分发挥学前儿童和教师在活动中的作用

学前儿童语言教育活动要注意充分发挥学前儿童在活动中的主体地位和教师在活动中的主导作用。学前儿童的主体地位是指学前儿童在语言活动过程中始终有积极的动机、浓厚的兴趣和主动的参与精神,而不是消极的、被动的受教育者。

教师作为活动的设计者、引导者和组织者,应该充分发挥主导作用。如在设计组织学前儿童语言教育活动时,需充分考虑活动内容和形式要适应学前儿童的发展水平和需要。活动之前,要积极创设语言教育环境,准备充足的活动材料;活动开始时,要激发学前儿童参与活动的积极性;活动过程中,要灵活运用各种教学方法,因材施教,当发现某些学前儿童因个体发展差异而出现不适应情况时,通过适当调整使之愉快积极地投入学习活动,并根据学前儿童语言发展的需要恰当地把握参与活动的时机、方式以及施加教育影响的程度;活动结束时,教师应及时点评,争取让每个学前儿童都得到进步。

完整语言教育观、整合教育观和活动教育观是学前儿童语言教育与研究的指导思想。作为教师,一方面要树立新的语言教育观;另一方面,改变观念之后还需要改变相应的教育模式和教育实际操作措施,使学前儿童语言教育活动能切实有效地促进其语言的发展。

三、学前儿童语言教育的目标和内容

(一)学前儿童语言教育的目标

教育是有目的、有计划地对受教育者施加影响的社会活动。教育目标是构成教育实践活动的第一要素,教育目标的确定往往会导致与之相应的教育内容和方法的产生,因此,教育目标在教育活动中占有非常重要的地位。

幼儿园语言教育的目标是指通过幼儿园语言教育使儿童的语言发展达到相应的水平或得到应该得到的教育结果,它是幼儿园语言教育的出发点和归宿,对儿童语言的发展具有预知和规范的作用,是衡量幼儿园语言教育成效的评价尺度。

幼儿园语言教育的目标是依据社会的要求、儿童语言发展的规律、儿童语言学习的特点以及语言的学科性质而制定的,它是儿童教育总目标在语言领域的具体化。

幼儿园语言教育目标具有一定的结构性,在不同的分类标准下,幼儿园语言教育目标

有着不同的表现形式。从纵向的角度来看,幼儿园语言教育目标具有一般的层次结构;从横向的角度来看,幼儿园语言教育目标又存在着独特的分类结构。

1.幼儿园语言教育目标的层次结构

幼儿园语言教育目标一般可以分解为语言教育的总目标、年龄阶段目标和具体活动目标三个层次。

(1)幼儿园语言教育的总目标

幼儿园语言教育的总目标,是幼儿园语言教育任务和要求的总和,即幼儿园三年语言教育所期望的最终结果。它是确定幼儿园语言教育年龄阶段目标和具体教育活动目标的依据。

(2)幼儿园语言教育的年龄阶段目标

儿童的语言发展在不同的年龄阶段有不同的特点,体现出一定的规律性和阶段性。为了有效地促进儿童语言的发展,幼儿园语言教育的目标在不同年龄段(班)的儿童身上应当有不同的体现,这样才能在幼儿教育实践中循序渐进地促进儿童的语言发展,使幼儿园语言教育的总目标落实到不同年龄阶段的儿童身上。

在幼儿园语言教育实践过程中,常将幼儿园语言教育的年龄阶段目标用活动类型的方式进行分类表述,即分成谈话活动、文学欣赏活动、讲述活动、语言教学游戏、早期阅读活动、英语教育活动等六种主要语言教育活动类型,以便幼教工作者在设计语言教育活动时作为参照指标。

(3)幼儿园语言教育的具体活动目标

幼儿园语言教育的具体活动目标是由托幼机构的教师制定的,它是指某一次或某一主题系列语言教育具体活动要达到的目的。幼儿园语言教育活动的总目标和年龄阶段目标都必须转化为一个个具体的语言教育活动目标,再将其落实到一个个具体的语言教育活动中。

总之,幼儿园语言教育的目标具有明确的层次性,其目标体系由抽象到具体、由统一到多样,具有连续性和递进性,形成幼儿园语言教育目标的阶梯式结构。

2.幼儿园语言教育目标的分类结构

幼儿园语言教育目标的分类结构是指教育目标的组合构成,从这个角度来划分,幼儿园语言教育目标可分为倾听、表述、欣赏和阅读四部分。

(1)倾听行为的培养

儿童倾听行为的培养,着重点应放在对汉语语音、语调的感知和对语义内容的理解上。从孩子出生起到进入小学的六七年间,通过教育逐步帮助他们建立起几种倾听技能:

①有意识倾听,集中注意地倾听;

②辨析性倾听,分辨不同内容的倾听;

③理解性倾听,掌握倾听主要内容、连接上下文意思的倾听。

(2)表述行为的培养

表述是儿童语言学习和语言发展的主要表现之一。儿童口头表述的表现方式有个人独白、集体讲述、对话交谈等。儿童正处于逐步掌握口头言语,并向书面语言过渡的时期,在这一特定时期内,儿童表述能力发展的重点主要在于学习正确恰当的口语表达,从语音、语法、语义以及语言应用四个方面掌握母语的表达能力,由简到繁、由短到长地提高表述水平。

（3）欣赏行为的培养

儿童文学作品大多是快乐的文字表述，其语言形象生动，富有幻想与童趣，感染力强，容易引起儿童的兴趣和共鸣。它带有口语的特点，却又不同于口语。欣赏文学作品可以使儿童增强对文字的敏感性，较好地学习和理解文学作品，初步感知不同类型文学作品的特点和构成。

（4）阅读行为的培养

早期阅读行为是指儿童从口头语言向书面语言过渡的阅读准备和书写准备，其中包括懂得图书和文字的重要性，愿意阅读图书和辨认汉字，掌握一定的阅读和书写的准备技能等。培养儿童的早期阅读行为主要目的在于激发儿童阅读的兴趣，养成良好的阅读习惯，掌握早期阅读的有关技能。

（二）学前儿童语言教育的内容

学前儿童语言教育的内容是指托幼机构为学前儿童提供的语言教育形式，语言教育内容和语言运用的基本知识、基本态度、基本行为方式的总和。学前儿童语言教育的内容是学前儿童学习语言、获得语言经验的载体。

学前儿童语言教育的内容是学前儿童语言教育目标的具体体现，它对于能否实现目标至关重要，它解决的是"教什么"的问题，它是教育理念和教育实践之间的桥梁。如何选择适合学前儿童发展的语言教育内容，也是学前教育工作者教育观念和教育技巧的具体体现。

1. 选择学前儿童语言教育内容的要求

（1）选择的内容要以语言教育目标为依据

事实上，语言教育的目标已经界定了语言教育的内容，并且提示了内容的要点，学前儿童语言教育内容的选择应当以实现其目标为目的，因此，语言教育内容的选择必须以语言教育的目标为依据。例如，针对语言教育总目标中明确提出的"儿童喜欢听故事、看图书"的要求，各年龄班语言教育就应具有为实现这一目标而设置的如文学欣赏活动、早期阅读活动等相应内容。

但是，教育活动目标与相应的活动内容并不是一一对应的关系，一个目标可以通过多种活动内容来体现，也应最大限度地发挥某一活动内容的功效，使之指向多种目标。

（2）选择的内容要符合学前儿童认知发展的特点及语言发展的水平

例如，看图讲述活动中的排图讲述、拼图讲述及绘图讲述很受大班儿童欢迎，教育效果突出，但如果将此内容放到小班，则无法开展活动。

不过，同样的语言教育内容有时会在不同年龄班开展，但其教育目标和对儿童的具体要求就不一样，这体现出教育目标的递进性。此外，学前儿童语言教育内容的选择还应当与教育资源、教师的实施能力相匹配，否则就难以实施。

（3）选择的内容要具有时代性

环境是影响学前儿童语言发展的重要因素之一。当前社会发展迅速，自然环境和社会环境都发生很大变化，我们在选择语言教育内容时，应体现一定的时代特点，并和学前儿童当前生活紧密结合。例如，针对家庭和幼儿园的现代化，有必要让儿童了解和掌握打电话等方面的粗浅知识和简单技能；能记住父母等最亲近的人的电话号码；知道拨打110、120、119等电话及其用途，知道哪些情况下应及时求助，该怎样表述；知道打电话时的基本礼貌用语等。

2.学前儿童语言教育活动的主要内容

（1）托幼机构专门的语言教育活动内容

托幼机构专门的语言教育活动是指根据既定的语言教育目标,有计划、有目的地安排和组织学前儿童系统学习语言的教育活动。这类活动典型而集中地体现了幼儿园语言教育活动的特点,它为学前儿童提供了一种比较正式的语言交际环境和专门且集中的语言学习机会,是实现学前儿童语言教育目标的重要手段,是学前儿童语言教育活动设计与组织的主要依据,也是完成学前儿童语言教育任务的主要途径,主要包括以下几种形式。

①谈话活动

谈话活动是培养学前儿童运用对话语言与他人进行交流的语言教育活动。主要是为学前儿童创造一个良好的日常口语交往情境,帮助他们学习倾听别人的谈话,围绕一定的话题进行交谈,学习与别人交流的方式、规则,培养与人交往的能力。

②文学活动

文学活动是以幼儿文学作品为基本教育内容而开展的语言教育活动。主要是帮助学前儿童欣赏、理解幼儿文学作品所展示的丰富、优美的艺术语言,生动、有趣的情节与意境,为学前儿童提供全面的语言学习机会,着重培养他们欣赏文学作品的能力以及利用语言对文学作品表达想象、表达生活经验的能力。

③讲述活动

讲述活动是培养学前儿童运用独白语言进行表述的语言教育活动。主要是为学前儿童创设正式的口语表达情境,使他们有机会在集体面前表达自己对某一凭借物的认识、看法等,逐步获得独立构思和完整、连贯、清楚表述的语言经验,还可以养成认真倾听的习惯,促进其独白语言的发展。

④听说游戏

听说游戏是采用游戏的方式而开展的语言教育活动。主要是为学前儿童提供一种游戏情景,使学前儿童在游戏中按一定规则练习口语,提高他们积极倾听的水平和在口语交往活动中快速、机智、灵活表达的能力。

⑤早期阅读活动

早期阅读活动是利用图书、绘画,丰富学前儿童早期阅读和早期书写经验而开展的语言教育活动。主要是为学前儿童创设一个接触书面语言的环境,重点培养学前儿童对书面语言的兴趣,引导他们逐渐产生对汉字的敏感性。

（2）托幼机构渗透的语言教育活动内容

①日常生活中的语言交往

教师可以通过日常交往了解学前儿童语言发展的现状,在交往中为他们提供语言示范,丰富他们的词汇,帮助学前儿童学习在不同场合运用恰当的语言形式进行表述和交流,学会运用礼貌语言与他人交往。还可以在帮助学前儿童建立生活常规的过程中,提高学前儿童理解并按语言指令行动的能力。

②自由游戏中的语言交往

语言是学前儿童与同伴进行交往、合作、分享的工具,是指导和调节自己选择游戏内容、伙伴和材料等行为的工具,也是解决与同伴在游戏内容、材料的选择以及游戏规则的制定过程中出现矛盾冲突的工具,教师应注重在自由游戏中指导学前儿童充分运用语言进行交流并使用语言解决问题。

③其他领域活动中的语言交往

渗透在其他领域活动中的语言教育可以帮助学前儿童获得有益的语言经验。例如,学前儿童在参与科学方面相关活动时,语言交往有利于学前儿童正确感知和理解观察对象,学习表达对观察对象的感受和认识,增强观察的有意性和目的性。教师应注重在其他领域活动中对学前儿童语言表达能力的培养。

第二节　学前儿童谈话活动

一、学前儿童谈话活动概述

(一)学前儿童谈话活动的概念

1.学前儿童谈话活动的内涵

学前儿童谈话活动是教师有目的、有计划地启发引导学前儿童围绕一定话题,以交谈为主要形式展开的语言教育活动。这种活动旨在创造一个良好的语言环境,帮助学前儿童学习倾听别人谈话,围绕一定话题进行交谈,学习与别人交流的方式、规则,发展学前儿童的对话能力和与人交往的能力。

例如,学前儿童谈话活动与科学教育活动的"总结性谈话"就有明显区别,它们之间最明显的区别在于活动目的和内容不同。学前儿童谈话活动侧重于帮助学前儿童学习运用口头语言的形式与他人进行交谈,不特别考虑话题内容的认识范畴;而科学教育活动的"总结性谈话"目的在于通过谈论所观察或体验的对象,帮助学前儿童巩固加深对有关科学内容的认识。学前儿童谈话活动与日常交谈也有较大的区别。学前儿童日常谈话是学前儿童在日常生活中所进行的谈话,话题是不固定的,是随意产生的,是没有预期目标和计划的自发的谈话,具有自发性与随机性,一般发生在自由活动中;而学前儿童谈话活动则是有目的、有计划地创造交谈机会,话题是固定的,是教师根据教育目标和教育计划精心设计的,是安排在正式活动时间专门进行的。

2.学前儿童谈话活动的意义

(1)帮助学前儿童掌握谈话的基本规则,养成礼貌的语言习惯

运用语言进行交谈的基本规则,是人们在长期的社会交往过程中积累形成的一些方式方法。如别人讲话时要认真倾听,不可以随便打断他人说话,要等别人把话讲完。为保证谈话的顺利进行,参与谈话者必须对别人所说的话给予应答等。人们在相互交往过程中如果违背了谈话的基本规则,就有可能对人际交往造成不利影响。

学习语言的过程,同时也是一个掌握语言使用规则的过程。教师启发引导学前儿童开展谈话活动,实际上是指导学前儿童按照社会交往过程中约定俗成的方式进行语言交流,使学前儿童在谈话活动中能够逐渐领悟、掌握谈话的一些基本规则,养成礼貌的语言习惯。

(2)帮助学前儿童提高口语交际能力,建立良好的同伴关系

近年来,有关研究证明,学前儿童更容易从同伴那儿得到各种信息和学习知识的方法。学前儿童谈话活动着重同伴之间的交流,这不但能够提高学前儿童的口语交流水平,也加强了同伴之间的互动,促进了同伴关系的发展。学前儿童在谈话活动中,能逐步激发谈话

的兴趣,学会倾听,并能根据所获得的信息表达自己的愿望、观点,同时还能丰富口语词汇,进而提高口语交际能力。

谈话活动使学前儿童在谈话过程中学会了解同伴、尊重同伴,进而与同伴建立良好的人际关系,学会人际交往。

(3)帮助学前儿童丰富知识,促进信息交流

学前儿童在谈话活动中,通过与他人交谈,可以获得丰富的信息,开阔自己的知识视野,促进相互之间的信息交流。例如,大班谈话活动"我最喜爱的图书",通过与班上其他学前儿童的交谈,使他们了解到原来图书里有那么多有趣的故事,原来自己有那么多好看的图书没阅读过……这些有关图书的信息的获取会使学前儿童激动、兴奋不已,进而激发他们主动阅读图书的兴趣,掌握更多的知识。

综上所述,谈话活动是学前儿童语言教育不可缺少的一种活动,其作用是其他语言教育活动不能替代的。

(二)学前儿童谈话活动的特点

1.拥有一个具体、有趣的中心话题

谈话活动首先应明确谈什么的问题,即必须要有一个话题才能展开,因此,选择话题很重要。在学前儿童谈话活动中,具体、有趣的中心话题,往往符合以下几点要求。

(1)话题是学前儿童熟悉的、喜闻乐见的

谈话活动是一种双向或多向互动的言语交际过程,仅有个别学前儿童的关注和喜爱是不够的,还必须是大家共同关心或共同经历的事,能够使大家产生交流和分享的愿望,才能成为有趣的中心话题。例如,中班的谈话活动"我最喜欢看的动画片",这一话题是学前儿童很熟悉的,他们几乎每天都会看动画片,而且在一定区域内,孩子们常常是观看电视台近期放映的同一部动画片,组织这样的谈话活动,学前儿童对比很兴致,往往能畅所欲言地交谈,有时还会会引发热烈的讨论。

(2)话题具有一定的新鲜感和刺激性

曾经反复提起和谈论的话题,不会引起学前儿童的强烈关注。他们感兴趣的话题往往具有一定的新鲜感和刺激性。谈话话题可以是首次提到的,令人感到新奇的;也可以是以一种特别的方式重新提到的,让学前儿童有新鲜感,能够激发起他们谈话的兴致,使他们精神振奋,乐此不疲地相互交流、沟通或讨论。例如,大班谈话活动"我的梦",对于学前儿童来说就是个新鲜、刺激的话题。人为什么会做梦?梦里的人物、事件、景物等为什么会以一种不可思议的方式出现?……

(3)话题明确具体,与学前儿童已有的知识经验相适应

模糊不清的话题会使学前儿童不知该谈些什么、从何谈起,往往导致东拉西扯、漫无边际地乱说,这样就达不到谈话的目的。谈话话题不仅要明确具体,而且必须与学前儿童已有的知识经验相适应,一方面可限定学前儿童的谈话范围,使他们在一定方向的主导下有针对性地进行交流;另一方面,他们具有了一定的经验基础,才能有话可谈。

2.一种多方互动的言语交流过程

谈话活动是一个多方互动的言语交流过程,表现为教师与学前儿童双向的交流互动,或学前儿童与同伴、学前儿童与教师等多向的交流互动。在这个过程中每个学前儿童都可以从不同的角度表达自己对事物的认识、看法和自己的真实感受,互相学习,拓展谈话思

路,分享各自的情感和经验,学会不同的表达方式。从交往的对象来看,学前儿童有时在全班面前谈论个人见解,有时在小组里与几个同伴交谈,有时与邻座学前儿童或教师进行个别交谈。

3. 语境宽松自由

在谈话活动中,学前儿童可以围绕中心话题,自由地表达个人见解。无论他们原有知识经验怎样,无论他们用什么样的表达方式谈话,都可以从各自不同的角度,运用不同的语言表达方式对事物发表看法,谈出自己真实的感受和感想,其谈话的语境是宽松自由的。

宽松自由的语境主要体现在两个方面。

第一,从内容上,话题的扩展和见解自由。谈话活动中没有统一的答案和看法,也没有一致的讲述经验和思路,学前儿童完全可以根据自己的意愿和内心感受,将自己的想法直截了当地表达出来,与大家分享。这一点也正是谈话活动的独特魅力所在。

第二,从形式上,语言自由,不强求规范。谈话活动主要在于为学前儿童提供充分的发挥语言的机会,让学前儿童在用语言交流的过程中提高对语言的感受力,从而发展自己的语言,它更关注的是学前儿童的听说兴趣及其表达技巧,不强求语言规范,对句式和语言的连贯性等也不做统一、硬性的要求。

4. 教师的间接引导作用

教师是学前儿童谈话活动的设计者和组织者,但是在谈话活动中,他们往往以参与者的身份参加谈话,给学前儿童以平等的感觉。教师的指导作用以间接引导的方式出现,这也是创造谈话活动宽松气氛的一个重要构成因素。

教师在谈话活动中虽是以参与者的角色出现,但并不表明谈话活动可以是任意的、无计划的交谈。教师在谈话活动中的间接引导作用往往通过两种主要方式得以体现:一是用提问的方式引出话题、转换话题或拓展话题,引导学前儿童谈话的思路,把握谈话活动的方式;二是教师用平行谈话的方式给学前儿童做隐形示范。

应当说,教师在谈话活动中的指导方法不同于其他语言教育活动,这也是谈话活动的独特之处。

(三)学前儿童谈话活动的目标

1. 小班谈话活动的目标

(1)学会安静地听他人说话,懂得别人说话时不能随便打断,不抢着说话并能做出积极、简短的回答。

(2)喜欢与老师、同伴交谈,愿意在集体面前讲话。

(3)能够听懂并愿意说普通话,能理解较简单的指令并执行。

(4)能围绕一定的话题用简短的语言表达自己的请求和愿望。

(5)初步学习常见的交往语言和礼貌用语。

2. 中班谈话活动的目标

(1)能集中注意力,认真地倾听别人说话,不随便插话和打断别人的话。

(2)能积极、愉快地与别人交谈,能大方地在集体面前说话,对别人的话做出积极的应答,能理解并执行指令。

(3)积极学说普通话,能区分普通话和方言的发音,能用普通话大胆、清楚地表达自己的意见、请求、愿望、情感和需要等。

（4）学会围绕一定的话题谈话，不偏离主题。

（5）学会用轮流的方式谈话，不抢话，不插话。

（6）深入学习交往语言，提高语言交往能力。

3. 大班谈话活动的目标

（1）能较耐心地、专注地倾听别人说话，能在倾听中把握谈话的关键信息，并针对谈话主题和同伴的发言陈述自己的意见或做出相应的反应。

（2）坚持说普通话，能辨别普通话声调、语调和语气的不同变化，能主动用普通话与同伴交流，态度自然大方。

（3）能就某个话题主动地与别人交谈，并能较完整地表达自己的看法和见解，能围绕话题谈话，会用轮流的方式交谈，并能用恰当的语言表达自己的情感，与同伴分享感受。

（4）会在不同场合用不同的音高、音量、语句与人交谈或讨论。

（5）逐步学习用修补的方法延续谈话，能在交谈中对自己的看法进行补充或修改，可以对他人的意见表示赞同或提出疑问、批评，进一步提高语言交往能力。

（四）学前儿童谈话活动的类型

1. 日常生活中的谈话

日常生活中的谈话是谈话活动的一种重要形式。此类谈话带有极大的情境性和感情色彩，交谈的话题极其丰富，交谈的对象经常变化，交谈可以在任何情况下、任何地点开始或结束，不受时间、空间、年龄、对象、地点等的限制。它是发展学前儿童（尤其是 1~3 岁学前儿童）口语的重要途径。根据谈话对象的多少，主要有以下两种形式。

（1）日常个别谈话

1~3 岁是儿童语言快速发展期，也是说话能力培养的关键时期，此阶段的儿童基本上都是在成人的帮助下和成人一起进行活动的，儿童的语言基本上都是采取对话的形式，家长和托幼机构的教师应充分利用日常生活中的个别谈话形式，发展学前儿童的口语表达能力。

教师可以利用托幼机构一日生活中的某个环节，与部分学前儿童就某个话题进行交谈。但这种交谈并不是随意进行的，而是经过了一定的计划和准备的。教师要事先考虑好要与哪些学前儿童交谈，谈什么内容。交谈过程中，教师可以与一个或同时与几个儿童交谈，学前儿童可以自愿参加或退出谈话。

教师和家长可以在任何有空的时候跟学前儿童"闲聊"。对学前儿童来说，这些"闲聊"的经验是非常宝贵的，在闲聊中他们会逐渐学会如何运用语言，能促进他们认知能力、思维能力的发展，增强自信心，提高参与谈话活动的兴趣和积极性。

（2）日常集体谈话

这种谈话多在托幼机构内进行。与个别谈话相比较，日常集体谈话中，参与谈话的人较多，话题更自由，可以同时有几个话题；形式更活泼，可以是师生间的谈话，也可以是学前儿童间的谈话或是师生、学前儿童间的讨论等。它也遵循着"自由参加"的原则，学前儿童可以参加集体谈话活动也可以从事其他的活动。

在托幼机构一日生活的过渡环节（包括早晨入园、中午午睡前后、自由游戏时间、离园前等），或者在区域活动时间里，学前儿童是相对自由的，而这些时间是学前儿童自主交流的最好时机，应允许学前儿童在托幼机构一日生活的过渡环节中自由交谈。老师要提供更多的学前儿童之间、师幼之间充分交流的机会,让学前儿童在平等、轻松的环境下畅所欲言,尽情地表达心中的各种感受,消除胆怯、紧张、压抑的心理,保持轻松、愉快的情绪,促进学前儿童语言能力和社会交往能力的发展。

2. 有计划的谈话活动

有计划的谈话活动是指教师根据教育活动目标,经过精心准备,设计详细的教育活动方案,有目的、有计划地组织学前儿童开展的谈话活动。谈话的话题可以是学前儿童熟悉的,或是与他们的生活紧密相关的。这些话题可由教师拟定,也可以邀请学前的大班儿童提出建议参与拟定。

3. 讨论活动

讨论活动是一种特殊的谈话活动形式。其特殊在于它在话题形式、语言交往和教师的指导上都有其开放性的特点。

首先,讨论活动的话题一般是开放性的问题,同时讨论所涉及的事物应是与学前儿童已有的知识经验相符合,但对学前儿童来讲又有一定难度的。例如,讨论话题可以是:"假如你像小鸟一样会飞,你最想去的地方是哪里?""假如你是大人,最想做的事是什么?"这些话题可以让学前儿童随意发挥,没有固定的答案。

其次,讨论活动是一种开放性的语言交往活动。在讨论中,学前儿童可以就自己的观点与他人进行充分的语言交往,既要善于倾听他人的见解并进行分析、驳斥或接纳,又要清晰地向对方表达自己的看法,从而使语言交往延续下去。这种语言交往对象可以是一个对一个,也可以一个对多个。由此可见,讨论活动对学前儿童语言能力、思维能力都提出了很高的要求,因此一般在中班以后才适合开展这项活动。

最后,教师的指导态度要开放。不要一味地从成人的角度去评判学前儿童的某些观点合不合理、行不行得通,教师要将指导的重点转向学前儿童的语言交往能力上,而对学前儿童的某些富有想象力和创造力的看法应采取包容和接纳的态度。例如,学前儿童说:"假如我像小鸟一样会飞,我最想去的地方是月亮上,和玉兔一起做游戏。"教师对于这样的答案在评议时应给予积极的鼓励。

(五)学前儿童谈话活动的基本结构

每一种类型的语言教育活动都有其特定的结构,而且,活动的结构决定了活动的基本进行过程及步骤。一般而言,谈话活动的基本结构由三个步骤组成。

1. 创设谈话情境,引出谈话话题

创设谈话情境,引出谈话话题是谈话活动不可缺少的首要环节,其目的在于引出谈话,使学前儿童在活动之初就能被吸引,启发学前儿童围绕话题展开有关的联想,打开语言表达的思路,做好谈话的准备。

一般来说,谈话情境的创设主要有三种方式。

(1)用实物或直观教具创设情境

教师可利用实物如模型、玩具、图片、活动角布置、墙饰等,向学前儿童提供与谈话主题有关的可视形象,激发学前儿童的谈话兴趣,开启学前儿童的谈话思路。

例如,在主题为"我最喜欢看的动画片"的谈话活动开始时,教师可播放一小段动画片的视频或演示几张动画人物的幻灯片,让学前儿童猜猜动画片的名称或动画人物的名字,这样可以很快学前儿童的注意力吸引过来,从而自然地引出此次谈话活动的话题。

（2）用语言创设谈话情境

教师也可以通过生动、形象的语言表述或提一些问题，唤起学前儿童的记忆，调动儿童的相关知识经验，引起相应的情绪感受，自然地切入话题，顺利地进入谈话。

（3）用游戏或表演的形式创设谈话情境

教师还可以通过开展游戏或表演活动，创设与谈话内容有关的情境，激发学前儿童的兴趣和真实感受，以引起表述的愿望，进而引出话题。

不论以哪种形式创设情境，教师在设计此步骤时都要注意以下几点。

①这个步骤只是一个引子，时间不要过长，一般为3分钟左右。

②谈话情境的创设是为引出话题服务的，要避免过于热闹以致喧宾夺主的现象；谈话的情境创设应尽可能地简单、清晰，过于复杂的情境有可能分散学前儿童的注意力。

③谈话情境的创设要从学前儿童的发展水平出发，是学前儿童可以接受的。

2. 引导学前儿童围绕话题自由交谈

教师创设谈话活动的情境，引出谈话话题之后，要引导学前儿童围绕话题自由交谈。这一步骤的目的在于调动学前儿童与谈话中心话题有关的知识储备，运用已有知识经验，自由地发表自己的观点、看法，交流自己的感受、感想，并从谈话活动中体验与人交谈的乐趣。

在设计和组织这一步骤的活动时，教师要注意以下几点。

（1）要营造一个宽松、自由的谈话氛围

在谈话活动中，可以是学前儿童之间、学前儿童与教师之间的交谈，还是集体、小组或一对一地进行交谈，允许学前儿童说任何与话题有关的想法。教师不必干涉他们的交谈内容和交谈对象，不需要过多示范，不需要过多提示，不过于纠正他们说话用词、造句的错误，让他们在宽松、自由的谈话氛围下，充分运用已有的谈话经验说出自己想说的话。

（2）注意自由交谈中的个别差异

由于学前儿童语言发展水平和个性心理存在着个别差异，在谈话活动中，学前儿童参与的程度与表现也会出现个别差异。语言能力强、性格外向、胆大的学前儿童敢于表达，能够积极发言，主动与他人进行交流；而语言能力弱、性格内向胆怯的儿童则较少说话，发言、交流都显得较为被动，常常表现为光听不说。因此，教师在组织谈话活动时，要注意到他们之间的个别差异，一方面应考虑把不同语言发展水平和不同个性的学前儿童安排在一起活动，让他们相互学习、相互促进；另一方面应创造条件，让语言能力弱、性格内向、胆怯的学前儿童有更多说话的机会，并注意倾听他们的谈话，经常给予鼓励，进而树立他们与人交流的自信心。

（3）要发挥好指导者和参与者的作用

当学前儿童进入围绕话题的自由交谈时，教师不能袖手旁观，应充分发挥好指导者和参与者的作用。

3. 引导学前儿童范围谈话进一步拓展

在设计和组织这一步骤的活动时，教师要注意以下几点。

（1）话题的深入是逐步进行的

一般而言，话题是沿着这样的顺序推进的：对话题对象的描述和基本态度——为什么会有这种态度——对话题对象的独特感受。

例如，大班以"压岁钱"为主题的谈话活动，话题是沿着这样的顺序推进的：别人给你压岁钱,你心情怎样? —别人给你压岁钱时,一般会说些什么? —你拿到压岁钱时在想些什么? —你拿到压岁钱后怎么用?

对中、大班的学前儿童来讲,这种话题扩展模式也给他们提供了一种谈话的思路,这种思路的学习对他们有条理地对事物进行叙述和今后的读、写都是非常有意义的。

(2)正确地看待谈话技能、态度和规则的学习

教师应充分地认识到谈话态度、技能是需要经过一段时间才能逐渐培养起来的,一次活动后马上让学前儿童掌握某一谈话技能,这对学前儿童来讲是很困难的,并且他们还存在着明显的个体差异。因此,教师在引导学前儿童学习新的谈话经验时不要有急于求成、立竿见影的想法。若教师在活动中让他们机械地练习某一技能,如"对别人的意见提出质疑"时,要如何说,甚至将某些交往词语背诵下来,那么就违背了活动气氛要宽松自由、谈话活动话题应深入扩展的特点,这样做,从实质上来讲是失败的。

(3)新的谈话经验是在潜移默化中学到的

教师在此阶段以提问、平行谈话的方式向学前儿童展示新的谈话经验,不是用指示的方法说给学前儿童听的,是通过深入拓展谈话范围将这种经验逐步传递给学前儿童,让学前儿童在谈话过程中不知不觉地沿着新的思路去说,潜移默化地应用新的谈话经验,最终学会这种新的谈话经验。在这个阶段,教师起着隐性示范的作用。

二、学前儿童谈话活动内容的选择

谈话活动的话题有很多,也很丰富,谈话的语境相对也比较宽松、自由,但这并不是说谈话活动的内容就可以任意选择。教师在选择、安排谈话活动的内容时要注意以下几方面。

(一)要与学前儿童的语言和知识经验相符合

在学前儿童谈话活动中,首先要有一个具体、有趣的中心话题。这个话题对学前儿童而言,应具有一定熟悉度、新鲜度,贴近他们生活。只有与他们的语言和知识经验相符合,才能引起他们的关注和参与。

谈话活动内容的选择应考虑到学前儿童的年龄特点。小班的谈话活动主题一般是关于具体的实物(吃的、玩的)的内容,如"我最喜欢吃的水果""我最喜欢玩的玩具";中班的谈话活动主题可增加关于人物、事物的内容,如"我的爸爸""我的书包""我最喜欢的游戏";大班可增加描述现象的内容,如"金色的秋天""我的梦""我长大了"等。

(二)要有目的性和计划性

谈话活动所涉及的素材以学前儿童的知识经验为基础,取材于学前儿童其他领域教育活动的内容,家庭教育状态,日常生活中的参观、游览、游戏、电影或电视中所获得的经验。知识经验积累越多,谈话内容就越丰富,谈话活动的进行也就越顺利。因此,谈话活动内容的选择和安排要有目的性和计划性,应依据近期教育的主题内容有目的、有计划地确定,不能盲目地随意选择。

(三)应广泛而有意义

学前儿童的生活是丰富多彩的,谈话活动内容的选择应广泛涉及学前儿童生活的各个

方面,引导、鼓励学前儿童把他们对生活的最真实感受尽情地表述出来。

学前儿童谈话活动的话题可以选择的内容,例如,我最喜欢的……(食物、动物、玩具、图书、动画片、衣服等);我和我周围的人(爸爸妈妈、爷爷奶奶、老师及同伴等);快乐的节日(六一儿童节、母亲节、父亲节、春节、国庆节、我的生日等);我参加的一些活动(春游、参观、旅游、探亲访友等);周围环境的变化(花草树木、建筑物、道路、居住环境等)。

此外,谈话活动内容的选择还应该有意义,使学前儿童在谈话活动中不仅能锻炼和发展口语表达能力,而且还能得到一定的教育和启迪。如"我爱我家""我的书包""我最喜欢的人""我不乱丢垃圾""谁来帮助他""我长大了""我们多幸福"等。

三、学前儿童谈话活动的设计步骤

从教育活动研究的角度看,学前儿童谈话活动的设计与组织有其特殊的规律。谈话活动要想取得良好的效果,教师事先必须进行精心的设计,制定出具体可行的活动方案,然后在正确的教育活动理念指导下,以学前儿童为主体,有效地执行活动方案。

(一)选择谈话活动的话题

话题是关系到谈话活动能否顺利开展、有效进行的一个关键问题,选择谈话活动的话题前,教师事先必须进行情况分析。情况分析部分主要包括两个方面的内容:一是分析本班所有学前儿童言语交往经验的水平,以及个别学前儿童的现状,使一个活动能尽量满足所有学前儿童的需要;二是分析活动前期是否进行过与本次谈话类似的言语经验的传授及相关知识经验的传授。

(二)制定谈话活动的目标

谈话活动目标的制定要从学前儿童语言发展的实际水平与需要出发,从情感、认知和能力技能三个维度进行考虑。每次谈话活动的具体目标都应该既要体现学前儿童语言教育总目标的要求,又要适应年龄阶段目标,从而使目标的确立符合各年龄班学前儿童的特点。

目标的制定要做到准确、具体、全面、重点突出、便于操作,宜采用学前儿童行为目标表达方式,充分体现出学前儿童的主体地位和教师的主导作用。

(三)做好谈话活动的准备工作

谈话活动的准备工作需要注意以下几点。

1. 教具准备

学前儿童以具体形象思维为主,注意的稳定性、记忆的有意性都比较差。谈话活动中运用一些直观材料,创设一定的情境,既可以吸引学前儿童的注意力,又可以激发学前儿童的思维,唤起学前儿童的记忆,增加学前儿童的操作机会和交谈的兴趣,使谈话不断拓展延伸。

2. 经验准备

包括教师自身的准备,如相应的知识结构、能力水平等,也包括学前儿童的相关知识、语言经验准备等。

（四）设计谈话活动的过程

谈话活动的基本过程由三部分组成。

1. 开始部分

创设谈话情境，引出谈话话题。教师可利用实物或直观教具、也可以通过生动形象的语言表述、用游戏或表演的形式创设谈话情境，激发学前儿童兴趣，吸引学前儿童的注意力，时间一般在3分钟左右。

2. 基本部分

（1）引导学前儿童围绕话题自由交谈

在设计和组织这一步骤的活动时，教师首先要注意为学前儿童营造一个真正宽松、自由的谈话氛围，使学前儿童围绕中心话题，充分运用已有的谈话经验，畅所欲言地表达自己内心的真实感受。注意自由交谈中的个别差异，发挥好指导者和参与者的作用。

（2）引导学前儿童逐步拓展谈话范围

在学前儿童运用现有的知识储备充分地自由交谈后，教师要逐步引导学前儿童拓展交谈内容，扩大谈话范围，以提问或启发的方式帮助学前儿童学习新的交谈技能、规则，掌握正确的谈话思路和方法。

3. 结束部分

要求生动有趣，简洁明快，使学前儿童有意犹未尽的感觉。

（五）拟定谈话活动的延伸

谈话活动的延伸可以有以下形式。

1. 亲子活动

建议家长充分利用和孩子相处的一切时机，与孩子进行亲子交流，不仅可提高孩子的对话能力，而且有助于加深亲子之间的感情。

2. 领域渗透

任何领域的教育活动都会有一定的时间让学前儿童进行自由交流，教师应充分利用各领域的教育活动，努力培养学前儿童积极、主动与人交流，勇于大胆表达自己见解的意识，以渗透各领域相关知识。

3. 有效利用活动区（角）

充分发挥图书角、游戏区的作用。如在学前儿童看书时，引导学前儿童相互交谈，讲述书中的故事情节，并对一些词语及时进行解释，帮助学前儿童不断地丰富词汇，为开展谈话活动打好基础。

4. 随机教育

教师应充分利用日常生活中的各个环节，引导学前儿童相互交谈。

（六）写出活动反思及评价

实施谈话活动后，及时听取在场的其他幼教工作者对活动的评价，然后进行反思和修正，并做好记录。

第三节　学前儿童文学活动

一、学前儿童故事活动的设计与指导

学前儿童故事是学前儿童文学的重要组成部分,具有主题明确、单纯,语言优美,人物形象鲜明生动,充满幻想等诸多特点,深受学前儿童喜爱。学前儿童故事活动也一直是学前儿童语言教育活动中的重要内容。

(一)学前儿童故事的选择

学前儿童故事体裁较多,涉及的内容较广,并不是所有的学前儿童故事都适合提供给学前儿童欣赏。我们开展学前儿童故事活动,在选择文学作品时,必须尝试着站在学前儿童的角度,以他们的眼睛去看、用他们的耳朵去听、用他们的大脑去思考,选择他们喜闻乐见的、能够接受的文学作品,具体来说应满足以下几方面要求。

1. 美丽的语言和色彩,美好的人物形象

传统的故事教学在选择文学作品时常以是否科学、是否对学前儿童具有教育意义作为重要标准,偏向于为道德教育与社会性教育服务,较多地发掘文学作品中"真"和"善"的内涵,对故事自身的审美价值很少关注,这使学前儿童的精神世界塞满了太多的知识与道德。

学前儿童文学活动的目的是培养儿童审美的眼睛、审美的耳朵和审美的心灵。儿童故事中美丽的语言色彩的描述和美好的人物形象,对学前儿童有很大的吸引力,因为学前儿童主要是通过"听"来接受文学作品。儿童文学作家鲁兵曾说,对尚未识字的学前儿童,即学龄前的孩子来说,文学作品不是他们自己读的,而是父母教师念给他们听的……儿歌、故事、童话,都只有通过大人的朗读才使尚未识字的学前儿童得到真正的欣赏,不只是让儿童了解其内容,而且要欣赏其语言艺术。要使学前儿童能集中注意,有目的地倾听,这是对学前儿童欣赏文学作品的基本要求。要让学前儿童达到以上的欣赏水平是有条件的,即听的内容要对学前儿童有吸引力。而优秀的学前儿童故事作品总是富有诗性,有着浓郁的艺术感和儿童情趣,如歌一般动听,如画一般生动。

2. 健康明朗的主题,丰富多彩的内容

因为学前儿童喜欢模仿、分辨是非能力差,所以教师要善于淘汰平庸和拙劣的作品,选择主题健康明朗、能陶冶性情、积极向上的优秀儿童文学作品。如故事《萝卜回来了》能直接使学前儿童懂得,只要你心中有他人,就会得到他人的关爱;《金色的房子》则从浅白说理中使学前儿童明白,只有与人分享才会有更多的朋友和快乐;《两只小山羊过桥》的故事则告诉孩子们,一味逞强好胜,互不谦让,只能两败俱伤。

学前儿童文学作品题材多样,涉及自然界的山河湖海、日月星辰、花鸟虫鱼、飞禽走兽,还涉及社会生活的知识、规则,教师应为学前儿童选择丰富多彩的作品内容,既能扩大学前儿童的眼界,又有益于他们语言发展、智力启蒙、思维训练以及良好品德行为的形成。

随着社会的发展,科技日新月异,人们的生活发生了巨大的变化。在选择故事时,教师要关注那些具有时代气息的内容,跳出教材的框架,平时多阅读有关的学前儿童文学,从中发现并挖掘出能反映时代特点、为学前儿童所喜闻乐见的内容或反映现代科技发展的,如以《电脑城奇遇记》为题目的文学作品等,只有这样,才能更好地激发学前儿童的兴趣并萌发其对未来的向往。此外,教师还要记住不能将传统的内容完全抛弃,尤其是一些著名作品,如《西游记》《人鱼公主》《小红帽》等,这些作品人物形象生动逼真,情节极富想象力,历来深受学前儿童喜爱。在中班以后,教师应有计划地在故事教学中加入这些名著的内容,使学前儿童充分体验名篇名著所蕴含的独特魅力,并充分地领略这些作品的文学语言的意境之美。

3. 有趣的情节,清晰完整的结构

学前儿童喜爱故事性强的作品,尤其是那些夸张而富有节奏的情节,这样的书更容易吸引他们的注意,激发他们的兴趣,进而让他们获得快乐的体验。故事情节要单纯、具体、有趣。一般来说,作品不能过长,在一个作品中,最好只反映一个事件,涉及的人物不要太多,事件逻辑关系要简单;情节发展迅速,事件过程富有趣味,充满奇妙的幻想,这样能更加吸引学前儿童注意。

让他们作品要有一个完整的结构,脉络清晰、层次分明。结构完整是指情节安排要有头有尾,结局圆满,使学前儿童在情感上获得满足;脉络清楚则指情节最好是一条线索贯穿到底,枝蔓要少,但主要情节可有适当重复;层次分明则要求情节按顺序层层展开,人物对话不可以过多、过长,对于小班儿童尽量避免倒叙、插叙等手法的出现。5~6岁的学前儿童抽象逻辑思维开始萌芽,偶尔也可以选用包含插叙、倒叙的作品,如故事《野猫的城市》运用了倒叙手法就让大班学前儿童在笑声中得到了逆向思维和判断力的训练。

4. 符合学前儿童的年龄特点

小班一般选择人物和情节简单、形象、生动、可爱、对话少的作品,而且作品篇幅较短、结构完整,故事的每个部分脉络清楚。这样的故事有利于小班儿童理解并复述其中的简要对话或简要情节。而中、大班则宜选择人物较多(2~4个)、情节稍复杂、有一定对话和内心活动的作品,这些作品可以有完整的结构,也可以用提问的方式作为结尾,以便儿童进行续编故事。如故事《小熊和球》的结尾是这样的:"小熊又将球掉到树洞中了,这次它该怎么办呢?"

成人还要知道,故事既可以从教材和大量的学前儿童文学作品中选取,也可以由教师、家长根据学前儿童日常生活的精彩片段进行创编。

(二)学前儿童故事活动的设计与指导

1. 选择故事

教师在掌握了学前儿童故事选择的基本要求后,还需要根据本班各领域教育活动的内容、本班儿童语言发展的实际水平和目前的思想状况等,有针对性地选择相关主题的故事。如发现本班儿童不会或不愿意与人分享,可选择童话《小铃铛》《金色的房子》等。教师在选择故事时,要注意作品体裁的多样化。

2. 熟悉和分析故事

选好作品后,教师必须熟悉和分析故事,这是有效开展故事活动的重要环节,同时也是经常被大家忽略的环节。

教师一定要先了解作品并进行认真分析,要熟悉故事的主要内容,掌握故事的情节结构,了解其中人物的性格特点,人物之间的关系,人物和环境、事件的关系,明确什么地方是情节高潮,明确故事的主题思想,知道作品所蕴含的丰富的情感内涵以及表现人物情感和情境的语言美好之处,挖掘作品的审美价值。

教师在必要时可以对所选故事进行适当改编。所选的故事如果过长,可以去掉一些不必要的内容、情节;有些词句过于深奥,学前儿童难以理解,可以改得浅显易懂些,如"凛冽的北风卷着漫天大雪"可改为"北风呼呼地吹,雪越下越大";把被动句改为主动句,如"这一切都被躲在树上的小鸟看见了"可改为"小鸟躲在树上,什么都看见了"。

3. 制定活动目标

学前儿童故事活动目标应涵盖情感、认知及能力等三大维度。情感与态度立足于语言美、情感美、意境美等的体验和表达,立足于积极性、主动性的激发,以及对文学作品兴趣、爱好的培养等;认知方面主要从感知、理解、掌握故事的情节内容、画面情景、人物形象、主题倾向入手;能力及技能则侧重于故事中字、词、句的模仿练习,故事的讲述、续编、创编等。

4. 做好活动准备

第一,教具准备。故事活动常用的教具有图片、桌面立体摆件、画册、木偶等。

第二,精神准备如教师打出与故事相关的话题做为铺垫,让学前儿童对要做的活动有精神上的准备。

5. 设计活动过程

(1)创设情境,为引出故事做铺垫

在开展故事活动之前,为了激发学前儿童欣赏故事的兴趣和热情,教师应通过生动有趣的描述、解说、表演或启发性提问,以其特有的语言魅力感染学前儿童,并结合图片或多媒体课件将他们带入到一个充满幻想和神奇的文学宫殿中,创设一个能让学前儿童获得更直观体验的情境,从而引出故事。

在这个步骤中,教师要注意以下几点:

①这个步骤的目的是创设一个美好的情境,为学前儿童欣赏、理解故事做好铺垫,因此花在这个步骤上的时间一般很短,不能喧宾夺主;

②创设情境的方法对不同年龄班的儿童来讲应有所区别;

③教师要创设安静、整洁、舒适的环境,避免嘈杂的声响、耀眼的色彩或多余的物品分散学前儿童的注意;

④安排好学前儿童座位,常见的是学前儿童面向教师围坐成圆弧形,如人数较多可坐成双行,座位的安排,以师幼能随时进行眼神交流为宜。

(2)初步感知故事

教师充满感情地、生动流畅地讲述故事,引导学前儿童充分地感受作品,以两遍为宜。具体要求如下。

①用普通话正确讲述

教师讲述故事一定要用普通话,应注意发音准确、咬字清楚;基本上要按原文讲,尤其是关键的词句、重复的句子必须准备,某些难懂不适合的词句应该事先琢磨进行更改,不宜临时随意改动;有些故事内容很精彩,情节也很有趣,可故事内容太长,可适当删减,使故事更加精炼、紧凑。

②语言表达方式恰当

语言速度要和作品内容相协调,一般来说,讲故事要比平时说话速度慢些,在讲述过程中,开始讲述应稍慢一点,以便学前儿童集中注意力。根据作品中人物的年龄、性别、性格等的不同,语速也不一样,男、女、好人、坏人、不同性格的人,在讲话上也要区别开。音量应随情节的变化而变化,每句话中代表主要意思的词,在讲述时要着重讲出来,声音可稍高一些。

给学前儿童讲故事除了运用语速、语调、音量的变化来提高语言的生动性外,还可适当加入象声词,如用"哗哗"形容流水的声音,用"滴答"形容下雨的声音;其他如模仿动物的叫声,交通工具的声音等,这样可使故事讲得有声有色。

③有感情地讲述

教师在讲述故事时要投入一定的感情,不要干巴巴地读故事,而要精力充沛,语言抑扬顿挫,声音高低起伏,并伴随着丰富的表情和动作,以不同的表达方式表现故事中不同人物的年龄和性格特点。当然,这些都有一个必要的前提,即教师自己已为故事的优美意境所感染并已融入作品中去了,这样才能使故事讲得生动而有感染力。

④适当运用表情、动作渲染气氛

讲故事时的辅助言语是表情和动作。讲故事时的表情要符合作品的情境,喜怒哀乐要因人而异,因情而异,因境而异。要注意眼神的作用,讲述故事时,教师的眼睛一定要看着学前儿童,要用眼神和学前儿童进行感情交流。讲故事时还可适当加一些动作,以加强所要表达的内容,增强故事的效果,但动作要和讲的内容相一致,不宜夸大,也不要过多。

⑤注意提问、教具演示等方式的运用

为了帮助学前儿童更好地感知故事,教师一般在讲述前、后要向他们提一些问题。

通常情况下,第一遍讲述故事前,教师应通过提问要求学前儿童关注故事的名称、角色等,以便于他们有目的地带着问题听故事;第一遍完整讲述故事时,教师通常不出示教具或只出示主要角色的教具即可,其重点在于让学前儿童对文学作品有一个初步完整的印象,记住故事的名称、角色等;第一遍讲完后,教师可通过一些描述性提问,帮助他们了解故事的内容大意。

第二遍讲述故事时,教师应充分地利用教具,结合图片阅读、声像视听、戏剧观赏等形式,较真实、完美地呈现作品,帮助学前儿童进一步感受作品。第二遍讲述后,教师可进行思考性提问,如学前儿童对主人公及其行为的态度和评价,这类问题需要学前儿童思考后再回答,从而帮助他们深入理解故事主题等。

选用什么样的直观教具,要根据故事内容和客观条件的可能性来决定。如选择图片为教具,篇幅不宜超过6幅;如用桌面立体教具时,要注意教具出现的方式,如小鸟飞出来、乌龟爬出来、兔子跳着出来。多媒体课件对学前儿童吸引力非常大,可多采用。木偶戏也是学前儿童很喜爱的一种活动,利用这种形式讲述故事,能提高他们的兴趣。

(3)理解、体验故事

在此步骤,教师需注意的是,要从作品出发,组织相关的、必要的活动,帮助学前儿童逐步深入理解和体验作品的主要内容、情节、人物特色,进而体验作品中人物形象的心理特点,体验作品所特有的艺术魅力和情感特征,还能感受作品的语言美、意境美。常用的形式有复述故事、表演故事。

①复述故事

复述故事旨在培养学前儿童用富有表现力的口语再现文学作品,加深他们对故事的理解;故事中优美的语句、词汇能丰富和规范学前儿童的语言。复述故事有下列几种形式。

全文复述:有些故事篇幅短小,结构工整,语言和情节有适当反复,词语优美,通俗易懂,形象富有童趣,可以让学前儿童学习全文复述。

分段复述:有些故事篇幅长、内容丰富、情节曲折,可以让学前儿童在欣赏的基础上,学习分段复述。分段复述的形式,一种是在教师有顺序地提问下复述;一种是教师将故事分成若干段,让学前儿童一人讲一段或一组讲一段。

分角色复述:有些故事不但篇幅较长,而且难度较大,但是作品中部分内容描述人物或者对话特别有意思,可以让学前儿童学习分角色复述故事。一般是由教师讲叙述部分,学前儿童讲角色的对话部分。

无论是哪一种形式的复述故事,教师在指导时都应注意以下几点。

第一,选择适合复述的作品。不是所有的故事学前儿童都能复述,适合学前儿童复述的故事应该是篇幅相对较短,结构简单,情节生动有趣,对话较多,是学前儿童熟悉或易于理解的,能唤起学前儿童想象和情感的作品。如《拔萝卜》《三只蝴蝶》《小兔乖乖》《萝卜回来了》《小蝌蚪找妈妈》《小马过河》《金鸡冠的公鸡》等。

第二,复述时自始至终都要注意保护学前儿童的复述愿望和自信心。有些较内向的学前儿童不敢或不愿在集体面前大胆地复述故事,教师不要勉强他们,而是要运用循序渐进的方法帮助他们逐步树立自信。可以先让他们承担集体旁白的任务,之后让他们在小组分角色复述时承担一些简单的角色,最后再鼓励他们大胆地在集体面前讲述。在学前儿童复述故事过程中,教师要始终注意倾听,不要轻易中途打断他们的讲述,只有在他们复述不下去时,教师才有必要给予适当的提示;复述后,要有适当评议,以启发学前儿童再次复述故事的兴趣。

第三,保证每个学前儿童都有复述的机会。每次复述故事都要有计划地考虑复述的形式,使每个儿童都有在集体面前复述的机会。在分角色复述和分段复述中,角色和对话以外的内容可以由教师来承担,但更多的还是应该让其他的学前儿童集体来完成旁白,这么做可以调动全体儿童的积极性,使大家都有机会参与到复述故事中来,减少了少数人讲多数人听的沉闷局面的出现;使全体儿童的注意力都集中在故事上,使复述的儿童和讲述旁白的儿童学会如何轮换听说顺序,如何合作将故事讲述完,这种经验的获得对他们来讲是受益匪浅的。

第四,复述故事的形式要多种多样。除了以上所提的几种复述形式之外,教师还可以将复述故事延伸到日常生活中。教师可以在儿童活动区域设立一个"故事区",将故事教学活动中制作的各种头饰、手偶挪到"故事区"来,让学前儿童在自由活动时到"故事区"复述或表演故事;还可将复述故事与角色游戏相结合。

②表演故事

表演故事是学前儿童以故事作品内容为"剧本"展开的角色扮演活动。表演故事并不是戏剧表演,属学前儿童"自娱自乐"的活动,他们不为"观众"表演。

表演故事一般由复述故事自然转入。凡学会复述的故事都可以组织学前儿童进行表演。学前儿童常见的故事表演有三种类型。

整体表演型。要求学前儿童在理解故事的基础上,按照故事的情节发展,连贯完整地表演故事。在进行表演活动时,故事中的个体角色可由一名儿童扮演,也可由若干儿童同时担任。例如,在表演《拔萝卜》《小兔乖乖》的故事过程中,教师在旁讲述故事,串联情节,扮演角色的学前儿童则在角色需要时参与对话,其余儿童可随教师讲述故事。

分段表演型。将整个故事切割成若干段落,讲一段故事,进行一段表演。这种类型的表演游戏可以由多人扮演同一角色,例如,中班学前儿童可表演的《三只蝴蝶》中的红蝴蝶、白蝴蝶、黄蝴蝶、红花、白花、黄花、太阳公公、雨,都可以根据需要,让若干学前儿童扮演,每个学前儿童都参与表演,都扮演一定的角色,没有台上台下的区分,让学前儿童能够比较轻松地进入角色。

角色表演型。这种活动兼有表演游戏和角色游戏的双重特点,这种双重性表现在活动的各个方面。教师在组织指导时应注意:第一,根据文学作品中的主要内容设置场景,布置几个游戏角落;第二,在每个游戏角落投放一定数量的玩具和材料,让扮演角色的学前儿童去选择和使用;第三,学前儿童按意愿选择扮演的角色。

（4）迁移故事经验

在引导学前儿童通过复述故事、表演故事进一步深入理解和体验作品后,教师还需要围绕作品重点内容开展一些可操作的、具有游戏性质的活动,让学前儿童在活动中将作品各方面内容整合并纳入自己的经验范畴,使得他们的直接生活经验与文学作品中的间接经验实现双向的迁移。借助学前儿童原有的生活经验,帮助他们迁移故事经验,使他们真正理解作品内容。

（5）编构故事

编构故事这一环节往往是故事活动的最后一个部分,主要有扩编和续编等形式。学前儿童编构故事既需要一定的生活知识经验作基础,又要依赖于自身的语言表达能力、想象力、思维能力以及对故事结构的理解。它是一种具有积极意义的创造性活动。

由于编构故事能力的差异,对不同年龄学前儿童的故事编构有不同的要求。

①小班编构故事的重点是编构故事结局,即学前儿童根据个人对故事内容、语言、情节、人物、主题的理解,在故事即将结束时,为故事编构一个结局。

②中班编构故事的重点是编构故事的"有趣情节",如教师在讲述故事到高潮部分时突然停止,让学前儿童积极想象,编构出可能出现的发展进程。

③大班编构故事的重点是编构完整故事,即由教师点出故事的主题或开端,由学前儿童去发展情节,创造情节的高潮、结局。

6.拟定活动延伸

故事活动的延伸主要有以下形式。

（1）亲子活动

让学前儿童把故事带回家,建议家长认真倾听孩子讲故事,并与孩子表演故事。

（2）区角活动

把开展故事活动时制作的图片、头饰等投放到语言角、游戏区等这样的功能区,充分发挥功能区的作用,让学前儿童在自由活动时间复述故事、表演故事。

（3）领域渗透

任何领域的教育活动都可以利用故事欣赏来导入活动、展开活动、结束活动。教师应充分利用各领域的教育活动,努力培养学前儿童对文学作品的兴趣。

二、学前儿童诗歌、散文活动的设计与指导

学前儿童诗歌语言精练、想象丰富,有优美的韵律和节奏,极富童真、童趣。学前儿童散文则充分利用了拟人、比喻、夸张等表现手法,作品的意境和语言都很优美,为学前儿童勾勒出一幅幅形象逼真、充满童趣、并流动着作品情韵的欢乐图。无论是诗歌还是散文,都会给学前儿童带来美的熏陶和感染,这也一直是学前儿童文学活动的重要内容。

(一) 学前儿童诗歌、散文作品的选择

1. 构思巧妙, 富有想象力

学前儿童诗歌、散文活动的重点在于让学前儿童在欣赏作品的基础上体会作品的语言美和艺术美, 因此教师在选择诗歌、散文时, 应多关注那些构思巧妙、能启迪学前儿童无限想象和拓宽视野的作品。如诗歌《绿色的世界》, 作者创设了一个戴着绿色眼镜的孩子看世界的场景, 折射出孩子天真、好奇的天性和聪明、活泼的性格。作者别出心裁的构思为我们描绘出了动人并给人无限遐想的绿色世界。类似的作品有《夏夜》《风和我》《摇篮》《小秘密》等。

2. 题材广泛, 主题明朗

教师选择作品时应注意题材的多样化, 可以选择描绘美丽的大自然现象、人们美好心灵和情感世界的作品, 如诗歌《落叶》《春风》, 散文《春雨的色彩》《美丽的秋天》等; 或选择反映学前儿童纯真、好奇的情感世界和丰富想象力的作品, 如中班诗歌《绿色的世界》; 又可选择生动有趣的叙事诗, 如《小弟和小猫》《小猪爱睡觉》等; 此外, 还可以选择浅显易懂的古诗, 让学前儿童感受中国传统文化的美, 如古诗《咏鹅》《春晓》等。

3. 符合学前儿童已有的经验水平

这一点体现在两个方面: 其一, 诗歌、散文的语言要浅显易懂, 朗朗上口, 便于记忆、模仿, 不能出现太多的学前儿童难以理解的形容词和华丽的辞藻; 其二, 诗歌、散文中所反映的主要情节和内容不能超越学前儿童现有的知识水平。

(二) 学前儿童诗歌、散文活动的设计与指导

学前儿童诗歌、散文活动在遵循学前儿童文学活动基本结构的基础上, 也有自身的一些特点。一般说来, 可以分为五个步骤。

1. 积累必要的知识经验

若学前儿童对作品所反映的知识经验不熟悉, 那么他们对作品的理解就会大打折扣。因此, 正式活动之前教师要调动学前儿童的多种感官, 利用多种手段让他们去感受作品所反映的主题的意境。例如, 在大班学前儿童欣赏散文《落叶》之前, 教师要带学前儿童到大自然中观察秋天的景象, 使他们熟悉秋天动植物的特征及主要变化, 让他们对秋天的特征有了初步认识, 在此基础上再来欣赏散文《落叶》时就很容易将自己对秋天的认识和感受迁移到作品情境中来, 这有助于他们理解作品。

2. 创设情境, 为引出诗歌、散文做铺垫

诗歌和散文中的一些意境有时只可意会不可言传, 因此教师应创设与作品内容相一致的情境来吸引学前儿童, 激发学前儿童倾听诗歌、散文的兴趣和愿望。常见的方式有两种。

(1) 视听情境

①教师可用图片、幻灯片, 结合生动的语言描述, 将学前儿童带入文学作品的意境中。

②可以用提问的方法创设情境。例如, 在大班散文诗《落叶》的教学中, 教师可以提问: "秋天到了, 一片片树叶飘落到了地上。小朋友们, 如果你是小动物, 你会拿树叶做什么呢?"

③可以借助美术、音乐等艺术手段创设情境。

（2）模拟实景或亲临其境

如在活动室中间的地面上铺满绿草或黄叶儿，营造春或秋的氛围，使学前儿童有身临其境的感觉；如客观条件允许，可直接带他们到大自然中去体验。

3.初步感知诗歌、散文

在此阶段，教师主要运用朗诵法、演示法和提问法进行教学，其中，教师的示范朗诵很重要。教师必须用普通话进行朗诵，要求咬字清楚、发音准确、不念错别字、停顿处理恰当；教师朗诵时，要有情感、有节奏、有起伏地朗诵，还要有音韵美，能深深地吸引并打动学前儿童。

示范朗诵可以由教师朗诵或与播放录音的形式穿插进行，学前儿童欣赏的次数通常以三遍为宜（可根据作品的长短和难易程度而定）。在一般情况下，第一遍完整欣赏诗歌、散文，重点放在让学前儿童完整感受作品，记住作品的名称，初步感知作品的主要内容、情感基调；第二至三遍让学前儿童分段欣赏诗歌、散文，充分地利用教具，帮助学前儿童进一步感受作品，同故事欣赏一样，通过提问帮助他们排除认知、语言、社会知识等方面的障碍；运用简明的语言解释，帮助他们理解难懂的字、词、句、段。教师可以演示形象生动的教具，配以优美的乐曲和生动的讲解，使作品内容与画面结合起来，让学前儿童置身于作品的优美情境之中。

4.深入理解体验诗歌、散文的内涵

在学前儿童初步感知作品的主要内容之后，教师主要采用游戏法、绘画法和反复朗诵法，以动静结合的方法帮助学前儿童理解蕴含在作品内部的情感特征和语言之美，帮助他们深入理解和体验诗歌、散文内部的独特魅力，激发他们对作品的深刻感知和情感共鸣。

教师在示范朗诵和带领学前儿童朗诵时应注意以下几点：

（1）提供良好的模仿榜样

教师在示范朗诵时，语速不宜太快，应声情并茂，灵活地利用抑扬顿挫、轻重缓急的语调变化来展现诗歌、散文的意境及音韵美，使学前儿童在获得美的享受的同时激发出他们的模仿愿望。

（2）采用灵活多样的朗诵形式

如可以反复欣赏，轻声跟诵；可以学习有表情、有技巧地朗诵；也可以结合教具，自如地配上面部表情和身体动作进行配乐朗诵等。提倡学前儿童相互欣赏，把自己最好的感觉、最好听的声音表现出来；注意正音练习，并引导他们不断品味、领悟蕴含在诗歌、散文作品内部的情感特征、语言之美、意境之美，学习有感情地朗诵。

5.仿编或创编诗歌、散文

诗歌和散文的仿编或创编活动，是要求学前儿童仿照某一首诗歌或某一篇散文的框架，调动个人知识经验，展开想象，编出自己的诗歌句子或散文段落。

（1）学前儿童诗歌、散文的仿编或创编活动要点

①观察与评估

仿编或创编诗歌、散文对学前儿童来讲是一种挑战，因而在仿编或创编前，教师应对学前儿童进行几个方面的观察与评估：他们是否已理解作品的主要意思，这是学前儿童对诗歌、散文进行仿编或创编的最基本的前提条件；他们是否已把握作品的主要特色，这是仿编或创编的重要保证；他们是否已具有这方面的知识经验；他们是否已具有仿编或创编所需的一定的想象力和语言表达能力。

②讨论与示范

在仿编或创编活动开始时,教师可组织学前儿童对将要仿编或创编的作品做简单的讨论,引导学前儿童注意仿编或创编的关键问题。例如,教师组织学前儿童仿编诗歌《绿色的世界》,就可以让学前儿童谈一下"为什么在这个孩子的眼里世界是绿色的?""假如戴上其他颜色的眼镜,世界会变成什么颜色的?"然后,教师要通过示范,进一步启发学前儿童的想象。教师可以把诗仿编成"红色的天空,红色的小猫,红色的甜糕……"教师的示范在启发学前儿童想象的同时,还能帮助他们将自己的想象纳入一定的语言框架结构之中。

③想象与仿编

教师示范之后,开始让学前儿童进行想象与仿编。教师可先让学前儿童借助于直观形象的教具来仿编,当学前儿童通过想象可以熟练地进行诗歌、散文仿编后,教师可取消直观教具的使用,帮助他们脱离实物或图片去想象,去仿编或创编诗歌、散文,一步步地引导学前儿童掌握仿编或创编诗歌、散文的方法。

④串联与总结

在学前儿童分别仿出自己的诗歌或散文段落后,教师可引导学前儿童将原来的诗歌、散文(内容较短,容易记)复述下来,然后将仿编的段落加上去,串联起来。诗歌和散文原文有总结句,那么就仍以总结句来结束全文。教师在学前儿童仿编时,随时注意记下或画出学前儿童仿编的内容。比如,仿编《红色的世界》,画下"房子""小朋友""红面孔",这样总结时便可指引学前儿童将仿编段落一段一段地加到原来的诗歌后面去进行串联。

(2)不同年龄学前儿童诗歌、散文仿编或创编的要求

在组织诗歌、散文仿编或创编活动时,教师必须充分注意不同年龄学前儿童的发展水平,对他们提出不同的要求。

诗歌具有篇幅短、语言生动、朗朗上口等特点,因此适合于各个年龄段的学前儿童进行仿编,但各年龄段的学前儿童仿编的内容不一样。

小班儿童在仿编时,只需要改变诗歌中小部分内容,如人物或人物的动作等,但句子的基本结构不变。例如,诗歌《绿色的世界》,可允许他们只变动"绿"字,换上不同的颜色而描写出画面的变化,变成《红色的世界》《黄色的世界》。

中班儿童仿编或创编诗歌时,则要改变人物、人物动作、地点等大部分内容,并要用一些形容词和表示人物动作、人物对话的词将作品的内容加以扩展。例如,诗歌《春天来了》的修改、创作,中班儿童可以改"桃花开了"为"玉兰花开了";改"小鸭子高兴地在水面上游来游去"为"小鸡高兴地在草地上跑来跑去"等。

大班儿童不但要求熟练地仿编诗歌,还要学习如何创编诗歌。在进行创编时,教师要帮助学前儿童抓住原作品的特色,并结合诗歌的语言精练、富有节奏、句子通顺、对称等特点进行创编。例如,诗歌《春天来了》,大班儿童可以改"桃花开了"为"朵朵迎春花张开了,黄扑扑的小脸,好像在高兴地告诉大家:春天到了!"

与诗歌仿编、创编相比,散文仿编、创编无论是在思维、想象的丰富性与创造性还是在语言的准确、优美上,要求相对更高。因此,散文仿编一般在中班以后开始练习,在大班才开始尝试。

学前儿童诗歌、散文活动的实施也应遵循学前儿童语言教育活动设计的基本规律,具体包括选择活动内容、制定活动目标、确定活动的组织结构、拟定活动方案等步骤。

当学前儿童在日常生活中受某一情境触发时,会自觉地运用已学过的文学语言将当时

的情景或内心的感受、体验表达出来,这样的迁移才是深层次的迁移,也是学前儿童文学活动的最根本目标。教师在开展学前儿童文学活动时,一定要鼓励学前儿童将学到的文学语言运用到日常生活中,并能够在适当的情境下运用优美的文学语言表达自己的感受和体验,只有这样,学前儿童文学活动才算真正达到了提高审美和文学感受力的目的。

第四节 学前儿童讲述活动

一、学前儿童看图讲述活动的设计与指导

看图讲述活动是学前儿童语言教育活动中最常见、最重要也是学前儿童最喜欢的一种活动方式。

传统的学前儿童看图讲述活动的步骤:第一步,教师出示图片,引导学前儿童感知理解图片;第二步,教师完整示范讲述图片内容;第三步,请个别学前儿童在集体中讲述图片内容;第四步,请个别学前儿童或全体学前儿童集体表演图片内容。

按这样的步骤组织开展的学前儿童看图讲述活动,容易出现的问题是,在教师完整示范讲述图片内容后,学前儿童的讲述思路与教师几乎完全相似,很容易出现千篇一律的现象,因为学前儿童好模仿,易受暗示,教师的思路会在很大程度上束缚学前儿童的思维与想象。

由于时间的限制和一些教师的偏见,每次看图讲述活动都只有个别口语表达能力强、性格外向或教师偏爱的学前儿童有机会在集体中进行讲述,大多数学前儿童尤其是口语表达能力弱、性格内向又胆小或教师不太喜爱的学前儿童很难有机会进行讲述。这样,势必使大多数学前儿童丧失对看图讲述活动的兴趣。

在现代儿童观、教育观的影响下,很多教师已经意识到了传统的看图讲述活动中存在的问题,并努力探索新的有效的组织方式。目前学前儿童看图讲述活动的结构步骤大多已如本章第一节所述,要使看图讲述活动有效地开展,取得预期的效果,教师必须掌握学前儿童看图讲述活动的设计与指导要点。

(一)选择图片

看图讲述所使用的凭借物主要是图片,这些图片可以是多媒体展示的图画、教师自制的图片、图书上的画,也可以是学前儿童的画等。图片内容对学前儿童讲述能力的发展和讲述水平的提高具有直接的影响,因此.教师在选择图片时应注意以下要求。

1. 主题健康、有意义

选择的图片内容一定要主题健康,符合时代要求,有助于学前儿童的教育(情感、能力、知识、健康等方面),且有助于促进学前儿童的健康成长。

2. 形象鲜明,有艺术性

图片中的角色要形象鲜明,特征明显突出,背景不宜复杂,情节简单、清晰,结构布局匀称、色彩鲜艳、协调。图片的表现形式要具有艺术性,有一定感染力,能激发学前儿童看图的兴趣。

3. 贴近学前儿童生活,符合年龄特征

图片的内容应密切联系学前儿童的实际生活、有助于丰富学前儿童生活经验,有利于

培养他们的观察力、想象力和创造思维能力。

由于身心发展水平与语言发展水平的差异，不同的年龄段要选择相应的图片。

①为小班儿童选择的图片以单幅画为主，画面要大，色彩鲜艳，主题明确，线索单一，人物角色要少，角色的动作、表情要明显，背景简单，使小班儿童易于观察画面的主要内容。

②中班儿童可选用多幅图片，但不超过 4 幅，前后图之间有一定的联系，角色数量较小班增多，画面的主题要鲜明，情节相对复杂，形象突出，有一定的动作和表情，使中班儿童能从图片中看出角色的心理活动。

③为大班儿童选择的图片主要是连环画，最多不超过 6 幅，各画面的内容应有逻辑关系，角色的心理活动能从画面中反映出来，画面内容能给儿童提供更多的想象空间。图画不仅要使大班儿童通过观察分析讲出画面上各种人物、事物之间的相互关系，还能激发他们联想画面以外的信息。

(二) 感知、理解图片

选择好图片后，教师要仔细观察和熟悉图片内容，并认真分析、思考如何帮助学前儿童准确地感知、理解图片。

1. 感知图片(观察图片)

看图讲述活动的前提就是"看"，所以教师以视觉的形式让学前儿童观察图片是看图讲述活动的首要步骤。在出示图片前，教师先要以自己对图片的浓厚兴趣去感染学前儿童，调动他们看图思考的积极性。

"看"可以分两大步骤，先引导学前儿童观察图片的画面内容，再进一步引导学前儿童观察图片的深层次内容(如内心活动等)。在"看"的过程中，既要引导学前儿童集中注意力进行观察，更要引导学前儿童按一定顺序进行观察，如按图片内容从上到下、从左到右、由近及远等；从整体到局部，从主要情节到次要情节，从具体人物的形象、动作、表情到人物的抽象心理活动等；也可按人物—地点—事件—结果的顺序进行观察。以哪种顺序去观察图片，要由图片内容和活动目的决定。

一般来说，单幅图观察顺序从整体—部分—整体，多幅图从部分—整体；多幅图片出示的方式有，逐幅图片出示、分步出示、一次性出示、对比出示等。

在看图讲述中，除了以视觉的形式让学前儿童观察图片外，还可以通过听觉、触觉等多种感官渠道丰富学前儿童对图片的感性认识。

2. 理解图片

看图讲述需要学前儿童在理解图意的基础上进行。教师在引导学前儿童观察图片时会以启发提问的形式帮助学前儿童理解图片内容，提问在此阶段显得较为重要。一般来说，在此阶段提问主要分为种。

①描述性问题(针对图片上的人、景、动态)：如有什么？有谁？是什么样的？在做什么？什么表情？

②判断性问题：如什么时候？在什么地方？是什么关系？怎么样？什么一样？什么不一样？

③推理性问题：如在想些什么？会说什么？后面会发生什么事情？

④分析性问题：如为什么？怎么知道的？

在看图讲述活动中．教师应注意先提问人物、时间、地点(这是学前儿童在观察图片时经常容易忽视的）、人物间的关系、人物与环境的关系，最后涉及人物心理活动方面的问题。这样的提问比较符合学前儿童的认知发展特点，因而有助于学前儿童一步步地认识、理解图片内容，并在此基础上进行讲述。

（三）讲述图片

这是看图讲述活动的重点环节。在学前儿童充分感知、理解图片的前提下，教师应采取多种方式组织学前儿童人人参与讲述。

1. 运用已有的经验进行讲述

组织学前儿童运用已有经验讲述的方式很多，基本上可以归纳为分组自由讲述、集体讲述和个别交流讲述三种。

分组自由讲述是指教师根据本班学前儿童的口语表达能力、个性特征等方面的差异，有针对性地将本班学前儿童分成人数相等的几个小组，引导学前儿童以小组为单位进行自由看图讲述，从而使每位学前儿童都有足够的机会参与讲述。采用这种方式组织看图讲述活动，教师在分组时应注意：每个小组中，都应有口语表达能力较强的、一般的、较弱的学前儿童，从而以强带弱；个性特征等方面也要尽量做到互补。

集体讲述是指教师请个别在分组自由看图讲述中讲得有特色的学前儿童到班集体中进行讲述。在中大班也可以以小组为单位，每个小组进行讨论，推荐一名学前儿童到班集体中进行讲述。一般情况下，口语表达能力较强的、活泼外向的学前儿童在集体中讲述的机会相对多些。采用这种方式组织讲述活动，可以起到榜样示范的作用。

个别交流讲述是指教师与个别儿童之间、个别儿童与儿童之间、儿童与家长之间进行的讲述。这种讲述方式对胆小、不够自信的学前儿童来说，有较特殊的教育价值。

教师应采取多种方式组织学前儿童人人参与讲述活动，让每位学前儿童都有足够的机会运用过去的语言经验进行自由讲述，从而改变过去少数学前儿童讲，多数学前儿童听的被动、单调局面。

2. 引进新的讲述经验

引进新的讲述经验，归纳起来主要有 3 种方式，其中教师示范新的讲述经验在学前儿童看图讲述活动中运用较多。

新的讲述经验主要包括讲述的思路、讲述的基本要素、讲述的基本方法等方面。

3. 巩固和迁移新的讲述经验

在学前儿童看图讲述活动中，巩固和迁移新的讲述经验主要体现在两个环节：一是在教师示范完整讲述图片内容后，让学前儿童再次自由讲述，给学前儿童提供实际操练新经验的机会，教师应提醒学前儿童运用新学的讲述经验；二是在活动延伸部分，通过把图片放在到语言角展示、表演游戏、亲子活动等形式，鼓励学前儿童创造性地运用新的讲述经验，从而达到巩固、迁移新的讲述经验的目的。

二、学前儿童其他类型讲述活动的设计与指导

学前儿童讲述活动类型很多，设计与组织实施时因类型的不同，也呈现出不同的特点。

（一）学前儿童实物讲述活动的设计与指导

实物讲述是以具体的实物作为凭借物进行讲述的一种语言活动。要有效地开展实物

讲述活动,教师在设计、组织活动时应注意以下几点。

1. 实物讲述要帮助学前儿童把握实物的特征

在引导学前儿童感知、理解实物并进行讲述时,最重要的是帮助学前儿童把握实物的,如外形特征、用途、使用方法等。

2. 实物讲述要与科学活动区分开

实物讲述更侧重找到并描述实物的特征等语言方面的目标。可选择描述性讲述方式,引导学前儿童初步尝试使用具体、生动、形象的词语抓住实物的主要特征进行描述;也可选择说明性讲述,用简单明了的语言,把实物的形状、特征、功用等解说清楚。

3. 实物讲述应在学前儿童已经熟悉这种实物的基础上进行

作为讲述对象的实物主要包括日常用品、玩具、科技产品、动物、植物、自然景物等,教师在组织实物讲述活动前,必须引导学前儿童从不同角度去认识所要讲述的实物,充分获取感性经验。在此基础上进行的实物讲述活动,才能实现活动目标。

(二)学前儿童情境讲述活动的设计与指导

情境讲述是指学前儿童通过回忆情境表演中角色的语言、动作、神态等,按照表演的顺序来组织语言,并完整、连贯地把情境表演内容讲述出来的一种语言活动。情境讲述对学前儿童的有意注意、有意识记、有意想象和思维能力等活动水平有较高的要求,也有积极的促进作用。

教师有效地开展情境讲述活动,要在设计、组织活动时应注意以下几点。

1. 选择表演内容

情境表演内容的选择对情境讲述活动的顺利开展至关重要。情境表演的目的要明确,表演的内容应符合学前儿童的年龄特点,情节较简单、动作性较强,具有直观性,并可以使学前儿童通过观看表演就能大致把握表演内容的主题,理解角色之间的关系,理解角色的动作、神态、对话和心理活动。给中、大班儿童观看的情境表演中可以适当增加一些哑剧成分,让学前儿童根据表演者的动作、神态和道具来理解情节意义,进行讲述。

2. 排练表演内容

选择好表演内容后,教师组织学前儿童进行排练。表演的质量好坏将直接决定讲述的成功与否。表演者可以是本班儿童,也可以是大龄班儿童,还可以是教师,可根据表演内容来确定。在排练中,应该重点关注角色的动作、神态和对话。

3. 准备表演道具

形象思维是幼儿思维的主要形式,所以情境表演时离不开道具。为了增加情境表演的直观性,在组织表演前,教师应事先准备好表演所需的各种道具,包括场景布置、人物装扮等方面,而且力求道具生动形象、引人入胜。通过多媒体教学设备展示情境时,教师要注意视频呈现的效果。只有给学前儿童一个最佳的视听环境,他们在讲述中才能更好地回忆所见的情境。

各种道具的准备、情境的创设并不是教师"包办"的任务,从道具的制作、材料的选择到装饰的摆放位置等都可由教师与学前儿童共同准备,因为学前儿童参与这些活动后更容易理解情境的各个要素。具有代表性的场景布置、形象的表演道具和服饰,会让参与者以最快的速度进入情境和角色。

4. 观看情境表演

情境表演开始前,教师应用生动形象的语言简要介绍场景、角色和主题,以引起学前儿童的兴趣,提醒学前儿童仔细观看、认真倾听表演者的语言、表情、动作,记住表演内容,以便在观看后进行讲述,可以完整表演,也可以分段表演。表演者要声音响亮,表演进行的速度要适中。

为了帮助学前儿童理解表演内容,教师应根据情境表演设计提问。提问要有顺序,一般依次按地点、角色、事件及结果进行提问,也可以从角色的动作、对话及心理活动变化的角度提问,还可以从情节的发展方向提问。

5. 开展讲述活动

情境讲述活动展开的过程既遵循讲述活动组织结构的一般规律,也有自身的特点,教师应加以注意。

在引导学前儿童感知体验情境表演的基础上,要注重引导学前儿童进行讨论、交流,帮助学前儿童流畅表达自己的感受和发现。讨论交流之后,可以再完整的观看一遍表演,引导学前儿童运用已有讲述经验进行自由讲述。在讲述中,教师要帮助学前儿童认识到讲述的基本要素:人物(动作、对话和内心感受)—地点—事件—结果,力求讲述的全面性,还要让学前儿童掌握观察、感知情境表演中的哪些部分是重点内容,要详细讲;哪些是次要内容,可以略讲。

在学前儿童进行了自由讲述后,教师可以根据他们讲述的情况,围绕表演情节再提出一些线索性问题,启发他们更深入地想象和思考,进一步丰富并完善他们讲述的内容。在此基础上,教师再进行完整、连贯的示范讲述,帮助他们学习新的讲述经验,以获得更佳效果。

为了帮助学前儿童巩固和迁移新的讲述经验,教师可以变换情境表演中的角色、场景或角色的对话、动作、神态等,让学前儿童再观看新的表演,然后引导学前儿童再用上述类似的讲述经验进行迁移讲述,或让学前儿童根据自己的理解自编、自演,从而提高学前儿童思维的灵活性,发展他们的讲述能力和表演能力。

(三)学前儿童生活经验讲述活动的设计与指导

生活经验讲述是指学前儿童对自己零散、片段的生活感受进行回忆、思考、加工,最后用恰当的词句将其较完整、连贯地讲述出来的一种语言活动。它对学前儿童组织语言的能力、记忆力和思维概括能力都提出了较高的要求。除了要求学前儿童有较强的表述能力外,还要求学前儿童能正确地感受和理解社会生活,了解人们之间的关系,所以比较适合中、大班儿童。

教师在设计、组织生活经验讲述活动时应注意以下几点。

1. 选择讲述的主题

生活经验讲述的主题必须是与学前儿童的日常生活紧密相连,是学前儿童熟悉并有深刻印象的。因为学前儿童心理活动有意性水平不高,只有他们感兴趣的主题才可能触动他们的情绪情感,才能让他们识记、保持和再现。

日常生活中的观察、游戏、教育、参观游览、观看电影或电视等皆可成为学前儿童积累生活经验的途径。学前儿童的生活经验越丰富,讲述就越完整、越生动形象。教师应通过观察、交谈等方式了解学前儿童的生活范围,知道他们喜欢做什么、经历过什么,根据他们的兴趣和关注点及时生成生活经验讲述的主题。

生活经验讲述的主题可以是教师建议、学前儿童讨论或学前儿童和教师共同协商来的。

2. 做好讲述的准备

学前儿童以形象记忆和形象思维为主,大脑中储备的知识经验相对较少,他们难以凭借语词记忆来完成生活经验讲述,他们需要借助教师的引导和一定的凭借物,才能围绕确定的主题,有条理地进行讲述。

教师可以在讲述活动进行前,把讲述的主题告诉学前儿童,让他们做好讲述的准备。教师还应以平等的身份与他们进行各种形式的交谈,了解他们对所选主题的生活经验和词语积累情况以及对这一事物的看法和态度,帮助他们选则要讲述的内容。

教师可以根据本班学前儿童语言发展的不同水平,预约个别学前儿童在集体中讲述。如语言表达能力强或生活经验与众不同的学前儿童可先预约,而语言发展水平较低、内向胆小的学前儿童,要给予鼓励和指导,帮助他们消除紧张感,建立自信心。要注意的是教师事先的了解和帮助必须是为着引导学前儿童讲述自己的生活经验,切不可教孩子背诵教师或家长代为准备的发言稿。

第五章　学前儿童音乐教育与活动指导

第一节　学前儿童音乐教育教学原理

一、音乐学前教育的内涵

(一)音乐学前教育的定义

音乐是人表达情感的一种方式,用音乐这种艺术来促进学生发展的行为就是音乐教育。例如,古代的"六艺"(礼、乐、射、御、书、数)中所表现出来的音乐与人类的教育活动的关系就是密不可分的。通过音乐教育活动,可以培养出社会所需要的人才,这些人才是推动人类社会发展的巨大动力。

法国著名作家雨果说过,开启人类智慧的宝库有三把钥匙,一是数字,二是文字,三是音符。因此,在古代社会早期,音乐对改善人的各种素质的特殊作用便被东西方的哲学家和教育家深刻地认识到了。在现代,世界各国的教育思想和教育政策,均无一例外地把音乐列为人类教育活动的重要组成部分。

音乐教育作为学前儿童素质教育的一个非常重要的组成部分,它从人的整体发展出发,从素质教育入手,发掘幼儿的潜能,塑造幼儿健康活泼的个性,促进幼儿全面、和谐发展。

英国音乐家、教育家荷西金斯认为,音乐教育是一个过程,是一个能使人类了解音乐、感受音乐、培养对音乐功能与意义的理解,并在欣赏和体验中品味音乐的过程。可见,要想音乐教育真正产生作用,受教育者就必须亲身融入这个过程,并在这个过程中发生心理作用。荷西金斯以这些音乐的价值特点为依据,把音乐教育分成:音乐教育、音乐的教育、借助音乐的教育三大类。其中,音乐教育是个体获得对音乐理解的一种途径,它包括正式的音乐课程和非正式的学习,如参加音乐表演、听音乐、听录音后反复模仿练习等;音乐的教育是针对专业音乐人才的培养而进行的一种途径,对培养对象在音乐潜能、音乐理解能力、音乐表演技能等方面都有很高的要求;借助音乐的教育是将音乐的辐射作用作为影响或培养音乐学习者的音乐兴趣和能力的一种途径,是把音乐作为一种教育的工具,它重视的是音乐教育的过程,但培养目标不一定与音乐有关,例如,通过小组共同进行音乐创作来培养集体合作精神与能力,通过提供音乐表演的机会,以达到促进学习者对音乐的终身兴趣和热爱的目的。由此可见,这里的音乐教育是"借助音乐的教育",这样的概念界定也更适合幼儿音乐教育。

音乐学前教育是指学前儿童通过音乐学习活动对音乐知识技能和知识情感认知的教育实践过程,它是音乐学与学前儿童教育学相交融的产物,符合学前儿童爱动、好奇、好玩的天性。学前音乐教育要求与学前儿童的认识心理特征和情绪特征完全吻合。儿童音乐是反映0~6岁学前儿童的生活和表达他们思想情感的艺术,每个儿童都需要音乐,每个幼儿都有接受音乐文化的愿望和权利,幼儿音乐应伴随着幼儿的生活和成长。

(二)音乐学前教育的特点

1.审美性

音乐作为一种有效的教育手段,是通过审美过程来达成完美人格塑造的。所以,学前音乐教育主要是一种通过音乐实践活动中的审美感染过程,对儿童进行整体的、全面发展教育影响的基本素质教育。音乐教育的所有目标都是通过"审美感动"的过程来实现的。

2.游戏性

所谓音乐学前教育的游戏性,是指音乐教育活动的开展要符合幼儿的发展心理,以游戏的形式来发展幼儿的音乐能力,不管是侧重于音乐要素分辨的反应游戏,还是侧重于情节、角色表演的音乐游戏,都可以在活动过程中增添趣味。

3.综合性

儿童音乐教育在目的、形式、过程三个方面均具有综合性。目的的综合性是指学习和娱乐于一体;形式上的综合性是指歌唱、游戏、韵律等综合一体;过程上的综合性体现在欣赏、表演、创作综合一体。并且这三个方面的内容相互交融,使幼儿个性、认知、情感、社会性方面得到全面提高。

二、音乐学前教育的目标

(一)艺术教育目标

艺术领域的目标体现在三个方面。

1.感受

在环境、生活、艺术活动中感受到美。

2.参与

积极参与艺术活动,能把自己的情感和体验表达出来。

3.表现

在参与的基础上,采用自己喜欢的方式对自己的情感和体验进行表现。

综上所述,艺术教育是在"感受"美的活动中,增强儿童对艺术和生活的热爱。艺术教育的价值取向开始侧重于儿童情感的培养和儿童自我表达、精神创造的满足,而不仅仅是注重知识、技能的传递。

(二)音乐学前教育目标的层次

任何一个教育目标都是按照一定的有序结构组织起来的,以此为指导展开实际的教学工作,这样才能更好地促进儿童的发展。学前儿童音乐教育目标的结构从纵向的角度而言,有一定的层次性;从横向的角度而言,具有一定的分类性。

1.音乐学前教育总目标

学前儿童音乐教育总目标是对学前儿童音乐教育最终结果的期望。音乐学前教育总目标规定了学前阶段音乐教育总的内容和要求;同时,作为学前儿童教育内容的一个独立领域和组成部分,它与学前儿童总的教育目标要求是相一致的。《幼儿园教育指导纲要》中艺术领域的目标体现了学前儿童音乐教育的价值,它规定了学前阶段音乐教育总的任务和要求。

2. 音乐学前教育各阶段目标

所谓音乐学前教育的各阶段目标,是指幼儿在某一年龄阶段应该达到的音乐教育目标。实现幼儿园小、中、大班幼儿在音乐学习、音乐能力的发展目标,需要建立在了解了幼儿音乐心理与音乐学科本身特点的基础之上,并且遵循循序渐进的原则。

3. 音乐学前教育单元目标

学前儿童音乐教育的单元目标,即作为"时间单元"时,可理解为在一个月或一周内所要达到的目标;作为"主题单元"时,可理解为在一组有关联的主题活动系列中所要达到的音乐教育目标。

4. 音乐学前教育活动目标

学前儿童音乐教育活动目标,即指某一具体的音乐教育活动所要达到的目标。它与上一层目标紧紧相扣、环环相连,共同组成一个金字塔式的目标层。

(三)学前儿童音乐教育目标的分类

1. 从心理活动的不同领域划分

学前音乐教育活动的出发点必须建立在促进儿童心理整体协调发展之上,而且活动的设计、组织也必须以此来展开。其目标分为三个方面:认知、情感与态度、操作技能。

2. 按音乐活动内容的不同划分

音乐活动内容的划分有利于音乐活动实践者在开展音乐活动中,针对具体的某一目标,选择不同的音乐活动材料、模式,以及采取何种方法等。

音乐活动的内容主要包括歌唱活动、韵律活动、音乐欣赏、打击乐演奏、音乐游戏五个方面的目标。

3. 按活动的互动对象不同划分

教育工作者明确不同对象(人、物)形成的不同互动规律,有利于促进儿童的发展。以集体为对象、以他人为对象、以自己为对象都属于以人为对象的目标,其中,"他人"包括教师、儿童,其他参与人员。以环境为对象、以道具和场地为对象、以音乐舞蹈作品或者乐器(含相类似的物品)为对象的目标,统称为以物为对象的目标。

(四)音乐学前教育目标的表述

1. 行为目标

美国著名教育学家课程论专家泰勒就强调过以行为方式来陈述目标。行为目标的基本特点是目标的精确性、具体性和可操作性。如熟悉乐曲的旋律,听辨前后段音乐的不同,并能用不同的动作加以表现。这样的目标相对于"培养儿童的艺术表现力"这种笼统而空泛的目标来讲,它更清楚地表明在活动过程中,儿童将要做什么和应该做到什么程度,并暗示教育者在活动中应该怎样要求儿童并帮助儿童达到要求。有关基础知识和基本技能方面的目标,采用行为目标比较有效,不仅指导性强,而且容易评估学习效果;而情感态度之类的目标很难用行为目标表述。

2. 过程目标

过程目标强调教师在活动中以过程为中心,也就是注重活动的过程。以过程目标的方式来表述,旨在使教育的价值观念、环境和材料等方面,都能从儿童自身的经验出发,从而有机会使儿童能够充分展露音乐创造的能力,获得知识、技能、情感的积极体验。过程本身即是教育结果的体现。这就要求教师熟悉学前儿童音乐表现的特征及发展规律,熟悉音乐学科的体系,具备较高的艺术修养和一定的科研能力。

3.表现目标

表现目标是指教师在音乐教育活动中,希望儿童对音乐大胆、自由地探索和创造,以及开放性地理解和表达。它是行为目标的一种补充,也是一种比较适合表述中远期的目标形式。

音乐学前教育活动目标各有所长,行为目标有利于儿童获取基础知识和基本技能;过程目标有益于培养儿童解决问题的能力;表现目标能鼓励儿童的主动性和创造性。在制订学前儿童艺术教育活动目标体系的过程中,要综合考虑这三项目标取向的合理且有价值的方面,互相取长补短,从而有效地实现学前儿童音乐教育的目标和价值。

三、音乐学前教育的意义

(一)音乐教育促进儿童身心全面发展

音乐教育对儿童身体健康发育和成长有重大影响。尽管音乐作品的题材、风格多种多样,但教师为孩子们选择的都是那些欢快活泼、优美抒情、安静柔美的作品。优美、愉快的歌曲和乐曲能唤起儿童良好的情绪,这种良好情绪对儿童的神经系统起着很好的作用,优美、悦耳的音乐能对人产生松弛、安慰和镇静作用,令人心旷神怡;经常欣赏音乐作品,能促进学前儿童听觉器官的发展;演唱歌曲能锻炼儿童的呼吸系统,提高肺活量;音乐伴奏下富有节奏的律动和各种音乐活动更能提高儿童动作协调、灵活和健美。

众所周知,人的大脑由左、右两个大脑半球组成,其功能是不相同的,且有一定的分工。其中,大脑右半球掌管着综合性的思维活动,侧重在音乐、图形感知及空间距离的知觉和判断等。音乐活动有着分析、理解抽象和整体的功能,以及锻炼和促进大脑机能发展功能,同时完全可以促进儿童左右脑机能的发展,进而使儿童的大脑协同、运作能力得以发挥。

音乐教育可以增强学龄前儿童的主体思维和感性思维。如在组织打击乐活动时,向孩子们介绍各种打击乐器,让他们了解各种打击乐器的名称、音色、演奏方法等,这样就丰富了儿童关于打击乐器方面的知识;在为歌曲、乐曲编配打击乐的过程中,孩子们尝试自己选择乐器、编配与别人不同的节奏类型,其创造能力也会得到发展。孩子们在活动时,头脑中会充满关于活动内容的想象。

另外,良好的音乐教育对儿童形成良好的意志品质、发展儿童行动的目的性、坚持性和控制力有着积极的促进作用。例如,音乐技能的学习需要儿童坚持不懈的刻苦练习,音乐活动中也需要儿童具有一定的意志努力来调控自己的行动。歌曲《我的好妈妈》,儿童在学唱的过程中,这首歌所唱的歌词"劳动了一天,多么辛苦呀,妈妈妈妈快坐下,请喝一杯茶,让我亲亲您吧,让我亲亲您吧,我的好妈妈"很容易让孩子们有所感触,有的孩子在学完歌曲后,回到家里主动为妈妈唱这首歌,主动为妈妈端水。儿童在学习音乐的同时,形成了良好的品德除了教学内容本身包含的情感教育因素外,我们在教育教学活动组织中,也可以随时挖掘各环节中所包含的教育元素,适时对儿童进行德育影响。在组织集体音乐教学时,教师可引导儿童服从教师统一指挥、合作进行演奏等,孩子们在付出、交流与合作中,会不自觉地慢慢地形成一定的遵守规矩意识、集体意识和合作意识。在丰富多样、内容健康的音乐作品的影响和熏陶下,儿童逐渐形成活泼乐观、积极向上的性格,从而达到儿童的心理愉悦、身体健康。

儿童音乐教育能够促进学前儿童的社会性发展。儿童的社会性是在与周围人群的交往中逐渐发展起来的,其发展的过程是一个渐进的、日益丰富和日益完善的过程。这种交往的社会性不仅是社会发展的需要,更是儿童自身发展的需要。音乐活动还是一种有秩序的社会活动,它需要参加者按照一定的规则来进行,同时也需要参加者认识并自觉担负起一定的社会责任,促进儿童纪律性和责任感的发展。音乐内在的节拍、节奏,合奏中声部的安排,律动、舞蹈中动作的编排,音乐游戏中所要遵守的规则等,都体现了"秩序"的美感。音乐教育使儿童在一种愉快的、不强迫的形式中养成自觉遵守规则、纪律的习惯,培养了儿童的自律和自我激励的能力。获得过奥斯卡奖项的法国影片《放牛班的春天》就是描写一位音乐教师如何通过音乐教育,最终改变了一群狂放不羁的儿童的行为、态度和命运,使他们学会了尊重和自尊,体验到了情感、纪律、和谐创造的美。

(二)音乐教育促进儿童音乐能力发展

1. 增强基本音乐能力

音乐教育受年龄、环境、教育方法的直接影响,如果错过了适合的时间,有些能力的发展以后难之补偿,特别是听觉的感受能力。

对音乐的各种听觉感受力,如节奏感、音高感、旋律感、结构感、形象感等,是音乐能力的重要基础。听觉培养的目的是发展儿童对各种音乐要素应具有精细、敏锐的感觉和反应。随着不断地学习和提高,儿童要想在知识接受过程中理解音乐、感悟音乐、享受音乐,就必须以良好的听觉感受力为基础,而这种能力是需要引导和培养的。0~6岁这个阶段形成的趣味、态度,获得的音乐能力将会为儿童终生的艺术成长奠定基础。

2. 增强音乐理解力

音乐教育与学前儿童音乐理解力的发展有着十分密切的联系。音乐理解力是指能理解音乐所表达的思想感情,以及它所特有的表达手段和形式。对儿童来说,要求他们能理解音乐最基本的表现手段及其作用是十分必要的,这个要求包括能理解诸如节奏、节拍、力度、速度、音色及旋律进行等音乐表现手段。任何艺术都有它自己的一套表现内容的手段,音乐自然也有诸如节奏、节拍、力度、速度音色及旋律进行等传情达意的手段。相对而言,学前儿童对于能够感受音乐作品中的各种表现手段更容易,并且在理解作品有关表现手段的基础上,可以更加深刻地感受音乐。

3. 增强音乐感受力

音乐感受力是指对音乐作品所反映的情绪和思想感情的体验能力。学前儿童在听音乐时,对于音乐的节奏、音色等,都应该有所感知。例如,教师在组织学前儿童欣赏《摇篮曲》时,在节拍、意境等方面对儿童进行引导,使儿童对于静谧的深夜、将睡的婴儿、轻唱的母亲、窗外的月光、清淡的花香、温柔的微风、明亮的星星等意象,要有所感悟。

4. 增强音乐表现力

音乐教育与学前儿童音乐表现力的发展密切相关。音乐表现力是指在音乐理解力和感受力的基础上,把自己对音乐的理解和感受,通过自己的声音或动作表达出来的能力。音乐感受力、理解力和表现力总是有机地结合在一起,并始终贯穿于学前儿童的音乐实践活动之中。

学前儿童的音乐活动想要充满生命力，儿童就需要借助于嗓音、身体动作、语言符号等将内心对音乐的感受、理解表现出来，教师也应该积极地提供音乐材料使儿童通过恰当的声音、姿态表现音乐。

5. 增强音乐创造力

音乐教育活动中，增强儿童音乐创造力的形式有增编歌词、编配动作、编配节奏型等，这些是学前儿童根据自己的想象，创造性地表演歌曲、舞蹈等的能力的重要方式。

无论他们的潜质、天分如何，音乐教育都应该面向全体儿童。每个孩子都有与生俱来的音乐才能，只要有适宜的环境，他们的能力都可以得到发展。

第二节　学前儿童歌唱活动

一、学前儿童歌唱活动的形式

不同的歌唱表演形式可以表达出歌曲不同的演唱效果。在儿童的歌唱活动中，可以根据参加歌唱者的人数及合作、表演方式的不同，将歌唱的形式分为以下几种。

（1）独唱，独唱是指一个人独立地歌唱或独自表演唱。如歌曲《恭喜恭喜》。

（2）接唱，接唱是指将一首歌曲分成几个部分，由儿童分组，轮流一句句接唱。

（3）对唱，对唱是指个人与个人、小组与小组之间以问答的方式各自唱歌曲中的问句和答句。如歌曲《小朋友想一想》。

（4）齐唱，齐唱是指两人或两人以上在一起整齐地唱同一首歌曲，这也是幼儿园集体唱歌活动的一种最主要形式。如歌曲《新年好》。

（5）领唱，领唱是指在一个人或几个人唱歌曲中比较主要的部分，并带领其余人唱歌曲中剩下的部分。如歌曲《小鸟小鸟你真好》。

（6）轮唱，轮唱是指两个声部按一定时值的间隔，先后开始唱同一首歌曲。如歌曲《欢乐颂》。

（7）合唱，合唱是儿童歌唱学习中的重要音乐表现形式，是指两个不同声部相配合的集体演唱形式。如歌曲《柳树姑娘》。

二、学前儿童歌唱能力的发展与培养

（一）儿童歌唱能力的发展

1. 音域

2 岁以前的儿童并不涉及音域发展问题。2 岁以后的儿童音域约在 $c1—g1$ 范围之内。

3~4 岁儿童歌唱时最舒服、最轻松的状态，其音域是在 $d1—g1$，总的音域一般为 $c1—a1$。

4~5 岁儿童音域一般为 $c1—b1$。

5~6 岁儿童音域一般为 $c1—b2$。由于学前儿童的音域发展存在着个体差异，所以在幼儿园的集体音乐教育活动中，应着重注意帮助儿童唱好 $c1—c2$ 这个音域的音。

由于学前儿童的音域发展存在着个体差异，所以在幼儿园的集体音乐教育活动中，应着重注意帮助儿童唱好各年龄段应达到的音域范围内的音。

2. 节奏

3 岁以前儿童的歌唱节奏意识较为模糊，但已经有这方面的意识显现。

3~4 岁儿童所唱的歌曲，节奏比较简单，多为四分、八分、二分音符构成。

4~5 岁的儿童能掌握四分、八分、二分，以及切分节奏。

5~6 岁的儿童能够较好地掌握带附点音和切分音节奏歌曲的演唱，在节拍方面，也往往能够准确地表现 2/4 拍和 4/4 拍的歌曲节奏，同时对 3/4 拍歌曲的节奏及弱起节奏也有了一定的理解和掌握。

3. 歌词

从胎儿降生到 4 个月，偶尔能发出一些"咕咕""咯咯""唉依"等学语声并试图通过自己的动作去制造一些有趣的声音。6~9 个月的婴儿随着身体的生长和不断地练习发出更多的声音，他们的声音逐渐地呈现出唱歌的特征。到了 1 岁半，孩子便开始能够正式学唱，歌唱和说话正在逐步从嗓音游戏中分化出来。2 岁以后，儿童开始逐步完整地唱一些短小的歌曲或歌曲片段，但由于他们对歌词含义的理解十分有限，听辨和发出语音的能力也较弱，所以发音错误的情况十分普遍。

3~4 岁的儿童已经能够较完整地掌握比较简短的句子或较长歌曲中的相对完整的片段，但是，也会发音错误或将不熟悉的歌词用他们所熟悉的语音代替，会在唱歌时将不熟悉或记不住的字词省略掉。

4~5 岁的儿童能比较完整、准确地再现熟悉的歌曲中的歌词，唱错字、发错音的情况相对较少。

5~6 岁的儿童对词义的理解能力进一步提高，在歌词的发音、咬字方面表现得更趋完善。

4. 旋律

3 岁以前儿童的歌唱一般被称为"近似歌唱"，即他们的音准较差，所唱出的旋律只是接近原来曲调的旋律。

3~4 岁的儿童会出现"说歌"或者"走调"现象。

4~5 岁的儿童对旋律的感知、再认能力已逐步提高，对音准的把握能力有了一定的进步。一般在乐器或在成人的带领下，大多数儿童都能基本唱准旋律适宜的歌曲。

5~6 岁儿童的旋律感进一步发展，特别是音准方面的进步很大，他们不仅能够比较准确地唱出旋律的音高递进，而且对级进音、三度跳音或音域范围内的四五度跳音也不会感到有太大的困难。

5. 呼吸

3 岁以前的儿童肺活量很小，一般都是一字一顿，或者是一个乐句没有唱完即需要换气。

3~4 岁的儿童，能够逐步学会使用较长的气息，一字一换气、一字一顿地歌唱的情况逐步消失。

4~5 岁的儿童对气息的控制能力有了进一步提高，对间奏、前奏等能引起注意。他们的换气也是按照老师的指导，能够按乐句的呼吸与情绪的需要来换气。

5~6 岁的儿童对气息的控制能力较中班又有了进一步的提高，能够按乐曲的情绪要求较自然地换气。

6. 协调一致

3 岁以前的儿童因为缺乏协调一致的意识和能力，所以他们在与成人共同唱歌时，多数都是成人有意识地与他们相一致。在集体歌唱时，3 岁的儿童还不会相互配合，到了 3 岁后，儿童基本上能与集体相一致，能在集体歌唱时与其他人一起开始和结束，初步体会到集体歌唱活动中协调一致的快乐。

4~5 岁的儿童在唱歌时协调能力有所提高，能懂得在速度、力度等方面与集体协调一致，并能协调地进行分唱、齐唱等。

5~6 岁儿童歌唱协调能力有了更大的提高，不仅能够在速度、力度等方面与集体协调一致，在音色方面也能够做到与集体协调一致。对各种演唱形式产生兴趣，创造性歌唱表现意识明显增强。

总之，随着儿童年龄的增长及歌唱活动经验的不断积累，幼儿的歌唱音域、呼吸、协调等均有一定程度的发展，歌唱技能也有显著提高。了解儿童歌唱能力的发展，有助于教师选择歌唱教材及指导歌唱活动过程，使教师更好地做到因材施教，促进儿童健康发展。

（二）儿童歌唱能力的培养

1. 基础能力的培养

（1）姿势

正确的歌唱姿势是发出优美声音的重要前提，也是保证所有发声器官、共鸣器官正常运转的前提条件，在儿童歌唱教学中，主要强调身体正直、肩膀放松、两眼平视以及手臂的自然下垂。

（2）呼吸

教师需要教授儿童气息的准备、吸入、保持等内容，特别要强调一次性吸入足够的气息并保持住，在使用时，应该有节制、缓慢地利用，也要帮助儿童学会自觉地按照歌曲的句、逗换气，不要因换气而切断了词意。

（3）发声

发声的前提要保证嘴巴自然张开、下巴放松，在幼儿尚未学会喉部放松，自然地发声以前，不要轻易地要求儿童大声唱，这不仅有利于保护儿童的嗓音，也便于儿童能够在根据歌曲感的需要，在歌声需要渐强、渐弱时，运用音量、力度的变化去表达歌曲的思想感情。

（4）音准

音准是歌唱的一项基本要求，是必备的条件，也是幼儿园歌唱教学的难点。音准的获得主要来源于教师的范唱以及乐器发出的乐声。教师在教学过程中应该强调儿童先学会倾听，再让其模仿音高，甚至教师可以在这个过程中增加动作辅助，例如，在音阶的模唱中，教师可以用手的高低来表示音阶的级进，以便儿童能直观感知音的升高与降低。

（5）协调一致

歌唱的协调一致是指在集体的歌唱活动中，儿童能够掌握正确地与他人合作的技能。具体表现在儿童歌唱时不使自己的声音突出，在不同歌唱表演形式中，能够做到准确地与他人、他声部相衔接，保持在音量、音色、节奏等方面的协调以及声音表情、脸部表情和动作表情方面的和谐一致。

（6）咬字准确

汉语拼音有声母和韵母之分。一般歌声的延长主要依靠韵母，韵母能使歌声流畅并富有色彩变化,所以韵母发音准确对于歌唱的表情有着很重要的作用。而声母的发声则要根据歌曲的性质而有所不同。

(7)表情

儿童歌唱中,极易产生过分的身体摇晃等不良动作,因此,教师应要求儿童在歌唱中有轻微的身体动作,以及自然的面部表情,而不是做作或强加进来的表情动作。

2. 乐感的培养

(1)节奏感的培养

节奏感是指对歌曲材料中的节奏、节拍的感知和表现。利用歌曲材料对儿童进行节奏感的培养,可以通过以下几种形式。

①运用身体动作

身体动作的参与是帮助儿童感知、表现音乐节奏的最直接手段。伴随着歌唱活动而进行的身体动作节奏,按儿童的年龄和动作难易程度的发展以递增顺序进行,以循序渐进的原则教学。首先由自由节奏过渡到均匀节奏,然后由均匀节奏过渡到旋律节奏、伴奏节奏、双层节奏以及节奏动作表演等。

②运用视觉

这里的视觉对象主要是指图片等材料,可以用儿童喜欢的动物形象标记在图片上,帮助儿童感受和表现歌曲的节奏。

③运用嗓音

在歌唱活动中运用嗓音对儿童进行节奏感的培养,是目前比较普遍且有效的一种教学形式。其中常用的有音节歌唱游戏、语言节奏朗诵。

音节歌唱游戏即指在歌唱活动中,利用各种单音音节、双音音节或多音音节、象声词等填入歌曲中,替换原来的歌词,让儿童边唱边做简单的动作,用游戏的形式来培养和训练节奏感。

语言节奏朗诵是指用有趣且易记的字、词、句、短语或简单的儿歌,配上歌曲的节奏进行朗诵以培养儿童的节奏感。它是学前儿童比较喜欢的一种节奏练习活动。

(2)音色感的培养

①运用嗓音

用嗓音加强音色的表现是比较直接、有效的一种方法。如歌曲《我爱我的小动物》,在演唱不同小动物的叫声时,应该用不同的音色处理:小牛的叫声是沉闷的;小鸡的叫声是细细的;小狗的叫声是有力的;小猫的叫声是柔和的;小猪的叫声则是粗粗的,等等。通过嗓音的模仿来表现各种常见的不同音色,更有利于对歌曲情感的表达。

②运用视觉

在歌唱活动中,利用视觉表象与听觉表象的相互类比,可以帮助儿童用恰当的音色来表现特定的歌曲材料。如画一只大狗熊,儿童会运用类比思维想象歌曲的音色可能是粗粗的、厚厚的、重重的;画上一只小蝴蝶,则会想象成比较轻快、细柔的声音等。

(3)旋律感的培养

①运用嗓音

在歌唱活动中经常把唱旋律唱名作为一种有趣的音节游戏,儿童通过这种游戏不仅能在反复的练习中刺激他们的听觉,形成正确的音高概念,而且能促使儿童自觉地将唱名与所听到的歌曲旋律匹配起来,也为儿童日后的读记乐谱打下基础。教师可以有选择地对某些歌曲作移调歌唱练习,如歌曲《学做解放军》原是 F 调的,可以试着移至 D 调来唱。同时,在移调过程中教师应经常重复使用正确的描述乐音高低的术语,从侧面帮助儿童形成正确的声音高低概念。

②运用听觉、视觉和动作的协同配合

运用听觉、视觉和动作的协同配合在论述儿童歌唱的基础能力中已经有所体现,例如,音阶模唱就是听觉与视觉的结合,在这里还可以加上一定的肢体语言,辅助儿童形成正确的旋律感。

(4)速度感和力度感的培养

教师可以向儿童出示较直观的视觉图,使儿童将图与歌曲材料相匹配,从而选择恰当的速度和力度来表现歌曲。

3.创造能力的培养

(1)为歌曲创编动作

边唱边动是儿童歌唱时最常见的现象,也是儿童年龄特点的集中表现。歌曲《小花狗》,歌词浅显、生动,对动作有很强的暗示性,小班或中班儿童能根据歌词内容编出简单的表演动作——两手放在头上做小狗耳朵,依歌曲节奏招手;蹲在小椅子边,拍手;两手放在嘴边,做啃肉骨头的动作等。

(2)为歌曲创编歌词

为歌曲创编歌词对儿童的音乐认识能力、创造意识和创造能力的培养大有益处,还可以大大增强儿童享受、体验音乐的乐趣,增强他们歌唱活动的积极性、主动性。如歌曲《我爱我的小动物》就很容易引发出"小狗""小鸭子"等新的歌词。

(3)为歌曲创编伴奏

为歌曲配伴奏的方式有多种多样,可以用手拍出歌曲的节拍,可以用手拍出歌曲的节奏,可以用手拍出新的节奏型,甚至还可以配上不同的节奏乐器为歌曲伴奏,以此来丰富和提高歌曲的艺术表现力。

三、学前儿童歌唱教学的方法

(一)教唱法

儿童歌唱中的教唱法常用的主要有分句教唱、整体教唱、识谱教唱三种方式,教师在选用方法时,要根据各种方法的优缺点进行使用,或者结合使用。

(二)歌词导入法

歌词导入法一般运用在歌词具有一定的文学性或者具有一定的叙事性的歌词中,结合旋律的学习,歌曲的学习往往能事半功倍。

歌曲《井底的小青蛙》主要是通过歌唱活动教给儿童一些深刻的道理。此歌的表演就是告诉幼儿不能像青蛙一样坐在井里看天,把天看得只有井口那么大,跳出井,看更广阔的天地。这首歌较适合中班幼儿,因为它音乐旋律较为简单,充满趣味,结构规整;歌词浅显,形象生动,非常易于幼儿理解。

(三)节奏导入法

节奏导入法一般选用节奏鲜明,或者具有一定代表性意义的节奏导入课程,然后再结合旋律、歌词等内容,使儿童比较容易掌握歌曲的演唱。

四、学前儿童歌唱教学的实践

(一)儿童歌唱教学的设计

1. 教师熟悉、理解教材

首先,教师必须熟悉歌曲,在反复练习的基础上能够达到熟练地背唱,并且能够通过声音的强弱、快慢、音色、呼吸等各种技巧来准确、生动地表现歌曲的情感和内容。

其次,教师还必须理解教材,内容包括:歌曲的主题思想;歌曲的性质、思想情绪和特点;歌曲的音乐形象。除此之外,教师还要掌握歌曲的重点和难点,并结合儿童的实际情况设计教学与使用的教具。

最后,教师应反复练习歌曲,熟练背唱和伴奏,做好歌唱的感情处理,能正确地表达歌曲的性质、特点和歌曲所要表达的音乐形象。

2. 导入新歌

创造条件让儿童在未学歌之前先对歌曲内容有个初步的感性认识。如游戏时、餐前等场合,都可以让儿童听到要学习的乐曲。

3. 范唱

范唱是老师把新教材正式介绍给儿童的过程。教师的范唱不仅应有正确的唱歌技巧,如正确的姿势、呼吸,清楚的吐字,准确的旋律与节奏,适当的表情等。

4. 学唱新歌

教唱新歌的方法多种多样,如前面介绍的教唱法、节奏导入法、歌词导入法等,教师可以根据歌曲的特点和本班儿童的年龄特点灵活选用。

5. 复习歌曲

在教新歌的过程中有着反复练习的过程,在运用时,应避免单调地重复练习,要增加新的要求,使儿童的演唱水平得到提高。

复习歌曲的组织形式有独唱、集体唱、儿童分组唱等。独唱,使每个儿童都具有大胆地在别人面前演唱的能力。集体唱能够制造一种欢乐的气氛,增加儿童唱歌的兴趣。儿童分组唱可以使儿童轮流得到休息,并养成仔细倾听别人唱歌的良好习惯。儿童分组唱还能够满足儿童表达自己情感的愿望,以及在他人面前展理自己的心理要求,锻炼儿童唱歌的能力。

(二)儿童歌唱活动的基本模式

1. "教师示范—儿童模仿—反复练习"的歌唱活动模式

(1)教师以儿童感兴趣的方法引出主题。

(2)以清晰、感情丰富的演唱方式让儿童整体感知歌曲。

(3)用适当的演唱方法教学前儿童学唱新歌。

(4)采用各种不同的演唱组织形式练习歌曲。

（5）利用学会的歌曲进行表演与表达活动。

对于小年龄的儿童的学习模式来说，模仿学习占有主要地位。运用这种模式时应重点考虑在模仿学习过程中怎样降低儿童的认知难度，提高他们的学习兴趣。

2."教师引导—儿童探索—创造性表达"的歌唱活动模式

（1）教师用儿童感兴趣的方法引出主题。

（2）让儿童初步掌握歌曲的一段歌词，能初步跟唱。

（3）启发儿童在改编歌词中的部分歌词的同时，进一步熟悉旋律。

（4）鼓励儿童进一步探索新的歌唱方式。

（5）鼓励儿童用自己的方式即兴地表现与表达。

"教师引导—儿童探索—创造性表达"的歌唱活动更能体现时代的精神。探究的过程中儿童不仅获得了知识，而且也获得探究的态度和方法以及乐观向上的性格特征。教师要有意识地在歌唱活动中让学前儿童通过发现、转换、组合、领悟等方法，从小培养学前儿童的学习能力和探究精神，获得探究的快乐，使他们成长为当代社会所需要的人才。

3."教师唱歌—学前儿童游戏—逐步熟悉"的歌唱活动模式

（1）设计游戏情景，激发儿童参与歌唱活动的愿望。

（2）教师用自己的歌声指挥和配合儿童开展游戏活动。

（3）在游戏过程中逐步要求或鼓励儿童唱出歌曲中的部分词句。

（4）停止游戏活动，让儿童在比较平衡的状态下跟随教师演唱整体歌曲。

（5）继续重复游戏活动，使儿童对新歌的掌握逐步达到熟练和完善。

采用这种模式进行歌唱活动时，教师应注意：当儿童产生参与歌唱活动的愿望时要及时鼓励他们主动加入歌唱活动，不能过分强调玩游戏而忽略学前儿童唱歌的要求。另外，要掌握好活动中静与动的时间分配，以免儿童在歌唱活动中产生乏味的感觉，或过于兴奋而出现大喊大叫的情况。

第三节　学前儿童韵律活动

一、学前儿童韵律活动的类型与特点

（一）儿童韵律活动的类型

1. 律动

律动是指在音乐伴奏下的韵律动作。它可以分为基本动作（儿童在反射动作的基础上发展起来的日常生活动作，如走、跑、跳、拍手、点头、屈膝、晃手等）、模仿动作（儿童模仿特定事物的外在形态和运动状况所做的身体动作）和舞蹈动作（经过多年舞蹈文化积淀已经基本程式化的艺术表演性动作）三种。

2. 舞蹈

根据儿童舞蹈的目的和作用，儿童舞蹈可分为自娱性舞蹈和表演性舞蹈两大类。自娱性舞蹈分为集体舞、表演性舞蹈等形式，表演性舞蹈又分为情节舞和情绪舞，在学前阶段，儿童舞蹈的表现形式主要有以下几种。

（1）集体舞

儿童集体舞是一种集体娱乐的歌舞形式，参加的人数不限。儿童在规定的位置、队形上，做简单、统一、相互配合或自由即兴的舞蹈动作，一般选用短小歌曲或音乐的伴奏下进行。

（2）邀请舞

邀请舞是集体舞的一种变形，通常由一部分儿童作为邀请者，邀请另一部分儿童一起配合来完成跳舞，与被邀请者跳完一遍以后，可以互换角色再继续跳舞。

此外，还有独舞、双人舞、表演舞等形式，这些形式要求具有高超的舞蹈技艺，这里不做论述。

3. 音乐游戏

音乐游戏是"音乐"与"游戏"的结合，二者的关系紧密相连、相辅相成，游戏动作能够帮助儿童更好地理解音乐，而音乐则能指挥、促进、制约游戏活动。

（二）儿童韵律能力发展的特点

1. 0~3岁儿童韵律活动能力的发展特点

孩子从出生到6个月期间，对于周围环境的声音还不是很敏感，到了1岁半时，婴儿能对周围的节奏性音响做出反应。

一般说来，2岁左右的幼儿能自如地做行走、爬、滑、滚、拍、推、拉等动作，在此基础上还能做一些较细小的动作，如敲鼓的动作、用嘴吹的动作等。到3岁左右，大多数儿童基本掌握了拍手、点头、摇头、晃动手臂，用手拍击身体部位等非移位动作，并能伴随着节奏鲜明的音乐自发地点头、跳跃、转圈、摇摆等。

3岁前的儿童在合作方面还有欠缺，这个时期他们往往以自我为中心。

2. 3~4岁儿童韵律活动能力的发展特点

3岁初期，儿童听到喜爱或熟悉的音乐时，往往会自发地跟着音乐踏脚、拍手，但这种身体动作并不能做到完全合拍。

3岁以后，儿童的动作逐步进入了初步分化的阶段，能够做一些拍手、跺脚的动作，而且也能模仿动物、人物、事物的动作及形态。

3~4岁儿童在合作方面依然比较欠缺，还不善于运用动作与同伴进行合作。

3. 4~5岁儿童韵律活动能力的发展特点

4~5岁儿童动作的协调性也有了进一步的提高。这不仅表现在能够合拍地跟着音乐节奏做动作（2/4或4/4拍），而且与音乐相协调的动作变得更为自如，不再如以前显得紧张、僵硬，其节奏性、稳定性也更加明显。同时，儿童还能够在同一首音乐的转换处以不同的动作节奏加以表现。

4. 5~6岁儿童韵律活动能力的发展特点

5~6岁儿童能做一些诸如"采茶"的动作，模仿成人缝衣服的动作等。上、下肢配合变得更协调，能做上下肢联合的较复杂动作，如"新疆集体舞""绸带舞"，由此可见他们的动作已经更精细化了。

5~6岁儿童在合作方面的能力已经得到提升，对于音乐的创造力也表现出一定的美感。

二、学前儿童韵律教学的内容

儿童韵律活动的教育内容一般包括四个方面内容:节奏活动,律动和舞蹈,歌舞表演,音乐游戏。

(一)节奏活动

1. 人名节奏

儿童依次边打节奏边说自己的名字,也可以由第一个儿童说第二个儿童的名字,第二个儿童说第三个儿童的名字,以此类推,最后一个儿童说出第一个儿童的名字。儿童边说名字,边打节奏,无论是两个字的单名,还是三个字的双名,都可以表现出丰富、生动的节奏来。

2. 儿歌节奏

儿歌是幼儿园语言教育活动的一种重要形式。在韵律活动中,儿歌以它自身特有的节奏魅力也显现出独特的风格。一些节奏鲜明、形象生动、朗朗上口的儿歌更是节奏练习的好素材,很受幼儿欢迎。

3. 身体动作节奏

在音乐活动中,学前儿童常常用身体动作来表现音乐作品,以表达自己的情绪和情感,正如瑞士音乐教育家达尔克罗兹认为的,人们对音乐的感受不仅反映在心理上,同时也反映在身体上。因此,在学前儿童的韵律活动中,我们可以引导学前儿童通过身体这个天然的打击乐器,发出很多种美妙的声音,像拍手、拍肩、拍腿、跺脚、捻指、弹舌等,很多歌曲可以运用这些形式帮助学前儿童进行身体动作的节奏练习。

(二)儿童律动

儿童律动的动作来源于舞蹈或者音乐游戏中难度较高的动作或者是客观世界中人物、动物、事物的动作、姿态模仿。

幼儿园律动的内容一般有两种:一种是模仿动作,另一种是把音乐游戏或舞蹈中比较困难的动作抽出来单独练习。

律动音乐应节奏鲜明,形象性强,能引起学前儿童活动的兴趣和愿望。律动音乐不必一个动作固定一首曲子,可用情绪、风格相类似的曲子交替使用,以帮助幼儿从整体上把握音乐的性质,提高他们对音乐的感受能力。例如,鸟飞的动作就可以选用不同的曲子,可以是2/4拍或4/4拍。也可采用"一曲多用"的方法。所谓一曲多用,是指曲调不变,但音区、节奏、力度、速度都加以改变以表现不同的形象。如原来是普通走步的音乐,但提高音调并加上跳音就适合做兔跳律动动作了;若降低音区,放慢速度,增强力度,又可变成模仿熊猫走的音乐;若再改为三拍,移到高音区,用轻柔的力度弹奏,似乎又可用做模仿鸟飞或蝴蝶飞的音乐了。

(三)儿童舞蹈

儿童舞蹈的动作内容主要包括以下三个方面。
(1)简单的上肢舞蹈动作如两臂的摆动、手腕的转动等。
(2)基本舞步,如踏步、进退步、跑跳步、滑步、跑马步、华尔兹步、小跑步、踏点步、踏跳步、后踢步、秧歌步等。

（3）简单的队形变化。首先教师用简单明了、生动有趣的语言向儿童介绍舞蹈的名称。通过反复、仔细倾听音乐旋律，并引导儿童分析作品的旋律特点，可用有节奏的体态（如点头，拍手，跺脚等）来表达自己对音乐的节奏、节拍、力度、速度以及情绪的感受和理解。启发儿童根据自己对作品的理解创编动作。

而后，教师可根据儿童创编情况，进一步对儿童进行舞蹈动作的教授。简单动作整体教（学前儿童可模仿老师的动作，在和老师一起练习的过程中逐步掌握舞蹈动作）、复杂动作分解教、不同角色分别教（在舞蹈中出现不同角色时，可把这些角色分开来教，然后再合起来随音乐练习）。

一般情况下，在教授舞蹈动作时先不要考虑队形的变化，在儿童基本上掌握了舞蹈动作后再教授队形的变化。

最后，随音乐进行完整练习。这是学习舞蹈的最后一个环节，为了增加孩子的兴趣，可以运用一些道具、饰物进行表演，以渲染气氛，使整个舞蹈教学活动在生动、活泼、富有感染力的氛围中结束。

（四）音乐游戏

音乐游戏主要是以发展学前儿童的音乐能力为主要目的的游戏活动，在听听、唱唱、跳跳、玩玩等自由愉快的游戏中，培养儿童音乐感受力、表现力和创造力。音乐游戏在提高儿童交往、合作和自控能力等方面有着不可忽视的作用。

三、学前儿童韵律教学的实践

（一）学前儿童韵律活动的准备

1. 做好活动准备工作
（1）物质准备
教师准备好活动中要使用的教具和学具、道具、音像制品等辅助性材料；熟练背唱韵律活动所用的歌曲或音乐的旋律唱名；并能用动作准确地表现音乐的性质特点和音乐形象。

（2）经验准备
教师根据乐曲特点和学前儿童的动作发展水平，在活动前帮助儿童获得一些直观、感性的经验以降低儿童的认知难度。

2. 分析教材
（1）分析活动中音乐材料的性质、情绪、突出的表现手法及乐曲的结构。
（2）分析动作材料中基本动作、动作组成的因素以及队形的变化和学前儿童掌握这些动作的程度等。
（3）了解学前儿童实际的韵律动作水平和能力。

（二）学前儿童韵律活动的基本模式

1. "教师示范—儿童模仿—反复练习"的韵律活动模式
（1）用容易引起儿童学习兴趣的方法引出主题。
（2）用容易让儿童清楚感知的方法反复示范新的动作或动作组合。

（3）用让儿童容易接受的方法分析讲解动作要领或动作组合的结构等。

（4）用较慢的速度带领儿童做动作或动作组合。

（5）采用各种不同的练习组织形式，不断地调动儿童的积极性，让儿童在反复练习的过程中，逐步达到熟练掌握。

此设计方式适合舞蹈基本动作的教学。

2."模仿—创造性发展"的韵律活动模式

（1）直接提出主题或在引导儿童回忆有关经验的基础上提出主题。

（2）通过示范、模仿、练习的方式教儿童学习基本动作，或者把儿童创编的某个动作作为基本动作。

（3）教给儿童某种变化基本动作的方法，并组织儿童跟随音乐练习他们在基本动作基础上创造出来的各种新动作。

（4）教给儿童某种组合动作的方法，并引导儿童用集体讨论的方法学习音乐创编动作组合。

（5）带领儿童跟随音乐将创编出的组合连贯起来表演。

（6）让儿童进行独立的连贯表演。

3."引导—探索—创编"的韵律活动模式

（1）引导儿童观察有关的真实事物或在回忆与活动有关经验的基础上提炼出主题。

（2）让儿童根据自己的观察或回忆创编有关动作。

（3）组织儿童倾听、分析、体验音乐，并组织儿童用讨论的方法，将自己创编的动作与音乐进行合理配置。

（4）让儿童按讨论的结果随音乐做动作。

（5）根据儿童表现的情况，组织儿童相互观摩，并把儿童创编的动作进行整理和归纳。

（6）找出儿童创编动作中好的范例，让儿童根据自己的意愿，随音乐自由借鉴吸收。

第四节　学前儿童音乐欣赏

一、幼儿音乐欣赏活动的内容与过程

（一）幼儿音乐欣赏活动的内容

1. 倾听周围环境中的声音

倾听声音是幼儿必须具备的一个非常重要的基本技能，也是对幼儿实施音乐教育的基本出发点，更是培养幼儿听觉敏感性、开展音乐欣赏的前提和基础。

作为教师，要有意识地利用各种场合、时间，借助游戏的形式，去培养幼儿的听力技能，引导幼儿乐于倾听、善于倾听生活中美妙的声音，以自己喜欢的方式表现出来，为音乐欣赏活动奠定基础。

具体途径包括以下三个方面。

（1）倾听人发出的声音

教师与幼儿面对面坐在一起，让幼儿模仿教师发出的各种各样的声音，如拍手声、捻指声、弹击声、拍腿声、踩脚声、轻快的跳动声等。

（2）听周围的声音

倾听活动室可能听到的声音（走路时皮鞋发出的声音、撕纸的声音、翻书的声音、教师弹琴的声音等）；庭院、活动场上可能听到的声音（大雨哗哗声、踩雪声、风吹树枝摇动的声音、跳绳的声音、枯木折断的声音、小朋友跑步的声音等）；公园、郊外游玩时听到的声音（玩具枪发出的声音等）。

（3）倾听日常用具发出的声音

教师可以利用日常生活中的用具发出的声响，来训练幼儿的倾听能力。可以让幼儿辨别两个材质不同的物品相互撞击发出的声音（如钥匙串和木棒），随后可让幼儿闭上眼睛仅靠听觉辨别哪一样东西在发声。教师也可以制作常用发声用具的图片；幼儿根据声音，找出相应的图片。

（4）记忆声音

利用身体的各个部位，教师发出几种不同的声音（拍手、拍肩、拍腿、踩脚等），让幼儿按照顺序模仿，记住各种声音的顺序。教师还可以躲到屏风后面，或者背对幼儿，重复这一游戏。

2.欣赏音乐作品

可以欣赏优秀的中外少年幼儿歌曲。如《嘀哩、嘀哩》《摇篮曲》《小人书不要哭》《铃儿响叮当》《飞飞曲》等，这些歌曲的歌词形象具体，幼儿可以借助歌词理解和记忆音乐。

教师也可以选用钢琴教材以及其他器乐教材中，一些旋律优美、体裁短小，但音乐形象鲜明、有典型特点的小曲子。如《跳绳》《小鸟的歌》《生病的小娃娃》《扑蝴蝶》等。也可以选用中外著名音乐作品或其中的片段，如《动物狂欢节》《四小天鹅》等。也可以直接让幼儿欣赏大型器乐作品。

选用专门为幼儿创造的音乐童话作品片段。如《龟兔赛跑》《彼得与狼》等，让幼儿欣赏教师也应该对该类作品的故事性、情节性进行一定的陈述，使幼儿对音乐的理解得到进一步加强。

（二）幼儿音乐欣赏活动的过程

1.初步欣赏

初步欣赏的主要目的是引起幼儿对该作品的注意，激发他们对该作品的兴趣，使幼儿能对该作品有一个较为全面的、完整的认识。

其主要开展手法有利用动画片、引导性谈话、教师演示、运用直观教具，教师在运用时一定要有明确的目标，同时语言要简洁而具有启发性。

2.重复深入地欣赏

重复深入地欣赏主要建立在反复听的基础之上，主要目的旨在幼儿能对该音乐作品的内容、情绪性质有较为深刻的认识，同时，也能记住一些作品中的主要音调，而且能够深化作品中的一些重要细节，使幼儿能更深层次的掌握作品。

3.复习、检验音乐欣赏的效果

音乐欣赏的效果离不开复习，复习是为了巩固幼儿对音乐作品的印像，而检验音乐欣赏的效果则主要依赖幼儿对音乐作品的记忆，以及对音乐作品的理解、对音乐的喜欢程度等评价内容。

（1）幼儿都非常喜爱动画片，有很多动画片的音乐都适合幼儿欣赏。动画片的故事情节及画面能帮助幼儿较深地感受音乐所表达的内容。

（2）教师通过讲解、说明和提示等语言的引导，有效地集中幼儿的注意力，使幼儿在欣赏前做好一定的心理准备，把幼儿的思想感情引向与作品内容相一致的方向，以便引起幼儿有关的联想及想象。一般来说，歌曲有歌词，歌词具体说明了内容，比较容易介绍。器乐曲的介绍则要帮助幼儿感知音乐的内容，使他们对作品有一个正确的印象，产生与作品内容相关的联想和想象。

（3）有些音乐作品反映了某种游戏活动，教师可以随着音乐的进行演示这种活动，帮助幼儿较快地掌握音乐作品内容及情绪特点。

（4）运用直观教具主要是为了帮助幼儿理解和感受作品内容。因为幼儿的思维具有直观行动性和具体形象性，运用直观教育可以帮助幼儿更好地理解和感受作品的内容。

在评价的过程中，教师不告诉幼儿音乐作品名称，让幼儿欣赏已经听熟的作品，观察幼儿的反应。幼儿对欣赏的乐曲感兴趣，能感受和理解，往往表现在他们能聚精会神地把音乐听完，也表现在他们的面部表情、身体的姿势、手和脚的动作上，以及他们情不自禁地说出的某些语句上。

二、幼儿音乐欣赏能力的发展与培养

（一）幼儿音乐欣赏能力的发展

1.0~3 岁幼儿音乐感知能力的发展

妊娠期的第 3 个月，多数胎儿对外界的声音刺激都有感觉，婴儿出生后，母亲的心律声、讲故事声、念儿歌的声音，母亲轻柔地哼鸣声都能让婴儿感觉舒适、宁静甚至能让婴儿安然入睡。在生命最初的几个月中，婴儿不仅能注意周围环境中的音乐之声，还能区别它们，6个月的婴儿开始试图模仿所听到的声音，想从"接受者"逐步过渡为"参与者"。

一般说来，1 岁前的婴儿的音乐听觉感知和反应是较缓慢且不太精细的。但是，2 个月左右的婴儿就能区别铃声或门声，对高低音有反应；3 个月左右，能从生活中各种声源里区分事物和人，尤其是母亲的声音；6 个月左右时，能对音乐声音做出反应，会连续地晃动身体，并且还能对大三度和小三度的音程有所辨别，对音乐旋律轮廓的变化有所反应。随着年龄的增长，婴儿对外界环境中的各种声音和音乐的反应、听辨和分化能力进一步发展。他们不仅能分辨声源，分辨不同音色，四度、五度音程，还会对自己喜欢的音乐认真倾听。2岁左右的幼儿不仅会对歌曲感兴趣，而且还喜欢用自己的玩具、自己的声音或物体创造自己的音乐。

2.3~4 岁幼儿音乐欣赏能力的发展

3~4 岁的幼儿已经能够从周围生活环境中倾听和寻找声音，已经开始逐步自发地注意听他们所喜欢的音乐，并分辨其速度、力度、音高等特点，但在感知音乐变化上还不够稳定。这一时期的幼儿还不能很容易地理解音乐作品的不同情绪性质，但已有了对音乐情绪性质的初步感受。

3~4 岁幼儿对音乐的表达常常运用身体动作，通常他们也爱摆弄乐器、敲打物品，使物体发出声音来引起别人注意，并喜欢用不同于其他人的身体动作来表达自己对音乐的感受。

3.4~5 岁幼儿音乐欣赏能力的发展

4~5 岁的幼儿听觉能力已经有了很大提高,能辨别声音的细微变化,如音乐中的渐弱、渐强、渐快、渐慢等;对不同体裁、性质、风格乐曲的分辨有了很大的提高,不仅能听出音乐在情绪上的明显变化,还能够感知到一些简单的曲式结构。同时,他们对音乐的理解能力也在不断增强,表现在能基本理解歌曲及有标题的器乐曲所表达的情绪和情感,可以借助于图片选择或动作做出正确的回答。如让中班幼儿欣赏蒙古族民歌《森吉德玛》,启发幼儿欣赏、感受音乐以后,用简单的图画分别来表达听了《森吉德玛》A、B 两段后的感受,有的孩子为 A 段画的图是:在辽阔草原上,有一只小小的蒙古包,门前是一只温顺的小羊;为 B 段作的画是一幅奔驰的群马图。可见,孩子们已经能够尝试运用不同符号表现语言来创造性地表现音乐。

4.5~6 岁幼儿音乐欣赏能力的发展

5 岁以后幼儿对音乐的听辨力更强,更具体。他们已经开始能够分辨一些较为复杂的器乐曲结构,以及音乐在情绪、性质方面的变化。能分辨音乐的性质、题材、风格,并能对同类音乐作品进行分析和归类。同时,在幼儿园良好的教育影响下,已经能够很好地理解歌词内容较复杂的歌曲,对器乐曲的理解能力也进一步增强,能够对音乐形象鲜明的音乐作品用较完整的语言或一定的故事情节描述自己的感受。这一年龄段的幼儿在欣赏过程中有一定的个性、创造性表现,而且他们的表现更细致、完整,更具有艺术的审美情趣。

(二)幼儿音乐欣赏能力的培养

1. 音乐感受能力的培养

(1)听觉注意力的培养

音乐是听觉的艺术,而且对音乐的听觉训练需要有一个好的环境以及宽松的心情。同时,教师在选用作品时,一定要选用符合幼儿身心的音乐作品,教师的谈话也要有一定的启发性,把幼儿的注意力吸引到音乐作品上来,为他们欣赏音乐作品创造一个能够集中注意力倾听的环境,能够产生情感共鸣的心境,使幼儿的心理状态与音乐作品的内容情感相适应。

(2)激发幼儿内心的真情实感

什么是幼儿内心的真情实感呢? 在音乐欣赏过程中,常见的有随音乐节奏而摆动身体、表情出现变化、发表议论等表达真情实感的状态,教师应该鼓励这些真情实感的表达,从而使幼儿对音乐作品的体验和感受能够得到充分表现。

激发儿童表达其真情实感的手段主要有欣赏前的提问,把他们的注意力集中指向音乐作品,也可以让幼儿发表议论,表达他们对作品在情感上的想法。

(3)音乐表现手段的培养

①力度

教师可以采用"回音"的方法让幼儿轻声、高声模仿教师讲的一句话或唱的一句歌,通过自己的嗓音感受强弱。采用重步走、轻步走的方法掌握音乐强弱(音乐强时用较重的步子走,音乐轻时用脚尖踮着走),也可以采用图形或色彩等表示声音的强弱(在乐器上敲出两种不同力度的声音,一强一弱,让幼儿用图画表示出来)。幼儿可以画两个大小不同的圆圈、方形、三角形,或用两根长短不同的线条,或两个大小不同的动物,或两种深浅不同的颜色等来分别表示声音的强弱。鼓励幼儿自己创造更多的表现手法,之后还可以增加为强、中强、弱三种不同的力度。

②速度

教师可以采用让幼儿走步、跑步的方法使他们体会乐曲速度。如欣赏进行曲《小兵》的曲调时,幼儿随音乐走步,然后将音乐的速度增加一倍,走步的速度也随之加快。

③节奏

教师可以引导幼儿模仿各种声音,如交通工具声(汽车、火车)、动物声音、自然界的风声、雨声、雷声等,也可以唱一句歌词,后面加一个节奏型等方式使幼儿掌握节奏。

④旋律

教师弹奏不同旋律走向的乐句(从高音到低音的乐句表示"变矮了",从低音到高音的乐句表示"长高了"),幼儿跟随音的高低做站起来长高、蹲下去变矮的动作。

(4)培养听辨人声和乐器音色的听觉感受能力

各种不同的乐器因其构造、发声的动力、共鸣腔体的不同而形成乐器各自不同的音色特点。乐器的音色不同,其艺术表现力也不同。丰富的乐器音色具有丰富多变的艺术表现力,可以给人以多方面的美的享受。比如,让幼儿欣赏大提琴独奏曲《天鹅》和小提琴独奏曲《春之歌》,帮助他们丰富听觉实践,提高听觉差别感受性。这两首乐曲旋律优美好听,情感抒发强烈。欣赏时,不必在内容情节上去强作解释,而是引导幼儿感受作品的基本情绪,听辨乐曲音色的特点和艺术美。

音乐作品中常常用某种乐器演奏某一音乐主题,描写某一事物、人物或角色,如童话故事音乐《龟兔赛跑》就是用单簧管主奏小兔的音乐主题,描写小兔子骄傲、活泼的艺术形象;用大管主奏乌龟的音乐主题,描写乌龟谦虚、勤恳的艺术形象,两种艺术形象特点鲜明、生动,对比突出。这就需要引导幼儿听辨乐曲的音色特点,把握不同特点的音色所表现的不同的艺术形象,进而感受作品的基本情绪,领略作品的艺术魅力。

(5)了解常见的音乐演唱、演奏形式

了解常见的音乐演唱、演奏形式有利于幼儿理解丰富多变的艺术表现力,感受不同的演唱、演奏形式展现出来的不同音响效果。

2.音乐审美能力的培养

幼儿音乐审美能力的培养主要体现在引导幼儿感知音乐作品不同的情绪类型、引导幼儿感知音乐作品不同的风格特点,选取好的音乐作品、利用更多感知觉通道引导幼儿进行音乐感知等。

3.音乐记忆力的培养

培养音乐记忆力,对于幼儿增加音乐作品曲目的积累有极其重要的作用。在幼儿音乐记忆领域,教师应该选用鲜明、生动的乐曲,如果是器乐曲,则可以选用乐器音色丰富多变的曲子,因为乐器音色越丰富,越能换气幼儿的兴趣,从而加强记忆。

另一方面,在欣赏前提出一些带有启发性的问题,引导幼儿有目的地进行欣赏;在欣赏前采用生动活泼的方式帮助幼儿理解、感受音乐作品的内容和情感;培养幼儿安静而专心地倾听音乐的良好习惯,这些都是帮助幼儿记忆音乐的有效途径。

三、幼儿音乐欣赏教学的实践

（一）幼儿音乐欣赏活动的准备

1. 分析教材

一方面，教师应该根据幼儿的实际发展水平，选择合适的音乐教材，包括其中的重点、难点均要考虑在内。

另一方面，幼儿的音乐欣赏活动中也要对音乐作品进行分析，包括音乐作品的旋律形态、节奏节拍特点、力度速度标记、曲式结构等，以利于幼儿能在倾听的过程中能够很好的掌握和理解。

2. 教学准备

在幼儿的欣赏活动前，教师要为本次活动做好充分的准备。这里主要提及教具的准备，教具常见的有唱机、图片、电源等，在放置时，应该放在幼儿视线范围之外，以免分散其注意力，同时要放置在容易操作的地方。

（二）幼儿音乐欣赏活动的基本模式

1. "从局部入手，层层累加"的音乐欣赏活动模式

（1）从作品中找出最具有特色的某个方面，如一个节奏型、一个旋律动机、一个乐句或者一个乐段等，让幼儿集中进行感知体验。

（2）再从这个方面开始，逐步让幼儿感知、体验以该方面为核心的某个乐段的形象。

（3）采用不同的方式，组织幼儿倾听其他乐段的音乐。

（4）让幼儿感知、体验整个作品的形象和情趣。

（5）在完整欣赏音乐的同时，组织幼儿进行创造性表达。

这种活动设计模式适合一些含有独立而鲜明的主题形象的音乐作品。

2. "整体倾听，层层深入"的音乐欣赏活动模式

（1）用容易引起幼儿学习兴趣的方式引出主题。

（2）在组织幼儿初次整体倾听的过程中，采用与其他艺术手段（美术、文学、语言、韵律活动）相结合的方式，帮助幼儿感知和理解音乐。

（3）提出问题和要求，组织幼儿讨论，再次进行整体欣赏。

（4）运用与其他手段相结合的方法组织幼儿反复地整体倾听。

（5）鼓励幼儿采用不同的方式进行表现与表达。

这种设计适合结构比较紧密的音乐作品。

3. "一一匹配"的音乐欣赏活动模式

（1）让幼儿通过其他材料感知、理解将要从音乐中学习的形象、内容。

（2）让幼儿分别倾听音乐的有关段落，并引导幼儿集体探索、讨论，将音乐和非音乐的材料一一相互匹配。

（3）尝试用参与、表演的方式，感知、体验的方法完整地欣赏音乐作品。

这种设计模式适合各段落间对比很鲜明的音乐作品及比较强调性质辨别的音乐欣赏活动。

4. "整—分—整"的音乐欣赏活动模式

（1）教师运用容易引起幼儿学习兴趣的方式引出主题。

（2）教师用语言并配合图片等直观教具向幼儿介绍音乐的主要内容。

（3）让幼儿先完整地欣赏音乐作品。

（4）进行分段欣赏，让幼儿感受和理解乐曲的各个部分。

（5）组织幼儿谈论倾听的感受。

（6）重复让幼儿完整欣赏音乐，并鼓励幼儿创造性地运用语言、动作及图画形式，大胆地表达自己对音乐作品的感受。

第五节　学前儿童打击乐演奏

一、幼儿打击乐活动的常见乐器

（一）旋律乐器

1. 铝板琴

铝板琴是有固定音高的打击乐器，由长短不一的铝板条或钢片组成，每根音条上刻有音名，按照基本音级顺序排列，固定在一个梯形木制共鸣箱上，它配有一副橡皮头的音槌或金属小槌，直接敲击音条发音。铝板琴有单槌击打或双槌轮击、滚奏、刮奏等奏法，音色清透、响亮，属色彩性乐器。

2. 木琴

木琴是有固定音高的打击乐器。它由长短不一的硬木条按音的高低顺序排列组成，配有一对木槌。木琴靠敲击音条发音，可用单槌单击也可以双槌轮击、滚奏、刮奏等奏法，音色清脆、响亮，弱奏时又柔和、甜美，属色彩性乐器之一。

3. 自制乐器

近年来，一些幼儿园为了培养幼儿的创造性思维和动手能力，还充分利用废旧材料自制打击乐器。如向废旧的易拉罐、塑料瓶里装一些沙子，可制作成沙锤、沙筒，用树杈、塑料瓶盖、铁皮瓶盖制作成棒擦，用竹板制成响板等小型打击乐器。还有用奶粉桶做成的架子鼓、编钟等大型打击乐器。总之声音悦耳、材料安全的，均可制成供幼儿使用的打击乐器，这不仅丰富了打击乐活动的教材，也培养了幼儿的创造能力和动手能力。

（二）强音乐器

1. 大鼓

大鼓是常见的强音乐器，其发声主要靠鼓槌，力度、位置不同产生的声音也不同。

2. 单面鼓

单面鼓属握执型鼓，以其形制特征而命名装有一手柄，使用时一手握鼓柄，一手握鼓棒，敲击鼓面中心部位发声。

3. 镲

一对用铜合金制成的小圆盘，中央微凸，靠撞击或摩擦发音，音色响亮，有延续音，演奏方法较多。

4. 锣

锣一般由铜合金制成,有大小之分,靠锣槌敲击发声。

(三)幼儿小型弱音乐器

1. 腰铃

腰铃是用金属制成的小铃均匀地固定在皮条或布条上,戴在幼儿腰上,随幼儿摇晃、跳动引起振动发音。声音清脆明亮,音色柔和。

2. 串铃

串铃用金属串成的马蹄形(或半圆形、棒形等)的若干个小铃,音色较碎,音量较小。靠敲击、摇晃或抖动引起的振动发音,也可左手握串铃,右手拍击左手背使其发声。

3. 三角铁

三角铁一般用绳子悬挂,由一种形状如等边三角形的钢条围成,发声时主要靠金属棒的敲击。

4. 碰铃

幼儿园普遍运用的乐器,由两个金属制成的小铃构成,相互撞击发声,其音色清脆,是打击乐器中的高音乐器。

5. 沙筒

筒形壳内装铁砂,有手柄,两只一副。使用时双手各握一只,上下抖动,让铁砂在筒内滚动发出声音。

6. 棒镲

三根细长木棒,中间一根较长连手柄,两旁短棒之间嵌有几副金属小镲片,也有的是用木片或木板制成,成为板镲。是木制与金属的混合音乐器。使用时右手握柄,左手拍击右手,使镲片互击并碰击木框架发声,音量小。也可两手各握一只,摇动发出声响。

7. 沙锤

沙锤一般在塑料、椰壳中填充沙子或者颗粒物,晃动发声。

(四)特色乐器

另外,还有一些特色乐器,如双响筒、铃鼓、蛙鸣筒、圆弧响板、木鱼、手拍板等。

二、幼儿打击乐能力的发展与教学内容

(一)幼儿打击乐能力的发展

1. 0~3岁幼儿打击乐器演奏能力的发展

事实上,人生来就具有一定的节奏感,如人体本身的呼吸、脉搏跳动、走步等,初生婴儿之所以在母亲的怀抱里会感到安静、踏实,就是他能感受到母亲有规律的心跳节奏;婴儿入睡时,听到母亲哼着摇篮曲并伴随有节奏的轻拍或摇床摇晃的声音睡得更安详、甜美。

2~3个月的婴儿对发出有节奏响声的"摇摇响""拨浪鼓"感兴趣;4~5个月的婴儿拿到有响声的玩具时,会时而拍打、时而摇动。1岁左右的婴儿在走步、踩脚、拍手或拍打玩具时,就开始显示出其节奏感的趋势;1岁半到3岁的幼儿尝试、探索声音的范围不断扩大,主动性更强烈,经常会自发地去敲击身边一切能发出声响的物品,如积木、纸盒、锅、碗、盆等,会随音乐而挥动手臂,扭动身体或拍手,会敲打玩具,力求配合音乐的节拍。渐渐地,幼儿在这种积极探索的过程中,获得了最初通过摆弄物体来制造声音的经验,发展起了最初步的有关长短、高低、轻重等声音概念的认识。

2.3~4岁幼儿打击乐器演奏能力的发展

3岁的幼儿在教师的引导下,一般能够逐步掌握一些主要用大肌肉动作来演奏的打击乐器,学会较简单打击乐器的演奏技能,如铃鼓、串铃、碰铃、圆弧响板、大鼓等。其中,最容易掌握的是铃鼓和串铃的演奏方法,对响板的拍奏和双手各持木柄碰铃的击奏也能较好掌握。由于碰铃的体积较小,需要双手各持一个进行撞击,对手眼协调能力有一定的要求,因此较小和幼儿掌握起来相对困难一些,尤其是穿起来的碰铃会更难一些。他们能够初步学会按照需要调整演奏所需的力量,奏出比较适中的音量和比较好的音色。但是,乐器的操作、探究能力会因为小肌肉尚未完全发育而受到影响。

在随乐能力方面,3岁幼儿稍有些欠缺,但是,在良好的教育影响下,到了3岁末期,大多数的幼儿能够做到基本合拍地随音乐演奏,并能从与音乐相协调一致的活动中得到快乐。

对于3~4岁的幼儿来说,在演奏过程中使奏出的音响与音乐相协调一致是有一定困难的,由于他们的动作发展、自控能力都较差,因而要体会集体奏乐活动中各声部之间的相互配合和协调有一定的困难。但是,让孩子通过同一种乐器的演奏,初步体会到与别人同时开始、同时结束的基本合作要求,还是切实可行的,在教师的引导下,他们基本能够学会在演奏时与他人一起整齐地开始和结束;能够初步理解简单的指挥手势,愿意在演奏活动中用积极的情感和态度与他人沟通、配合,别人指挥时,能面带微笑,与指挥者相互注视,并将身体前倾表示更乐于接近对方等。

3.4~5岁幼儿打击乐器演奏能力的发展

4~5岁的幼儿能掌握木鱼、蛙鸣筒、小锣等打击乐器的奏法,并且开始探索同一种乐器的不同演奏方法,还能掌握演奏技巧稍高的一类打击乐器,如铃鼓的晃、摇,沙球的震、击等。在乐器演奏的过程中,对乐器音色、力度、速度的调整和控制能力也有所提高。

4~5岁幼儿一般都能够基本合拍地演奏2/4、3/4和4/4拍的歌曲或乐曲。也能够与同伴同时开始和结束演奏,在多声部的演奏中,能处理好自己声部与其他声部之间的协调关系,懂得要始终注意指挥的手势。他们也能够掌握一定的打击乐作品,而且还能够在教师的提示、引导下,学会用一些基本节奏型语汇表达音乐,为歌曲选配一些简单的节奏型。

4.5~6岁幼儿打击乐器演奏能力的发展

5~6岁的幼儿已能演奏一些使用小肌肉操作的乐器,因此他们能够使用和掌握的打击乐器种类变得更多,能力也变得更强。他们能使用手腕带动来演奏的乐器,如三角铁、双响筒等。在演奏过程中,此阶段的幼儿会更有意识地去控制、调整用力方式和用力强度,奏出所需要的音量和音色等。他们对于同一种乐器的演奏方法更为丰富、细化,喜欢并能够用更多的方式探索同一种乐器的不同演奏方法,如用捏奏法演奏响板,用摇奏的方法演奏铃鼓等。

5~6岁的幼儿对演奏乐器表现得更为主动和积极,运用节奏、音色、速度、力度来进行创造性表现的热情和能力也越来越强。不仅体现在积极参与为乐曲选配合适节奏型的配器方案的讨论,会改变演奏方法或者将两种以上的不同音色混合起来,产生音色变化,同时还表现在探索打击乐器的制作和更主动、积极、大胆地尝试参与即兴指挥等方面。6岁末期,幼儿还可能学会用即兴指挥的方式来表现自己设计的演奏方案。

在随乐性水平方面,此阶段的幼儿能跟着音乐齐奏、合奏,也能在音乐的协调上进行尝试。

(二)幼儿打击乐教学的内容

1.打击乐器演奏的常规内容

打击乐器演奏的常规内容包括活动开始、进行、结束,是幼儿园打击乐教学中极为重要的组成部分。

2.打击乐器演奏的简单知识技能

打击乐器演奏的知识技能包括对乐器的了解、演奏方法掌握、配器技能、指挥知识技能,乐器与乐器的演奏方法掌握在本节中已经论述,这里不再赘述。

(1)配器

幼儿打击乐的配器可以通过以下三个方面来开展教学。

①音色对比

知道如何按乐器的音色给乐器分类。如碰铃、三角铁等音色都较明亮、柔和;串铃、铃鼓等摇奏时都有一定的毛糙感、波动感;圆弧响板、木鱼、手拍板、双响筒、蛙鸣筒等,音色都较干脆、坚实;铝板琴、木琴、电子琴等带有音高;大鼓音色沉着、厚实,锣、钹、镲等音色较为尖锐、粗糙和带有撕裂感,通常单独使用。

②音色的搭配

在配器中,如要制造强烈的效果,可在乐曲高潮处用较多的乐器齐奏,或者可用大鼓或其他可摇响的乐器持续猛烈摇奏等;制造热烈,欢快的音乐形象适宜选用铃鼓、大鼓、锣等强音乐器;如要制造轻快、柔和的效果,可用响板、串铃等乐器演奏;如要制造优美、抒情的音乐效果适合选用音色清亮、有延音的三角铁、碰铃等柔和地弱奏;如要制造轻盈、跳跃的音乐形象适宜选择声音清脆、响亮的木鱼、蛙鸣筒等,也可用可摇响的乐器轻柔地持续摇奏,如铃鼓、串铃等。总之,乐器的选配要考虑到乐器的音响特点和音乐形象、情绪、风格等相适应、相协调,这样才能够更好地表现乐曲。

③节奏的对比

幼儿可以掌握的节奏包括二分音符、四分音符、八分音符等,节奏型的选配可以采用固定的均匀的节奏型,也可以是歌曲或乐曲本身的节奏。具体开展的内容是可以体现强弱对比、力度对比、高低音量对比等。教师在选择配器方案时还要考虑到幼儿的实际能力。乐曲的选择,既要体现丰富多样,又要贯穿对比统一的原则。

(2)指挥知识

幼儿打击乐活动中的指挥知识,重点内容包括以下几点。

①指挥姿势要准确,以便灵活转动身体指挥各声部。

②指挥时身体略倾向于被指挥者,激发被指挥者的合作热情。

③学习如何开始、结束、击打、轮流、交替等的指挥手势。

④必要时,可以模仿乐器演奏的动作进行指挥。

⑤指挥时,尽量用手势、目光进行指挥,少用语言指示。

3.打击乐曲

打击乐曲分为两种。

（1）纯粹的打击乐曲，这种乐曲是由打击乐器来演奏，或者专门为打击乐器创作的。

（2）器乐曲或者歌曲也是打击乐曲的来源，也经常被采用，对这些作品进行配器就可以使用。

4.打击乐器记谱法

常用的打击乐器记谱法主要有图形记谱法、语言记谱法和动作记谱法三种。由于用图形、语言、动作等符号记录并设计的配器方案谱子比较直观，内容简单明了，因此，目前大多数的学前教育机构普遍使用。

（1）图形记谱法

图形记谱法主要是用不同的图形来表现配器的记谱法，设计时可以使用几何图形、形象化图形或者其他图形、图片，要注意颜色的运用。

（2）语言记谱法

语言记谱法主要是用语言表现配器的记谱法，所用的语言应该选用能够激发幼儿兴趣的，容易上口并、容易记忆的词语或者句子，也可以使用象声词或无意义的音节。

（3）动作记谱法

动作记谱法是通过使用不同动作来表现配器的记谱法，可以使用舞蹈动作、身体动作（如拍手、拍腿等）模仿动作。要注意在节奏较密集的节奏型上，应该安排简单的动作，这样幼儿才容易掌握。

三、幼儿打击乐教学的实践

（一）欣赏音乐

欣赏音乐主要就是让幼儿熟悉音乐要表达的主要内容和曲式结构特点，感受音乐的速度、力度变化，节奏快慢的变化，音乐风格和情绪的变化。

（二）教学活动的导入

在集体的打击乐器演奏活动中，活动的导入部分对激发幼儿的活动兴趣、顺利开展活动起着非常重要的作用，常见的导入方法包括：故事导入（该方法主要适用于具有更多形象或情节描写性的打击乐作品）；韵律活动导入（该方法主要适用于打击乐的韵律活动曲）；歌唱导入（该方法主要适用于适合打击乐的歌曲）；总谱学习导入（该方法主要适用于原配器创作比较复杂、精美、完善的打击乐作品）；总谱创编导入（这种方法主要适用于原设计比较单纯，可以让幼儿有更多创造性表达机会的打击乐作品）；音乐欣赏导入（该方法主要适用于原创意本身比较复杂、精美、完善，更值得让幼儿欣赏或更值得用来教幼儿学习怎样欣赏的音乐作品）；主要声部导入（该方法适用于本身含有主次两个部分，其主要部分比较复杂、精美、完善的打击乐作品）；主要声部创编导入（这种方法适用于本身含有主次两个部分，其主要部分比较单纯，可以让幼儿有更多创造性表达机会的打击乐作品）。

（三）介绍乐器的名称和使用方法

教幼儿观察乐器的外形特征，再让幼儿探索乐器如何发声，听辨乐器的声音特点，最后，由教师统一讲解各种打击乐器的使用方法。

(四)空手练习

教师应该带领幼儿以各种节奏动作(拍手、捻指等)配合练习各种乐器,各个声部的节奏型,帮助幼儿尽快掌握各种节奏,待整齐之后再过渡到使用乐器阶段。

教师也可以采用分部练习的方法和分段练习的方法,分部练习是指幼儿按各自不同的演奏谱各声部分组练习,初步掌握以后再将两组或两组以上结合起来进行练习。分段练习是指有的打击乐曲具有不同对比乐段,可以让幼儿分段掌握,一段一段的进行练习。

需要注意的是,长时间空手练习会大大降低幼儿学习的积极性、主动性,而且会减少幼儿在集体练习打击乐器的过程中的乐趣。同时,还会丧失让幼儿感受乐器不同音色、不同音响特点在合奏中产生何种效果的机会。中、大班的幼儿如果有了足够的节奏与演奏经验,也可以省略这一过程。

(五)随音乐打击乐器

随音乐打击乐器主要可以从三个方面来练习:首先,分声部练习,按照曲谱的各声部分组练习,掌握节奏后,再逐次递增一个声部,直到各个声部都可以结合在一起;其次,可以分段练习;最后是整体练习。

在幼儿随音乐打击乐器教育活动中,也可以适当尝试带领幼儿自编自演节奏乐曲。教师可以为幼儿选择他们十分熟悉和喜爱,有明显特点,易于用节奏乐表现的音乐作品交给幼儿编演,包括幼儿平时唱的歌曲,欣赏的歌曲、乐曲、舞曲和游戏曲等。作品选定之后,教师要带领幼儿分析音乐的情绪和内容,在教师的有意识引导下,师生进行充分的讨论,最后,教师对讨论的结果进行整理总结,引导幼儿自己配器。

打击乐最容易带动人心,亲自动手敲打乐器是乐趣无穷的。打击乐不仅是人类最早的音乐形式,也是最国际化、最便于沟通的音乐。作为学前教育工作者,应充分利用打击乐教学,提升幼儿的音乐素质,培养幼儿的音乐能力。

(六)教学活动的空间处理

打击乐器演奏活动中,声部、音色的混响效果与幼儿座位安排的有序性都是活动整体审美效果的有机组成部分。因此,教师要科学地对各乐器组空间位置进行合适的处理。在常规的打击乐器演奏活动中,相同音色的一类乐器在空间安排时应集中在一起。如"碎响音色"组(铃鼓或串铃)、"圆润音色"组(碰铃和三角铁)、"脆响音色"组(木鱼、单双响筒、响板)、"混响音色"组(大鼓或大铉)。大鼓和大铉的音色主要是起混响作用的,应根据配器、指挥与幼儿的反应能力等具体情况灵活处理。例如,它们的演奏与铃鼓声部的演奏完全相同时,可将它们安排在铃鼓部的后面;大鼓和大铉声部完全独立时,应该把它们安排在指挥的身边或任何可显示其独立性的空间中;大鼓和大铉分开演奏时,可将它们分别安排在它们各自所加强的那个音色组所在的空间之中;大鼓和大铉在相互交替配合演奏时,它们在空间处理上应该安排在一起。

第六章　学前儿童美术教育与活动指导

第一节　学前儿童美术教育概述

一、学前儿童美术教育的含义、特点与价值

(一)学前儿童美术教育的含义

1. 美术

美术是艺术的分支。在艺术分类中,美术也称造型艺术、空间艺术或视觉艺术,是指用一定的物质材料,如颜色、纸张、画布、泥土、石头、木料、金属等,塑造可视的平面或立体的视觉形象,以反映自然和社会生活,表达艺术家思想观念和感情的一种艺术活动。

17世纪,欧洲开始使用"美术"一词,泛指具有美学意义的一切活动及产物,如绘画、雕塑、建筑等。18世纪产业革命后,美术的涉及范围有所扩大,有绘画、雕塑、工艺美术、建筑艺术等,后期还涉及书法和篆刻艺术等。五四运动前后,我国开始广泛使用这一名词。现今欧美主要国家则把美术统称为艺术。

2. 学前儿童美术

学前儿童美术是指幼儿所从事的造型艺术活动,它反映了儿童对其周围世界的认识、情感和思想。儿童美术作品不仅反映了儿童眼中的世界,也反映了儿童心中的世界。

学前儿童美术是儿童自我表达的一种方式,是其对外界事物的感知、认识的再创造和再加工,是儿童的自我展现。绘画是幼儿表达自己对周围事物的感受和内心意愿的主要方式之一。通过绘画,人们可以了解儿童成长中的很多方面,如智力、性格、爱好等。

学前儿童美术活动大致可分为绘画、手工和美术欣赏三大类。绘画活动从使用的工具、材料及表现形式上,分成蜡笔画、彩色铅笔画、粉笔画、水墨画、手指画、棉签画和水彩画等;从活动内容上,分为物体画、情景画、意愿画和装饰画等。手工活动分为纸工和泥工等。美术欣赏活动是对各种造型艺术作品和具有美学特征的事物的观赏。

儿童在进行美术创作时,不断地将现实、主观意向和美术活动几个方面进行协调。美术本身也是一个协调的过程,我们可以通过儿童的美术表现直接观察到其心理的轨迹。儿童美术具有率直性、求全性、符号性、动态性、夸张性等特点。

率直性是很多儿童通过美术表现出坦率和真诚的特征。他们的真实与成人的客观写实是不一样的,客观的真实和逼真他们还做不到。儿童美术标准更侧重的是对不对,而不是像不像。儿童不断地表明自己对事物的认识状况,往往没有成人的伪装,而是自然流露。

求全性是指儿童进行美术创作时,往往将不同角度看到的东西,以及知道的、想到的或彼此无关的东西都拼凑、罗列到画面上,直到画满为止;有的是把从外部看不见的物体也画出来,画中各物体之间互不遮挡。这种求全性,还表现为宁肯让部分重叠出现,也不肯少画,如画侧面的人像也要画两只眼睛。求全性表现出儿童的认知特点。这种求全性源于儿

童对事物认识的渴求,源于儿童对世界认识的不完整性。

符号性是指儿童美术无法如实摹写客观物象及其许多特征,仅仅保留其最基本的形式。例如,儿童通常是用简单抽象的线条来描绘对象,画人像时抽掉了人的不同性别、不同年龄、不同职业、不同外貌等人物特征,仅保留区别于其他动物的主要特征,甚至接近符号的形式。这是儿童无意识的表现,是对描绘对象的简化和概括。

夸张性是指儿童在进行美术创作时,无论是在构图、色彩的搭配,还是对人物、物体的特写时,擅长运用夸张的手法。儿童往往擅长突出美术创作对象的某一特征,使这一特征具有很强的感染力和表现力。

3. 学前儿童美术教育

学前儿童美术教育是指教师按照学前儿童身心发展的规律,有目的、有计划地引导儿童用各种笔、纸等工具和材料,运用线条、造型、色彩、构图等艺术语言创造出视觉形象,培养其美术审美能力和美术创作能力,最终促进其人格和谐发展的一种审美教育。学前儿童美术教育包括以下三层内容。

(1)情感教育

儿童对美的追求,不仅反映在对自然的评价上,也表现在对外界一切美的事物的热爱上。那些美的真实景色,无不引起他们的奇思遐想。正如郭沫若所描绘的那样,幼儿看见一只美丽的蝴蝶在花丛中翻飞,使他心中发出一种快乐的情趣,他便连声叫道:"啊,蝴蝶呀,蝴蝶呀,好看的蝴蝶呀!"这是情趣的直写,这是幼儿的诗,但等他稍大了,他便模仿着画只蝴蝶或者还要添些花草上去。这段话生动地描述了儿童对美的追求与情感的袒露。

由于儿童的生理机能尚不完善,手、眼、脑三者的配合尚不协调,因此画出来的形象具有荒诞、奇特、不合常理等特点。对儿童而言,艺术就是一种游戏,只有他们从中获得欢乐和愉快的体验时,艺术才能真正成为他们的需要,并且被他们所接纳。所以,儿童绘画就像玩一场游戏,图画是儿童自娱自乐的产物,是他们对外部世界的真实感受和内心世界的真诚流露,是真、善、美的体现。通过绘画不仅可以锻炼儿童手、眼、脑的协调能力,而且还可以激发他们热爱生活、热爱自然的情感,培养他们勇于探索的精神和独立创新的能力。

(2)创造教育

儿童都具有美术创作的潜能。在儿童的美术作品中,我们经常可以看到一些在成人看来既可笑又可爱的形象,如不合逻辑的构思、不合比例的造型、随意安排的空间构图等。这些都是儿童从自身经验出发,经过大胆想象创造出来的。因此,学前儿童美术教育应当鼓励和指导儿童以自己的眼光观察周围世界,形成有特色的艺术表象,并鼓励其大胆想象,艺术地表现自己的体验。儿童画与成人画相比,尽管在表现形式和技法上无法相提并论,但其纯真、质朴的童趣则是成人画所不及的。这种纯真、质朴的童趣往往给人更强烈的视觉冲击力。因此,教师应珍惜和爱护儿童美术作品的这一特征,不应在"形"上做文章,评价"像不像""美不美",应学会理解和尊重其心理特征。学前儿童美术教育的重点应是创造性思维的培养,而不是技能的传授。通过绘画、手工操作等方式引导儿童如何思考远比知识技能的传授重要。

(3)操作教育

美术活动是一种手、眼、脑并用的活动,需要运用多种感官去感知审美对象,用大脑去想象、理解、加工审美意象,用语言去表达自己的审美感受,用手操作美术工具和材料。学前儿童的手、眼初步协调,但未达到随心所欲的程度,肌肉的发展遵循由早期的大肌肉动作

(如手臂运动)逐渐到小肌肉动作(如手腕运动),再到精细肌肉动作(如手指运动)的顺序。因此,教师应该围绕教育目标精心设计美术教育活动,应当为儿童提供充分操作的机会。部分家长和教师片面重视文字、数字的教育,使儿童左脑负担过重,右脑锻炼不足,不利于儿童左右脑的协调发展。

(二)学前儿童美术教育的特点

学前儿童美术教育是满足儿童感受美的情感教育活动,最终目标是培养儿童的创造力、想象力、思维能力。学前儿童美术活动的内容涵盖了儿童生活的很大一部分,儿童的所见所闻,包括对周围环境的人物、动物、植物、风格、建筑、各种有趣的玩具和幼儿园的生活游戏等,都是通过美术活动体现出来的。

1.情境性和情感性

儿童丰富的情感往往是他们参与到各种活动中的原动力,因此,在进行学前儿童美术教育时,教师应首先考虑幼儿的情感需要。儿童对美术有一种自然的需要,他们喜欢在这里涂涂,在那里画画,不是因为需要一份作品,而是因为幼儿将美术作为表达他们情感的一种自然途径。儿童在观察和探究周围的世界时,总是容易将自己的情绪、情感投射到物体本身,再用一种十分感性的方式来把握和理解世界。例如,儿童会觉得大树和花儿跟他们一样高兴或难过,所以儿童画中的植物往往都有表情;他们也会把天上的星星当作点亮的小灯,把落叶当成妈妈的宝宝等。正是由于儿童与周围事物间的这种情感上的共鸣,促使他们以美术的形式将其表达出来。因此,在对儿童进行美术教育时,教师应该为儿童创造宽松愉悦的心理环境和充满情感色彩的审美环境;在让儿童观察事物时,要注意和儿童进行情感上的沟通,使他们产生审美愉悦感,从而让儿童愿意和喜欢通过美术活动来表达自己的情感和想法。同时,教师也要鼓励儿童将自己的作品与他人进行分享和交流,在这种交流的过程中,儿童不但沟通了情感,也获得了新的情感体验和满足。

2.创造性和主观性

每个儿童都拥有创造的潜力,儿童所特有的不受客观世界规则所约束的想象力,使他们具有独特的创造天赋。与成人的创造力不同,儿童的创造力是指创造出对其个人来说全新的、前所未有的事物的能力。具体来说,就是儿童在美术教育活动中,利用物质材料和主观经验加以重新组合,制作出对其个人来说是新颖的、有价值的美术作品的能力。需要注意的是,儿童的创造性想法和表达,往往只是基于他的个人价值,若成人依据自己对美术作品好坏的标准来衡量,其结果只会埋没了儿童的创造性。而儿童美术作品的珍贵之处,恰恰就在于他不受任何条条框框和规则的限制,不用考虑逻辑和比例,凭他们自己的想象和主观感觉来表达自身的情感。因此,教师在看待儿童美术作品时,要多站在幼儿的角度,用欣赏和发现的眼光来评价。从儿童美术教育的角度来说,一幅精美的或栩栩如生的作品可能并不比一幅随意的涂鸦更有价值。教师要保护儿童的这种创造性,既要有发现儿童创造的眼光,又要有积极的鼓励行为。

3.操作性与实践性

美术教育中不可缺少的重要组成部分之一就是操作。儿童正是在操作中亲身体验某种情感的发展,体验美术活动的乐趣,进而获得审美感知和审美创作的。也是在操作中,儿童进行多种感官的协调活动,从而创造出属于自己的、真正表达自己情感的美术作品。

学前儿童美术教育活动中的操作包括心理操作和实际操作两个方面。在心理操作过程中,儿童主要通过多种感官来观察和感知审美对象,用脑去想象、理解和加工审美意象,从而获得审美情感的体验,并在自己和审美对象之间形成一种情感上的共鸣;然后用语言同他人交流自己的这种审美情感;最后,儿童通过实际操作,运用美术工具和材料将自己的想法和情感表现出来。教师要注意的是,强调操作并不是强调儿童美术的具体技巧,也不是强调最后完成的美术作品要达到什么标准,而是强调儿童在操作过程中,在多种感官协调下所获得的体验,对儿童今后的审美修养和艺术素质的发展来说,这远比单纯的技巧要重要,并且有意义得多。

(三)学前儿童美术教育的价值

纵观学前儿童美术教育的百年变迁历史,我们可以看出,学前儿童美术教育的价值取向是一个不断适应社会变迁而发展前进的过程。当然,它的发展是建立在不断将外来的教育思想融会贯通,去其糟粕,取其精华之上的,通过不断的实践加以判断实施。简单来说,学前儿童美术教育的价值取向是一种循环上升的过程。在此过程中,由于不同的社会背景、不同的文化冲突,使得我国学前儿童美术教育需针对"艺术精神"与"技能表现"和"个人价值"与"社会价值"等问题进行反思,让各种矛盾关系得到统一,在将美术教育的人文精神发扬光大的同时,通过对学前儿童的美术教育推动儿童身心的健康发展,注重儿童健康人格的培养,走出一条可持续发展的学前儿童美术教育之路。

艺术教育是学校实施美育的重要途径和内容,是素质教育的有机组成部分。如今,艺术类课程教学、课外艺术教育活动、校园文化艺术环境建设等都是现在学校艺术教育工作的内容。多年的经验告诉我们,儿童接受美术教育,可以使得儿童能够在充分了解我国的优秀美术历史文化的基础上,吸收外国优秀的美术成果,从而进一步提升自己的艺术文化修养,激发幼儿初步的爱国精神。与此同时,在儿童接受美术教育时,教师和家长应当引导孩子树立正确的审美观念,培养他们的创造力和想象力,从而促进儿童身心的健康发展。在幼儿园时,教师应当注重激发儿童学习美术的兴趣,让他们在美术活动中全面提升自己的基本素质,促进儿童智慧潜能的开发,培养儿童自己动手解决问题的能力。因此,我们应该明确儿童美术教育的3个价值取向,结合儿童接受美术教育能力的实际,通过美术教育,促进儿童身心的健康发展。

1. 审美价值

世间万物的存在构成了我们所生活的世界,它们在我们的世界里,都以自己特有的姿态和方式生长着和变化着,正是由于它们的独特和变化,让我们的世界能够和谐发展。让儿童学习美术知识,可以让儿童脱离只能辨别漂亮与不漂亮的认知状态,可以培养他们"审美的眼睛"。例如,冬天里,只有蜡梅不畏严寒,迎风绽放,傲然独立,它们用自己的高姿态表示了对生命的讴歌,这是一种傲然于世的生命之美。很多文人墨客都曾通过美术的方式将蜡梅的生命之美表现出来,让其成为艺术创造的美。美术家和艺术家们通过欣赏现实中的美景美物,创造出美术作品和艺术作品,这是一种审美创造。在学前儿童美术教育中,我们可以通过培养"审美的眼睛",来正确引导儿童发现美、创造美,可以使儿童在学习美术的过程中产生愉快的情绪体验,从而激发儿童学习美术的兴趣,使其主动投入到学习美术教育的过程中。

2. 教育价值

将所有学生培养成德、智、体、美、育全面发展的五好学生是所有学校的目标,其中要对学生进行美育,那么就必须对学生进行美术教育。通过美术教育,可以引导儿童树立正确的审美观念、陶冶儿童的情操、促进儿童智力的开发、培养儿童认知世界的能力和创造力、培养正确的思想道德观念等,从而促进儿童的全面发展。由此可见,美术教育的价值取向是学校实现美育的一种手段和形式。其实,在早期的社会,美育和德育是作为一体而存在的,因此在当时,美术教育兼具德育功能。

3.创新价值

自古以来,创新是一个民族发展的灵魂,也是一个民族日益发展壮大的不竭动力,而美术教育的发展也急需创新能力的提升。艺术着重培养的是学生的直接感觉经验,通过学生对景物的细致观察,培养学生的直接感觉经验,让学生在见到事物的同时,能迅速地运用自己的直接感觉经验,更好、更迅速地了解整个世界。在艺术世界里,艺术的价值在于问题没有绝对的正确答案,往往都是各自发挥想象的结果。在此情况下,通过艺术教育,学生的理解、认知、运用、接受模糊性和主观性事物的能力得到增强。不可否认,在艺术世界中,衡量美的标准并不具有唯一性,就像有的事物的正确答案不止一个是一样的道理,对艺术进行创新,摒弃千篇一律的答案,创造出绝无仅有的艺术,是实现事物艺术化的主要途径之一。

这3种美术教育价值取向是相辅相成、不可分割的,只有正确认识和把握好这三者的关系,才能更好地促进我国美术教育的发展,从而促进儿童的全面发展。

二、学前儿童美术教育的理论与实践

(一)学前儿童美术教育的几种理论

1.国内学前儿童美术教育相关理论

(1)以陈鹤琴为代表的我国早期学前儿童美术教育思想。

陈鹤琴先生是我国现代著名教育家、儿童心理学家和儿童教育专家,是我国现代幼儿教育的奠基人,被誉为"中国幼教之父""中国的福禄贝尔"。他全面系统地论述了幼儿教育问题,探索和创造了适合中国国情又符合幼儿心理发展特点的中国化、科学化的幼儿教育,形成了自己独特的幼儿教育理论和思想体系。

①关于儿童美术教育的基本观点

陈鹤琴认为,儿童美术教育是促进儿童身心发展的重要的教育活动,"幼稚园的教学是全面性的,包括智育、德育、体育、美育四方面"。学前儿童美术教育是开展美育的途径之一,在对儿童实施全面发展教育中起着重要的作用。

学前儿童美术教育的价值,具体表现在4个方面。

a.绘画可以表现儿童的美感。

b.绘画可以发展儿童的思想。

c.绘画可以增进儿童的知识。

d.绘画可以练习儿童的目力与手力。

陈鹤琴认为,儿童美术教育必须要依据儿童心理特点来开展。若不知道儿童的心理而施行教育,那这种教育必定是没有良好结果的。

陈鹤琴在其著作《儿童心理之研究》中,将儿童绘画的发展分为以下4个时期。

a.涂鸦期(1~2岁)。涂鸦期分为波形图、乱丝图和圆形图3个阶段。

b.象征期(2~3岁)。在这个时期,儿童的图画由圆形逐渐分化,所画的图画仅仅具有象征的意义。象征期可以分为普遍性的象征阶段、类别性的象征阶段和个别性的象征阶段。

c. 定型期(3~7岁)。这时期的儿童绘画,从简单到复杂,从正面到侧面,从呆板到有生气,有了性别和年龄的区别,出现了时间观念和空间概念,图画里开始表现出人的动作,图画中有了情节。

d. 写实期(7岁以后)。儿童这个时期的绘画基本上能反映客观的现实。随着儿童生活范围的扩大和生活经验的丰富,儿童图画的内容较定型期丰富了许多。

②关于儿童美术的教学方法

陈鹤琴结合自己的儿童教育实践,提出了一系列具有可行性的儿童美术教学方法。

a. 通过游戏的途径进行美术教育

陈鹤琴主张幼儿园采用游戏式的教学法去教导儿童。儿童的生活可以说就是游戏,教师可以利用这个动机去教导他们。应该让儿童有动手画的游戏、看图画的游戏、剪图的游戏、剪纸的游戏、着色的游戏、穿珠的游戏、塑泥的游戏、玩沙的游戏等。

b. 通过户外活动进行美术教育

陈宿主鹤琴反对把儿童关在室内进行教学的方法。他认为,新鲜的空气,明亮的阳光,都是儿童强身的要素,到了这种野外的地方,教师就可以随地施教,看见什么,就可以教什么。如果教师在这种适宜的地方,教儿童唱歌、做游戏、画图画、讲故事等功课,这样儿童既学了许多天然的实物,又可以学到普通所教的功课,并且可以增加儿童的欢乐,活泼儿童的精神,强健儿童的身体。

c. 通过与其他教学活动融合的途径进行美术教育

陈鹤琴批评幼儿园里分科的教学方法,认为这是违反儿童心理的,主张"整个教学法",即"把各科课程打成一片。"美术教学也可以与其他教学活动融合在一起。例如,讲故事的时候,就可以根据故事的情节,提前准备好剪贴图、描画图、拼图、排列图、着色图、穿线图等,让儿童在完成上述美术任务的同时,也了解了故事的内容,而且由于图画具有生动性和趣味性,能使故事在儿童心里留下更深刻的印象。

d. 通过美的环境进行美术教育

陈鹤琴注重审美环境对儿童审美观念的影响。首先是幼儿园的环境,在室外应该尽可能地开辟草场、花园、菜圃,栽培美丽鲜艳的花卉、蔬菜和绿荫浓浓的树木;在室内也应该布置一些适当的、富有教育意义的挂图、画片、漫画和故事画等,让儿童在这个美丽的环境里舒畅身心,陶冶情感。其次是家庭环境,家庭里有较好的布置,儿童不知不觉受到审美的影响,也会养成一种良好的审美的习惯。

(2)以屠美如为代表的我国20世纪后期的儿童美术教育思想的主要观点。

屠美如认为儿童美术教育应该以现代教育理念为基础,承认文化的支配点,也承认儿童的自由现象,最终实现三方面的培养目标:一是敏锐的审美感受力;二是丰富的审美情感;三是激发审美创造潜力。

①将儿童绘画能力发展分为4个阶段

a. 涂鸦期((0~4岁)

涂鸦期属于无目的的乱画,反映在画面上的是杂乱的线条,是缺乏视觉控制的肌肉运动。涂鸦后期,出现简单的目的,但不能成形,不注意色彩变化,常常使用单色笔,偶尔换另一种颜色笔涂画。

b. 象征期(4~5岁)

凭主观直觉印象描绘出物体的粗略形象,以象征物体的外形轮廓,多半是不完全的、有遗漏的,表现的是瞬间的、不明确的感情和意图。

c. 概念画期(5~8岁)

概念画期又称为知觉写实期,以自我为中心观察现实生活,用画来传达各种意念,多半用线条勾出平面的二次元轮廓,形象较完整,并注意用相应的色彩表达。

d. 写实期(8~15岁)

写实期指绘画进入自然描绘阶段,并出现"三次元期"的立体性体验。

②不同时期的儿童绘画的不同特征表现

绘画发展的趋势与文化背景的差异关系不明显,与年龄发展有密切关系,不同年龄之间存在显著差异,表现为以下4个阶段。

a. 前轴阶段(4岁)

儿童只能画出一个物体的空间,但是不能参照一条轴线表现一系列物体的相对高度。

b. 单轴阶段(大约6岁)

儿童能够把两种表现协调起来,沿着一条基底线安排一系列的物体形象。

c. 双轴阶段(大约8岁)

儿童能够处理两条参照轴线,表现出物体的背景。

d. 双轴联合阶段(10岁)

儿童能够以联合的方式处理两条参照轴线,为一系列物体定位,能比较恰当地确定物体在空间中的位置。

2. 国外学前儿童美术教育相关理论

(1)阿恩海姆的视知觉和视觉思维的理论

德国心理学家阿恩海姆以格式塔心理学的理论为依据,认为儿童笔下的简化图形并非是儿童缺乏绘画技能,而是其感知能力尚未分化的反映。例如,儿童先会画圆,然后才会画矩形。并不是因为他们对圆形的发现比对方形和直线形的发现更早一些。当儿童画处于圆形式样为主的阶段时,他还根本不能分辨形状。因此对于这些儿童来说,圆圈并不代表圆形性,而是代表事物的更为普遍的性质——事物性。

阿恩海姆认为,在儿童绘画时,他所面对的是把观察到的事物转化为二维平面的艰巨任务,在画纸上创作出与他所见的物体具有等同结构的形象。格式塔心理学派的心理学家发现,有些完形给人的感受是愉悦的,这就是那些在特定条件下视觉刺激物被组织得最好、最规则(对称、统一、和谐)和具有最大限度的简单明了的完形。一些不能给人以愉悦感受的形体,都会在人的知觉中产生一种改变它们并使之成为完美的结构的倾向,这种竭力将视觉刺激物加以组织、改造或纠正的现象,最突出地表现在儿童绘画中。儿童画并不像一般人认为的那样是依葫芦画瓢的,而是对原物做了大幅度改造之后的形象,因而看上去极为简约。这种现象不能完全归结为儿童的智力或绘画能力的水平较低,而是归结于儿童知觉中占优势的简化倾向,即那种把客观事物改造为完美简洁的(或好的)图形的倾向。正是在这种倾向的支配下,儿童画大都是二维的和较规则的圆形和椭圆形。这种倾向似乎毫不顾及原形,只以简洁为准。

阿恩海姆指出,当儿童致力于创造与所观察的物体结构上等同的形象时,他倾向于忽略所画的物体之间所存在的关系,这种忽略就是在儿童画中常见的因局部解决问题而导致忽略画面整体关系的表现方式。

（2）里德和罗恩菲德的工具论与艾斯纳和格内尔的本质论观点

20世纪以来，西方儿童美术教育界逐渐形成了两大理论派别——工具论和本质论。

①工具论儿童美术教育观点

约翰·杜威的教育理论是工具主义美术教育观的主要思想基础。工具论者把美术教育当作儿童自然发展的工具，美术教育的根本目的是促使儿童自然发展；美术教学要根据儿童的兴趣和本性，教师不应有过多的参与或指导，在美术课堂上，儿童可以随心所欲地进行美术活动；在教学计划中，美术可以与别的科目相结合，很多情况下成了服务于其他科目的附庸。工具论的主要代表人物是赫伯特·里德和维克多·罗恩菲德。

a.里德的美术教育观

英国著名艺术教育家、艺术理论家和评论家赫伯特·里德提倡通过美术教育促进儿童人格成长，他认为儿童具有许多与生俱来的潜能，并有不同的表现类型（依思考、感情、感觉、直觉，将儿童分为8种表现类型），美术教学应该按不同类型分别予以指导。

赫伯特·里德对艺术在教育中的地位看得很高，把艺术看成是适应社会的人的个性的自我定位最有效的手段。他认为人类的不幸主要溯源于个人自发创造力受到压制，人格自然的生长受到阻挠，教育唯有运用艺术，才能摆脱这种状况，达到自我实现。也就是说，艺术教育的目标是促使儿童自发创造力与人格自然地成长。

b.罗恩菲德的美术教育观

维克多·罗恩菲德是美国当代著名的美术教育家、心理学家他综合美术教育理论和实践，形成一套颇有影响的美术教育观。罗恩菲德认为，在艺术教育中，艺术只是一种达到目标的方法，而不是一个目标。艺术教育的目标是造就富于创造力的身心健康的人。而创造性是每个儿童都具有的潜能，为使这种潜能得以实现，教师或家长应该为孩子排除干扰，避免让儿童使用着色画本，也不要从成人角度评价儿童作品，这样，每个儿童都会无拘无束地运用创作欲望，运用自己的感官去感受和体验生活，这就是发挥创造力的最佳途径。

②本质论儿童美术教育观点

布鲁纳的结构主义教育理论是本质主义美术教育观的主要思想基础。本质论强调美术教育的本质性价值，倡导以学科为基础的美术教育。本质主义者认为，美术教学应具有学科性、顺序性，主张系统化的课程设计与指导方法，并且以学科的标准来评量儿童的学习成果。本质论的代表人物是艾斯纳和格内尔。

艾斯纳强调美术教育的主要价值在于对个人经验的独特贡献。他指出："美术是人类文化和实践极其特殊的一面，而且美术能为人类实践做出的最可贵贡献是直接与其特性相联系的。美术能为人类教育做的贡献恰恰是别的学科所不能做的。因而，任何一项将艺术首先作为其他目的服务工具的教育计划都会冲淡美术的意义。美术不应屈尊服务于其他目的。"与工具论者相反，艾斯纳提出美术能力不是自然发展的结果，而是学习和教育的结果。"美术学习不是随儿童成长成熟的自然结果，美术学习可以通过教育指导得到促进。"艾斯纳认为美术教学的领域应包括三方面：美术创作、美术批评和美术史。要使这三方面教学卓有成效，则需要有系统化的、连续性的课程设计，而且，对教学要尽量评估，因为无论是有形的还是无形的评估，对师生的教与学都是大有裨益的。

工具论和本质论各自在不同的教育背景下产生和发展，它们有着不同的价值观，不同的目标、内容和方法。工具论以实用主义教育理论为发展土壤，提倡以儿童为中心的美术教育。它重视儿童兴趣,强调儿童自发性和创造性培养,但忽视系统的美术知识和技能传授。因此,这种美术教育不可能培养儿童具有丰富的美术知识和技能。而有限的美术知识和能力又限制了儿童向高层次美术创造力发展的条件,因为高水平的创造必须以丰富的知识和能力为基石。本质论以结构主义教育理论为渊源,要求以教师和教材为中心。它重视艺术的创作、欣赏、理解和评价等审美能力的全面培养,但对自发性表现的启发显得不足。此外,严格的课程设计和教学也容易走向形式化和乏味枯燥。这两种理论,瑕瑜互见,各有扬抑,但是都重视美术活动中的创造性。

（3）加德纳的多元智力理论

根据加德纳的多元智力理论,作为个体,每个人都同时拥有相对独立的8种智能。这8种智能在现实生活中并不是绝对孤立、毫不相干的,而是错综复杂地、有机地、以不同方式不同程度地组合在一起。

学前儿童美术教育有其形象性、情感性和审美性,而语言智能、音乐智能和空间智能与艺术活动有直接的联系。智能的定义和评估必须情景化,离不开文化背景,但又有差异。在学前儿童美术教育中,应该借鉴多元智力理论,确立促进学生素质全面发展的质量观,注重个性和发展的评价观,智能化培养比知识更重要的能力观,尊重学生智能结构而因材施教的教学观,在学前儿童美术教育教学中实践多元智力理论,深入推进素质教育。

（4）洛利斯·马拉古齐的儿童美术教育理念

瑞吉欧是意大利东北部的一座城市,自20世纪60年代以来,洛利斯·马拉古齐（Loris Malaguzzi）和当地的幼教工作者一起兴办并发展了该地的学前教育。逐渐探索出了一种颇具特色的学前教育模式,并且在20世纪80年代初迅速地传播开来。瑞吉欧学前教育体系是非常丰富的,单就美术教育思想来看,主要表现在以下几个方面。

①美术是儿童的一种语言,是儿童自我表达的工具

美术是内在于儿童的一种自我表达工具,是儿童的一种语言,因为语言的本质含义就是进行自我表达、相互交流的一种物质手段或符号。他们认为儿童在真正掌握人类所特有的语言文字符号之前,会有多种自我表达的形式,即所谓"儿童的一百种语言",这包括动作、表情、声音、姿势等,而尤为重要的就是美术。

绘画不仅仅是儿童的一种技能练习,它更是儿童情感表达的一种方式,是儿童的一种语言,教师要能读懂这种语言,就必须具备一定的艺术素养和扎实的心理学、教育学功底。

②教师的首要作用在于体会儿童图画的内涵,解读儿童的心灵,促进儿童的发展

不同于传统学前美术教育把教师的首要作用定位在传授绘画技巧、培养绘画技能上,在瑞吉欧学前教育体系中,教师的首要任务是揣摩儿童绘画的内涵,解读儿童的心灵,在此基础上进一步促进儿童的发展。对儿童"涂鸦"的正确理解是开启儿童心智的一条重要途径,是探索与研究儿童的一个很好的工具。瑞吉欧学前教育专家充分认识到了这一点,他们认为对于儿童的正确理解是一切教育得以成功的最关键因素,因此在美术教育中他们特别强调教师对儿童绘画的解读和对儿童心灵的理解,力图通过美术语言这一师生交往的中介,来培养儿童的好奇心、求知欲、主动性,以及对待事物和周围生活的兴趣、态度、意识和探究精神,从而最终将儿童的学习引向深入。

③强调师生间的互动,强调儿童之间的交流和分享

瑞吉欧幼儿教育强调儿童、教师共同分享事物、经验的意义。教师在儿童的学习过程中也参与其讨论,如教师经常请幼儿解释他们在图画中画了什么和为什么,或者要求幼儿

回顾所发生的事,一起与他们谈话并捕捉幼儿所说的与所做的细节的深层原因。然而教师并非在运用权力,而是在与儿童一起发现,一起惊叹,在平等的师幼互动中一起分享,一起成长。

(二)学前儿童美术教育的几种课程模式

1.目标模式

目标模式是以目标为课程设计的基础和核心,围绕课程目标的确定及其实现、评价而进行课程设计的模式,是20世纪初开始的课程开发科学化运动的产物。因此,目标模式被作为课程开发、课程设计的传统、经典模式,主要代表模式是被尊为"现代课程理论之父"的拉尔夫·泰勒(R.Tyler)所创立的"泰勒模式"。

泰勒指出,任何课程设计都必须回答以下4个问题。

(1)为什么教(或学)?

(2)教(或学)什么?

(3)怎么教(或学)?

(4)如何评价教(或学)的效果?

这4个问题构成了"目标""内容""组织"和"评价",称为课程开发与设计的永恒范畴,也被认为是课程设计的步骤。目标模式还有其他的一些类型,但它们都没有超出泰勒的这4个问题范畴,往往被人们认为是对泰勒模式的补充。

在实际的运作中,目标模式被细化为7步以便于操作,即诊断需要—形成具体的目标—选择内容—组织内容—选择教学活动—组织教学活动—评价。

目标模式有两个显著特征:一是以明确、具体的行为目标作为课程设计的核心,目标是课程设计的起点,也是教育活动的终点,这里的行为往往是那些显而易见的外在行为;二是这种设计模式意在控制,追求效率。

2.过程模式

过程模式(process model)由英国著名课程理论专家劳伦斯·斯滕豪斯(L.Stenhouse)提出。斯滕豪斯建构过程模式始于对泰勒原理的批判。他认为目标模式误解了知识的性质,误解了改善课程实践过程的本质。对于训练行为技能来说,目标模式很适用;但对于知识的学习是不适用的,因为知识的本质在于可以通过知识的运用进行创造性思维。课程应该考虑知识中的不确定性,鼓励个体化、富于创造性的学习,而不是把知识及其学习作为满足预定目标的尝试。斯滕豪斯认为目标模式的方法不能改进实践,而帮助教师改进教学,发展教师在课程实践中的批判、反思的意识和能力正是过程模式追求的目标。

过程模式的理论基础是知识及其教育本身具有内在的价值,无须通过教育的结果来加以证明。人们可以对它们本身具有的价值进行争论,而不是对其作为达到目的的手段的价值进行争论。因此,斯滕豪斯提出课程开发和设计的任务是选择活动内容,建立关于学科的过程、概念、标准等知识形式的课程,并提供实施的"过程原则"。

3.实践模式

施瓦布是美国著名的课程理论专家,他提出的实践模式的课程理论与传统模式的课程理论背道而驰,强调课程的实践价值和动态过程,重视教师和学生在课程开发中的作用,他提出的实践模式的课程理论强调课程的实践价值和动态过程,追求课程的实践性,重视课程开发中结果与过程、目的与手段的统一,主张用集体审议的方式解决课程问题,同时把教师和学生视为课程的主体和创造者。

第二节 学前儿童绘画活动

一、学前儿童绘画活动的设计思路

(一)幼儿园绘画活动的不同类型

幼儿园绘画教育是指教师引导儿童学习简单的绘画工具和材料的使用方法,运用线条、形状、色彩造型要素,以及变化、平衡、强调等造型原理,创造出可视的平面形象,表达自己的审美感受的教育过程。

1. 从工具材料和表现技法区分

绘画从工具材料和表现技法上可分为蜡笔画、水彩画、印章画、棉签画、手指画、吹画、滚画、喷洒画、泡泡画、拓印画等。

(1)儿童用蜡笔、油画棒、彩色水笔、彩色铅笔等工具在纸上绘画较为普遍,但用其他工具材料绘画让幼儿对绘画活动感到新奇,也能满足他们探索和创造的欲望。

(2)毛笔画是用毛笔和不同的颜料在宣纸、皱纹纸、纸手帕等材料上作画,包括水彩画、水粉画和水墨画。

(3)印章画是用萝卜、土豆、橡皮等,或用积木、笔帽、纸团、布团、手脚等蘸上颜料印在纸上的画。

(4)棉签画是用棉签代替笔进行绘画,主要是用于画轮廓和涂颜料,对于儿童来讲,棉签比笔更安全。

(5)吹画是先将颜料滴在纸上,然后儿童用嘴吹出不同的形状和式样,并加以修饰。

(6)手指画是用手指蘸上颜料在纸上、玻璃上、墙面上作画。

(7)滚画是用可滚动的玻璃球、石子、积木、玩具车车轮等蘸取颜料在纸上自由滚动形成绘画作品。

(8)喷洒画是在图画纸上摆放不同形状的纸片或窗花,然后用刷子蘸上颜料,用硬片轻轻地刮刷子,颜料喷洒在图画纸上,当颜料覆盖纸面后,轻轻地拿开纸片、窗花,纸上就出现了纸片、窗花形象的复印。

(9)泡泡画是在吹泡泡的肥皂水里加入不同颜色的颜料,然后用吸管蘸上肥皂水吹泡泡,将吹出来的泡泡轻轻地碰到图画纸的适当位置,泡泡破后在纸上留下图形,在此基础上进行一定地添加和组合形成丰富的画面。

(10)拓印画是将钥匙、硬币、树叶等放在图画纸下面,然后用铅笔在纸上反复涂,拓印出纸下的物体形象;或者将物体涂上颜色,印在纸上,用橡皮平铺泥工板,然后刻画、涂色,用纸覆盖揭下,即为拓印画。在吹塑纸等厚纸上刻画、涂色、盖印出的作品,也为拓印画。

2. 从内容上区分

从内容上区分,绘画可分为物体画、情节画和装饰画。

(1)物体画是以物体为主要描绘对象,培养幼儿的造型能力,如"绿绿的草地下雨了""金鱼吐泡泡"等对有形物体的绘画。

(2)情节画是以一件事情为主要描绘对象,反映一定的主题,表达某种思想感情,培养幼儿的构思能力及处理事物之间相互关系的能力,通常是中、大班幼儿绘画的内容,如"春天来了""动物联欢会""我的一家"等活动。

（3）装饰画是指幼儿利用各种图案和色彩,在不同的画纸上进行和谐、有规律的装饰美化。

3. 从教师是否命题上区分

从教师是否命题上区分,绘画可分为命题画和意愿画。

（1）命题画是指由教师确定绘画的主题和要求,儿童按照一定要求完成的绘画。命题画可以帮助儿童学习造型、设计、构图等形式语言,主要描绘对象为单一物体,侧重于对儿童创造性能力的培养。命题画的关键在于教师的命题,命题内容包括直接的（幼儿在幼儿园和家里亲身感受的）或间接的（幼儿在电影、电视、图书上看到过的）生活经历。所以教师必须从幼儿的实际出发,深入地了解学前儿童,选择那些儿童感兴趣的或与他们的生活经验相关的内容作为绘画的题材。一般来说,自然景色、日常用品、人物、植物、动物、交通工具与生产工具、建筑物,以及简单的生活事件等都可以作为命题画的内容。

（2）意愿画是指儿童自己独立确定具体内容、形式和表现方法,按照自己的意愿构思、创作的绘画方式,由于意愿画需要儿童对自己在生活中的所见所闻和自己头脑中的东西进行独立的加工和改造,因此,意愿画主要的功能在于发展学前儿童的创造力和想象力。同时,由于意愿画是由儿童自己独立创作的,因此,意愿画对教师指导的要求也更高。意愿画又分为记忆画和想象画。记忆画如"快乐的儿童节""我的星期天"等活动,可以锻炼幼儿的记忆能力;想象画又可分为现实性想象画和虚幻性想象画,如"我长大了以后""七彩的梦"等题材。

（二）绘画活动方案的设计思路

活动方案是指各单元活动计划,它直接关系到美术教育任务的落实。活动方案的设计因人而异,因活动而异。教师对活动方案的设计主要包括绘画活动内容的选择、活动目标的制定、活动准备的预估、活动过程的设计等。

1. 绘画活动内容的选择

绘画活动内容的选择是活动方案设计的开端。教师在选择活动内容时,应注意活动内容既要适应幼儿的年龄特点与经验、能力水平,又要具有一定前瞻性的教育价值。教师对活动内容的选择是一个反复思考权衡的过程。选择好的活动内容,才能设计出好的活动方案。

（1）活动内容的定义

首先要将创作内容与创作形式区分开。创作内容是指作品再现或表现的物象、情节、意义等。绘画活动内容不仅包括上述创作内容,还包括创作的方式,如色彩、拓印、线描等,即一般所说的美术形式。每一个单元活动的名称都是由创作内容和创作形式组成的,只有将它们结合起来才能构成一项绘画活动内容。

（2）活动内容的来源与初选

学前儿童绘画活动的来源与初选的范围比较广泛,可归纳为以下3个方面。

①学前儿童的日常生活经验

学前儿童的日常生活经验是绘画创作经验的重要来源。然而儿童的日常生活经验常是偶发的、不均匀的,因此,教师就面临对儿童生活经验进行筛选和补充的问题。那么根据什么去筛选和补充儿童的经验呢?最有效的方法就是观察儿童的表现。儿童的关注、兴趣、困惑、不满,即是外在的标志。当部分儿童关注一些生活与环境中的现象并产生兴趣时,说明这些现象接近当时儿童的心理水平,有可能被同化于儿童已有的心理图式。而当儿童对某些现象困惑、不满时,同样也说明这些现象接近儿童的心理水平。不同的是,儿童已有的心理图式无法同化他们,需要调整已有的图式以适应新的情况。儿童的这两种表现都显示出教育的契机,教师因势利导,提供相应的教育支持。适当的做法是选择儿童关注、感兴趣的事物作为美术创作的内容,或者针对儿童的困惑与不满开阔他们的视野,丰富他们的创作经验。例如,有些儿童在一定的发展时期,会对自己所画人物的动作不满意,又不知如何能画得更自然一些。那么,教师可以选择让儿童参与描绘人物运动作为活动内容,首先帮助儿童丰富关于人物活动的经验,然后采取一系列的方法引导儿童体会和表现人物的动作。

②绘画领域的教育内容

绘画领域的教育内容多偏重于表现形式,与儿童的创作能力、技能有更多相关。从这方面选取题材时,教师要能觉察与分析儿童创作中力不从心的地方,找出儿童能力与技能方面的薄弱点,然后思考以什么样的创作形式可以提高儿童的相关能力与技能。再进一步寻找出适宜的创作内容,设计出绘画活动。例如,教室发现一些儿童绘画中形象比较单调,组织画面的情节有困难,可以考虑哪种绘画形式更有利于儿童关注不同形象的塑造,营造较复杂的画面。线描连环画可能是比较好的选择。线描省却色彩,简化了需要儿童关注的美术元素,将曲折的情节分解为几个画面表现,使单幅画面相对简单,而总体情节变化更加分明。这种形式对儿童刻画形象和表现情节有很好的铺垫与激励作用。

在我国,许多幼儿园会有一些全国统一安排的教育活动。对于幼儿园统一安排的教育内容,教师主要做两件事:一是时间上跟进;二是选取与这些教育内容相关的绘画形式,设计出相应的绘画活动。

③其他领域的相关内容

对于其他领域的相关内容,教师需要做的基本与幼儿园统一安排的教育活动一致,围绕活动设计绘画内容。

(3)活动内容的确定与表述

活动内容的确定是一个多角度反复思考的过程。有经验的教师往往凭直觉能迅速找到最佳的活动内容,但是缺乏经验的年轻教师一般不能做到。为了使广大的教师能够更有效地选择活动内容,以下总结并归纳了选择、确定活动内容的思路。

当对创作内容与形式做了初选之后,需要将活动内容确定下来。这时主要考虑两个方面:一方面,找出创作内容与形式的最佳配合,探寻其中可能包含的教育元素;另一方面,面向儿童长远的全面发展目标,评估儿童当前的知识经验、能力、兴趣等发展水平,预测其可能达到的最近发展范围,即根据儿童年龄的特点选择、确定绘画种类及内容。不同年龄的学前儿童,在能力上相差很大,而不同类型的绘画使用的工具也不同,因此要根据学前儿童的能力选择合适的内容,才能收到预期的效果。例如,低年龄段的儿童宜用硬笔(蜡笔、油画棒、铅笔等),不宜用毛笔。

在活动方案中,美术活动内容概括表述为"活动名称",由文学题目与美术形式两部分组成,如"会飞的蝴蝶·折纸""美丽的小鸟·彩色铅笔画"。此外,活动内容的表述还细化在活动目标与过程中。

2.活动目标的制定

活动目标的制定关系到活动方向与追求,需要教师做出反复深入的思考并加以全面准确的表述。

(1)活动目标的定义

活动目标即活动追求,是教育活动方案设计与实施的指向。教育活动方案中的各个环节、方法、要点,还有实施中的现场发挥都要围绕活动目标展开与推进。

(2)活动目标的形成

在确定美术活动内容以后,经过对内容所包含的教育要素进一步地梳理归纳,在头脑中形成活动目标。在梳理的过程中,需要对活动内容中的教育元素进行筛选。筛选的标准依然是儿童的最近发展范围。筛选掉与最近发展范围关系不大的内容,选择与儿童发展最有价值的元素,组成活动目标。在这一筛选过程中,要注意保留的目标内容应是完整的、相互关联的。

(3)用语言表述目标

当特定的活动目标在头脑中形成后,教师应将其用语言文字的形式加以表述。在用语言表述活动目标时应注意以下几点。

①目标具体化

活动目标应体现儿童全面发展和美术教育的根本目的。要把全面发展的总目标具体化为代表儿童最近发展范围内的阶段性或当前目标。例如,在活动"会飞的蝴蝶"制作中,目标之一是观察、欣赏蝴蝶的花纹、色彩对称分布,体会色彩变化与花纹的对称美。在此,观察与欣赏均有特定的对象与范围,不是只简单、空泛的一句"培养儿童的观察力与美感"。

②具有可操作性

在目标具体化之后,具体目标的落实还需要通过实际活动来实现。因此,目标一定要具有可操作性,教师需简要说明在实现活动目标上要做些什么和达到什么程度,即创作的内容和技能技巧是什么要达到什么程度等。如上述"会飞的蝴蝶"制作的另一目标是正确地使用剪刀,能够沿线剪出对称的蝴蝶,增强儿童动手和简单装饰的能力。目标清晰地规定了创作内容为"蝴蝶",所用技能为"剪",操作的难度水平为"沿线剪"与"对称剪"。那么,"增强儿童动手和简单装饰的能力"这一发展目标的实现有了可操作性,活动也具有了可依据的操作指标。

③规范的表述用语

长久以来,活动目标的表述一直缺乏规范性,随意性很大。

有些活动目标需要写明儿童活动进行的条件,如"在教师语言引导下完成"或"独立完成""合作完成""在观察事物的基础上完成"等,以区别活动性质与难易度的不同。活动的条件注意反映活动的性质,切记套用格式。

④掌握表述的尺度

撰写活动目标要特别注意尺度,即对目标所涉及的质与量的性质与水平的表述。例如,学习用深浅渐变的方式为小鸟涂出美丽的羽毛。其中,"学习"一词表明幼儿只是尝试运用深浅渐变的方法涂色,并不是要在这次活动中完全掌握、学会使用这种方法。"深浅渐变的方式"表明这次活动中的涂色有一个不同以往的要求。"美丽的羽毛"指出并限定了这种涂色法运用的范围和效果。如果需要,再加上条件句,"在教师的指导下……"那么,就进一步表明这个活动只是一个新创作法的初步的尝试。尺度体现着目标的难易度,但是涉及目标尺度的表述不要写得过于精细,以便能涵盖全体儿童,给教师以灵活掌握的空间。

3.活动准备的预估

活动准备中有两项内容需要做出计划,这就是儿童的经验准备与活动用具的配备。活动用具包括教师用具与儿童用具。

儿童经验有可能出自偶然,更多来自教师的有意安排。对于儿童已具备的经验,方案中应写明经验的来源。对于需要进一步获得的经验,应做出实施计划与安排,并写在方案中。

4.活动过程的设计

活动过程设计是全部方案中最具实操性,且最需要教师发挥创造性的部分。教师应在深入分析活动内容、发掘其教育价值的基础上,创造出最有效的活动步骤,将活动内容转化为幼儿的创作。在此,教师要设计好这一转化的方法与程序,并加以规范与清晰的表述。

(1)活动过程设计的项目内容

活动过程设计包括以下项目内容。

①激起兴趣的开端活动

可以为活动的开端设计一个小的活动,有时只是简短的几句话。国外的某些活动计划将此称为"开胃活动",目的是激起幼儿对即将开始的活动的兴趣,把注意力集中到活动上,设计开端活动时必须注意前后活动的衔接,自然地过渡到正式的活动中。

②导入创作构思的通道

导入创作构思,即启动儿童的头脑,进入创作思考。此处常以观察、回忆、发现、需要、问题等引出创作的主题,以发问的方式激发儿童的思考。设计这一环节时应注意每一步的内容与先后顺序都应遵循儿童思考的规律,环环相扣,有悬念,有暗示,能使儿童产生创作的灵感,使儿童的构思水到渠成。

在小班、中班的一些简单创作中,以上两个步骤可以合二为一,以一个活动达到既激起兴趣,又引发构思的目的。在此,游戏的形式是最佳的方式。

③解决创作难点的方法

一项创作,特别是内容与形式较新的创作会有一些程序和技术上的难点,教师应该事先估计到,并设计一些方法帮助儿童解决这些困难。常用的方法一般为动作演示与语言讲解,对此,要清晰地说明操作要领及解释关键点。

④步入创作前的要求

根据儿童以往创作中的薄弱点和对新创作中可能出现的问题的预估,提出步入创作前的要求。此处所提要求一般以要求顺序、习惯为主要内容。

⑤创作中的关注点与对策

应根据以往创作中儿童的薄弱点和对新创作中可能出现的问题,预设某些在幼儿创作中需要教师特别加以关注的地方,并提出相应的解决对策。

⑥赏析要点与分享方式的拟订

教师在设计活动方案时,应根据选定活动内容和目标及今后的引导方向,拟订活动方案的赏析要点。

为了保证儿童充分享受创作的成果,教师应根据创作的内容与形式设计好分享的方式,一般来说分享可以通过自述、谈话、作品展示、游戏等方式进行。分享环节的设计常被忽视,容易千篇一律地走过场。对于这一环节,应像设计活动过程那样加以精心构思,使分享起到增进儿童的美术兴趣、丰富美感和提高美术创作能力的作用。

（2）活动过程设计的表述与撰写要求

活动过程的撰写，即表述教师做什么、说什么。熟练而有经验的教师可以写得简单一些，经验不足的教师要写得详细些。答案预期可从儿童的角度所撰写，即儿童将说什么与将做什么。

活动过程设计的表述要注意各环节的先后顺序合理，层次清晰，要点明确。

（三）学前儿童绘画活动组织环节

1. 绘画前的感知与体验

通过丰富的体验让儿童获得情感的准备、认知的准备、技能的准备。儿童绘画的内容大部分是画所知而非所见，作画是凭着感知和记忆的结果，并不一定是现实自然状态下观察的结果。儿童是通过对周围生活反复的感知，进而获得对感兴趣的事物"形"的掌握。儿童不愿对一个毫无兴趣的东西画像，也不能表现一个没有任何认知的事物。例如，儿童从来没有见过猴子，不知猴子是何物，又怎能表现出姿态各异、妙趣横生的群猴图，只有在仔细观察后，有了认识和了解的基础上去表现，而对于提高儿童认知，我们提倡他们亲自去感受、去观察、去建构，而不是依葫芦画瓢。正因为儿童对事物的兴趣点、观察点和表现方式的差异，他们才能在绘画中个性地表达。在这种体验的过程中，教师要调动儿童各种感官，运用多种途径和方法去完成，孩子的感受和体验越丰富，他表现的事物才会越丰富。如何让儿童在绘画前获得丰富的体验，有以下6种方法可以尝试。

（1）视觉观察法

美术本身就是一门视觉艺术，儿童通常是通过视觉、触觉达到对事物"形"的感知，并产生对"形"的联想。每个儿童都具有不同程度的观察力，而是否敏锐则取决于儿童对观察对象是否感兴趣，在这个过程中，成人的引导和启发很重要。教师要做的是教会孩子如何观察。实物、图片、视频的观察能丰富儿童对事物的表象经验，有助于对绘画主题特征的认知，所以我们把欣赏和观察作为活动的先导。可以作为儿童欣赏和观察的对象有大自然的万事万物（彩虹、蝴蝶、花等）。教师尽可能地为儿童提供仔细观察实物的机会，并帮助儿童建构物体的表象。例如，适合儿童欣赏的大师作品、原始艺术，想象力丰富的民间艺术、现代工艺，童趣十足的儿童作品等，一切美的事物都可以让儿童欣赏，从而积累丰富的表象。

（2）游戏体验法

游戏是儿童最适宜的学习方式，游戏体验可以用来解决绘画中的重点难点。教师分析孩子在绘画主题中认为什么地方是重点（事物的主要特征）、难点（可能成为孩子表现中障碍的地方），设计适当的游戏，让孩子通过更多的感官来体验其中的内在关系。例如，在主题为《太阳公公的糖葫芦》绘画活动中，为了让孩子掌握糖葫芦是用山楂一个一个串在一根棍儿上的特点，教师除了让孩子自己用乒乓球制作一串糖葫芦来体验外，还可以让孩子们做糖葫芦宝宝，一个一个串在一个长长的竹竿上的游戏来让孩子掌握这一特点，孩子们再来帮太阳公公串糖葫芦的时候非常认真地一个挨一个串在竹签上（在一条直线上手指点画）。又如，大班的活动《金蛇狂舞》，孩子们通过在音乐声中玩舞龙的游戏来感受龙蜿蜒的形态，在体验后，龙的形态就容易活灵活现地跃然在儿童的笔下。

（3）模仿表演法

学前儿童对事物的感知和表现会用动作来表达，而此阶段的孩子模仿能力也极强，根据他们的这一特点教师在引导学前儿童体验绘画主题的时候也可以用到模仿表演的方法，实践也证明十分有效。例如，小班活动《美丽的焰火》中，让孩子们用肢体动作来表演盛开的焰火，随着教师"嗤—砰"的点火声，孩子们从蹲地抱团到跳起展开双臂，尽量打开五指来表现四射的火苗线条。为了更好地表现焰火线条的四散，孩子们合作表现，有的向上、有的向下、有的向左、有的向右，尽力展开，孩子们都大胆地用有力的放射性线条生动地表现出了焰火的图案。

（4）音乐想象法

音乐和美术同为艺术，有相通的感觉，在美术中融合音乐如让孩子的想象插上了翅膀，飞得更高、飞得更远。教师可以结合不同的绘画主题，尝试融入不同的音乐，让儿童在欣赏和理解音乐的基础上画音乐中的故事，大胆表现对音乐的感受，如《金蛇狂舞》《钟表店》《溜冰圆舞曲》……例如，在小班活动《大雨小雨》中，将线条的粗细和音乐的轻重联系起来让儿童感受，大雨下来重重地唱，画粗粗长长的线条；小雨下来轻轻地唱，画细细短短的线条。又如，在《彩带跳舞》的活动中，听着不同的旋律，"彩带宝宝"跳着不同的舞蹈，螺旋舞、波浪舞、圆圈舞等不同的线条也随着音乐在孩子们的画纸上舞动着。

（5）故事激发法

语言是最为直接的一种表达方式，优美的语言也能创造出美的意境，给儿童美的感受，启迪儿童的思维，让儿童展开想象的翅膀。儿童都具有"泛灵"性，用故事、散文、儿歌等创设出绘画的情景，能很好地激发儿童的创作欲望。例如，小班的孩子在练习点、线等活动时会没有兴趣，但是孩子们很喜欢帮助人，运用故事创设的情景能很好地解决这个问题。又如，绘画《小刺猬背果果》是让孩子通过给刺猬添画"刺"来画短线，故事中刺猬宝宝找刺的有趣情节，让孩子急于帮助小刺猬长出刺来，不厌其烦地画。再如，绘画《爱吃食物的毛毛虫》中，毛毛虫吃一点东西就长出一节身体的情节，让孩子们乐呵呵地"长出"一条一条的毛毛虫，孩子在不知不觉中习得了圆的画法。

（6）物象分析法

通过对物体表象的分析和重组是美术创作中常用的方法。古人用这种方法创造了"龙"的形象，而现代动画片中的很多人物的造型也是物象分析法运用的结果。这种方法同样能在儿童绘画中运用，对孩子创造力和想象力的发展有很大的作用。例如，大班《想象的动物》活动中，让孩子们在观察一些动物最有特点的地方（羚羊的角、长颈鹿的脖子、孔雀的尾巴等）的基础上，在故事营造的"地球震动过后产生的全新动物世界"的奇异情景中，构思出了想象奇特的"龟狗——乌龟头狗的身体""羊蝶""狐狸骆驼"等动物。又如，活动《彩瓶奇遇记》也是根据对彩瓶的形态的联想和变化，创造出彩瓶上天、下海后的奇特经历。

2. 探索与发现

探索与发现是学前儿童对各种工具材料的特性和某些操作方法与技能进行探究和尝试的过程。这一环节一般应以儿童自主探究基础上的自我发现为主，教师可以给予一定的提示，最后再进行必要的总结、提升和推动。探索与发现的前提是要让儿童有机会接触与使用相关的操作材料，使儿童发现和了解有关工具材料的特性和一定的操作技能。此时，教师应尽可能避免直接使用"示范""讲解"或"演示"等方法，先给孩子们一个自主探究的时间和空间，以保护他们探索与发现的积极性。当然，某些比较特殊或复杂的技能靠儿童自己探索会有一定的困难，教师可以采取演示的方法，以帮助儿童顺利地掌握操作方法，使他们可以有重点地从操作过程和作品创作中获得成就感和乐趣，提高活动效率。例如，学前儿童刚接触油画棒时,让他们自由探索油画棒不同的使用方法绘出的不同效果。又如,表现"油水分离"的绘画手法时,用演示的方法提示儿童尝试蜡笔或油画棒画过之后再刷水粉的神奇效果,让他们自由探索浅色和深色的不同。

幼儿园通常需要特殊工具的绘画类型,如印章画、棉签画、手指画、滚画、吹画、拓印画等。多元的工具和材料表现出来的特殊艺术效果,对激发儿童参与美术活动兴趣,感受不同的绘画风格大有裨益,幼儿园要尽可能地提供不同的材料和工具,让儿童进行大胆的尝试。

3. 创作时的表达与表现

有了丰富的体验,孩子心中有了具体的形象依据,但是并不是孩子开始作画之后,教师就不需要再教授了,如游戏的美术,重结果更重过程。在儿童绘画的过程中依然需要教师的个性指导。这里强调个性就是要强调尊重儿童的个性表达,慎用榜样、范例影响儿童思维。有很多教师习惯于在儿童绘画的时候来回巡视,一旦发现比较合自己心意的作品,迫不及待地抓起来让其他的儿童学习,导致本来很有个性想法的孩子都跟随教师表扬的作品的风格去做自己的作品了。这是一个在绘画指导中最不提倡的做法。另外,倡导教师多用建议性的指导语言,启发儿童思考,如发现孩子的画面不够丰富,可以用情景式的语言帮助孩子去扩展、联想,孩子在构图上不够合理的时候可用建议的语言提醒他思考。

4. 对作品的表达与评议

孩子们画完后,绘画活动并没有马上结束,创作后的表达和评议也对提高孩子的绘画水平有很重要的作用。教师应鼓励儿童用语言表达画中的故事。儿童在集体前分享、跟同伴互讲、让父母记录孩子的故事等都是很好的表达方式。这样不仅可以让儿童对绘画更有兴趣,更有成功感,而且对于他们的语言表达能力的培养作用也很大,经历这种培养的孩子在入学之后的看图作文、口头作文的能力比一般的孩子要强。开始孩子可能只会只言片语,但是长此以往,循序渐进,孩子的口语表达能力能得到很大的。

对于孩子作品的评议,要把握评议的指导作用,不是简单评价谁画得好、画得像,而是针对造型、用色、构图等方面给孩子适当的建议,要注重评价的多元化和激励导向。评价既包括对儿童美术作品的评价,也包括对儿童美术学习过程的评价;评价的主体和方式,既包括教师的指导性评价,也包括儿童的自我表达与评价,还包括同伴间的互相交流与欣赏。有的老师运用"星星榜"的评价方式,实现了多元的评价,即孩子们约定不同颜色的星星分别代表自己、同伴、老师和家长,自己可以给自己加星,也能把星星送给同伴,家长和老师都可以送出自己的星星,这样一来,孩子的作品上多了不同颜色的星星,更多了同伴、老师和家人的鼓励。教师还要给孩子提供作品展示的机会,珍视孩子的作品。

上述 4 个环节是幼儿园绘画活动的基本环节,这些环节不一定要在同一课时中完成,要首先保证儿童有足够的绘画时间。"感知与体验"的环节也可以和其他领域的活动结合起来进行。例如,绘画活动《小猴吃西瓜》,对小猴的观察和认知可以和科学活动结合,小猴吃西瓜的故事可以和语言活动结合。这样在单位时间的绘画活动中,就有足够的时间给儿童表现。另外,评价环节可以在儿童作品展出以后,结合生活活动来进行。

二、学前儿童绘画活动的指导策略

(一)对造型的指导

造型是美术绘画创作的基础,造型能力是实现创作的关键能力。对学前儿童来讲不需要很高的造型技巧,他们会在绘画创作中逐渐提高造型能力。教师可以在学前儿童进行创作过程中对他们进行如下指导。

1.引导学前儿童多观察,理解事物的形体结构

学前儿童美术创作过程中的形象来源于视觉经验,因此,对事物的外形特征的观察是造型的必要前提。儿童的感知能力不足,教师需要做出指导,帮助他们观察到创作所需的重要信息。

不同年龄段的学前儿童,创作时所需要的信息不同,观察的要求也不同。对于小班学前儿童,只要求他们在教师的引导下观察事物的大致轮廓外形,形成一个基本视觉印象;对于中班学前儿童,则不仅要求他们观察物体的整体轮廓,还要求他们观察物体的基本组成部分及其形状、大小、结构、颜色等;对于大班学前儿童,则要求能比较全面、细致地观察物体的形状、大小、结构、颜色和物体的动态变化的能力。

为了让学前儿童能获取有用的信息,在具体的观察过程中,教师可以采用特征对比、形象比喻、几何图形概括等方法来帮助他们抓住物体的突出特征,掌握诸如大象的鼻子长、腿粗,兔子的耳朵长、尾巴短,狐狸的嘴巴尖、尾巴像扫帚等特征的概括与比喻。

很多时候,学前儿童感知物体之后,面对画纸时,还是不知道怎样下笔,原因是他们的头脑中虽有了表象,但还没有在头脑中把表象以美术媒介的式样构成,并加以再现。对于这种情况,教师应采取一些方法加以引导。

根据一些教师的经验,在让学前儿童感知之后可以不马上让他们进入创作,而是由感知开始逐渐导入创作,其过程如下。

(1)在观察时,教师指导学前儿童边观察物体边用手轻轻抚摸它,如果是无法抚摸的物体,可以将手伸出,随着视线做想象的抚摸。

(2)教师带领学前儿童以身体动作或姿态模仿物体,如果物体是静态的,就以身体姿态表示物体的特征,如高高的杨树,可以将身体做向上伸展的动作;一扇小小的门,可以以身体收缩来表示。

(3)教师引导学前儿童用语言描述物体的形。例如,他们可能会说:"大象有一个大大的身体,4条腿粗又粗,好像4根大柱子。大象皮很粗糙,上面有一道道的皱纹;大象的耳朵大又扁,好像两把大蒲扇。"

(4)教师可以通过图形拼摆引导学前儿童进入创作。图形的拼摆有多种方法:一种是用纸撕出物体各个部分的形状,然后在画纸上拼摆组合,达到要求后,将纸形粘贴好;另一种是使用黏土做出物体各部分,同样,在纸上拼摆组合,由于黏土可以反复塑造,在拼摆的过程中,学前儿童可以再改变黏土的形状,这样他们面对失败的压力小,尝试的余地大,因此黏土摆拼也不失为一个好办法;还有一种是利用废纸盒、纸筒等现成的形体改造,由于形是现成的,学前儿童所做的只是选择,这就降低了造型的难度。在选择时,学前儿童需要发现所要再现的物体与材料形状之间的同一性,这也十分有利于他们对物体形状的概括,同时由于造型过程中的简化,可以使他们更集中注意与形象的整体关系。

以上4种方法,既是帮助学前儿童实现再现的过渡手段,也可以帮助他们画出独特的作品。

(5)教师引导学前儿童用不同的媒介进行表现创作。经过以上步骤的引导,学前儿童对于物体的形体结构与造型的关系已充分把握,稍加指点就可以运用各种媒介加以表现。

以上方法可以针对学前儿童造型能力的弱点和造型需要,有选择地组合运用,不需要在一次创作中使用所有的方法。

2.通过系列活动掌握物体的造型

系列活动可以帮助学前儿童从一个事物丰富的样式中掌握它的一般造型特点。例如,几何形是建筑物和交通工具的造型特点,可以让他们通过"建筑艺术欣赏""我们的幼儿园""我的家""天安门""住宅小区""未来的房子"等系列活动掌握建筑物的造型。解决了造型的问题,他们在创作中就能游刃有余了,不会因为很难描绘某个形象而使创作停滞。

(二)对构图的指导

构图是根据主题内容的需要把有关的物体形象恰当地安排在画面上,表现事物情节、环境气氛等。为了使学前儿童的画面有序、生动,能把自己的意图通过构图传达出来,教师需要在他们进行创作和欣赏的过程中对其进行一些指导,具体有如下3种方法。

1.观察物体的空间关系

观察现实的空间时,教师应引导学前儿童认识物体之间的相对大小、高矮、上下、邻近、分离;进一步可以再加上认识物体的内外、前后、远近等空间关系。

2.通过欣赏示范分析学习构图

在欣赏作品时,教师可以引导学前儿童分析画面上形象相互之间的关系,观察作者是如何处理这些关系的,包括主要形象和次要形象的位置、大小关系,主体与背景的颜色关系,等等。在分析的过程中,还应让他们体会、理解作者处理画面的意图,作者想给观看者什么样的感觉。

3.巧妙安排画面

传达人物之间的关系和事件情节是学前儿童绘画构图的主要目的。为了能将这两项表达清楚,教师应向他们传授一些简单的构图方法。例如,先在画面上设定一个中心,将主要形象放在中心位置上,其他物体围绕主要形象安排。把主要形象画大,突出重点、细致描绘,使其明显突出;其他形象概括处理,使整幅画成为紧密联系的整体。

(三)对色彩应用的指导

学前儿童运用色彩有两种方法:涂染法和线描法。

涂染法是指不画轮廓线,直接用笔蘸颜料涂画形象。这种画法由于很快能在画面上出现有颜色的图形,因此能引起儿童对绘画活动的兴趣。

线描法是指先用线条勾画出轮廓,然后再涂上颜色的方法。这种画法简练、概括,能清晰表现出物体的形状特征。

一般来说,教师在指导学前儿童用色时,不必要求学前儿童使用固有色描绘物体,只需要求他们描绘事物时颜色有区别就可以了。因为要做到有区别,就不能仅使用一种颜色,要能识别色相,也就是区别赤橙黄绿青蓝紫;对不同的物体要使用不同的颜色来画,大胆地使用色彩,这样不仅能画出很漂亮的图画,也符合儿童的审美特点。再进一步可以增加深浅颜色的区别,突出层次感。

除了将不同的事物用不同的颜色绘画以外,考虑到构图的需要,教师应引导学前儿童运用色彩区别主次。有两种方法:一种是学前儿童最常用的,即把主体形象画得色彩丰富,将背景用单一的颜色来画;另一种是利用色彩的对比,如在蓝色或绿色的背景上画出红色、黄色的形象,在浅颜色的背景上画出深颜色的物体,在深颜色的背景上画出浅颜色的物体,等等。

一些处于幼儿期的学前儿童会萌发出表现事物客观属性的愿望,也就是说,一些学前儿童有了再现物体固有色的想法。这时成人向哪个方向引导他们是关键。有些家长和教师将孩子引向冷静的观察,客观地再现物体颜色的方向,其实,这在艺术发挥上不大可取,对学前儿童来说,也没有情趣可言。恰当的做法是选取色彩优美的事物、景物,抓住其色彩的美感特点、动人之处进行描绘。这样,让他们在这种颜色意境的指导下再现事物和景色。

当学前儿童成长到 5 岁以后,还有另一种色彩运用的问题,就是怎样用色彩表达情感。有些成人把色彩的情感表现性看得过于死板,如把红色看作温暖的颜色,把蓝色看作冰冷的颜色。而艺术家运用色彩表现情感是灵活多变的,其作品在色彩的对比搭配中产生情调,十分微妙。但是这些方法不是学前儿童所能掌握的,也不是他们所需要的,不过教师可以在这方面对他们做些启蒙工作。例如,尝试探索运用简单的色彩搭配规律表现情感,提示儿童想要画出带有感情色彩的颜色画,儿童可以通过实践,运用对比和协调的手法传达感情。

还要注意,在用近似色表现细腻的情感时,需要给学前儿童提供各种各样颜色的画笔,或是能够配备可调配的颜料更好。在运用可调配的颜料时,颜料的混合效果可以使学前儿童获得更丰富的颜色感受。

第三节　学前儿童手工活动

一、学前儿童手工活动的设计思路

(一)手工活动的基本环节

学前儿童手工活动是儿童发挥自己的想象力和创造力,直接用双手或操作简单工具,对不同形态、可变的物质材料进行加工、改造,制作出占有一定空间的、可视可触的、多种形态的手工艺品一种活动。如何使手工活动更好地发挥自身的教育价值呢?这就需要教师有目的、有计划地设计教学过程,才能使儿童对手工活动充满兴趣,在活动中掌握一定的知识技能,并把优秀的作品应用于生活。

1.活动导入

在活动的开始,为了吸引儿童的注意力,教师可以通过故事导入、情境带入、环境创设、作品展示及游戏参与的方式,激发儿童对活动的兴趣。

除了激发儿童对活动的兴趣外,教师还要注意给儿童充分机会与材料接触。例如,让儿童在使用不同硬度的纸张过程中,感受纸的软硬程度差异。手工活动是教师有目的、有计划地组织的活动,因而,教师要注意引导儿童在玩耍和欣赏中逐渐明确制作意图。

2. 构思作品

明确了制作意图之后，儿童的手工制作活动就进入了构思阶段，所谓构思，就是想法、创意，它是指在头脑中通过想象和创造，对制作的造型、色彩等构成要素的综合思考过程。立意构思是制作手工作品的第一步，在这一阶段，教师要注意以下两个方面。

(1)引导儿童积累多种表象

教师可以引导儿童运用多种感官增强儿童对表象形体的记忆。例如，在引导儿童对动物形象进行分析时，教师可以按照由整体到局部的顺序引导儿童观察：它们的整体形态是什么样的？头是什么样的？耳朵是什么样的？……

(2)引导儿童对材料大胆联想

材料的提供和选择是手工活动的基础，手工活动要注意引导儿童选择和使用材料，也就是因意选材和因材施艺。因意选材就是根据明确的意图和主题，选择能够充分且准确表达主观意图与形象构思的材料；因材施艺，就是根据材料固有的形态特征而联想某种事物，从而创造出新的形象来。无论是因意选材还是因材施艺都是建立在儿童对物体形象有一定观察和了解的基础上的。

3. 自主制作

(1)学习各种工具和材料的基本使用方法

教师要引导儿童在活动过程中掌握各种工具和材料的使用方法，这样才能帮助儿童形成技能，才能将技能迁移到手工制作活动中。在材料和工具的使用方法上，教师可以采取一定的策略。

可运用儿歌提示方法。例如，在撕纸活动中，活动难点是有控制地撕，并不是随意地将纸一分为二。所以，教师需要帮助儿童学习如何一点一点、慢慢地撕，教师可以运用儿歌进行提示："大拇哥，二拇哥，夹起纸片做游戏，一个往前，一个往后，咔嚓，咔嚓，咔嚓，撕出面条细又细"。

通过示范呈现正确的操作步骤。在拼贴活动中，活动的难点是多种粘贴工具的使用方法。例如，胶水的蘸取、涂抹，双面胶的剥离，透明胶的截断等，这些方法的使用可以通过教师的演示而得以解决。

(2)提供丰富的操作材料，注重分层指导

儿童的发展具有个体差异性，同一个活动，每个儿童的制作速度和制作水平也各不相同。手工材料要数量充足，让儿童有做错后重做的材料，给做得快的儿童提供第二次制作的机会。同时，材料要难易分层，让儿童都有机会选择到适合自己的操作材料，使整个操作过程变得轻松愉快、充满乐趣，让手工活动面向全体儿童的同时又兼顾个体差异，尽可能让每个儿童都能获得成功的快乐。

(3)引导儿童将手工活动和绘画活动相结合

美术活动的不同类型之间是相互联系，密不可分的。例如，儿童折了纸青蛙，发现青蛙没有眼睛，就会想到在青蛙的头上画一对眼睛。这既体现了儿童对细节的关注，也使得作品更加形象生动。

(4)将儿童的手工制作与游戏相结合

游戏是儿童的基本活动，儿童喜爱游戏，游戏和他们的生活紧紧联系在一起。手工制作之所以可以吸引儿童的兴趣，也是源于它的游戏性。因而，教师要使儿童在玩中学、学中玩，寓教于乐。

（5）引导儿童大胆想象，深入探究制作

教师在儿童自由制作的过程中，要巡回指导，发现儿童需要肯定的闪光点和需要帮助的问题，面对不同发展水平的儿童，要注意分层指导。在儿童完成基本的造型任务后，可以指导儿童进一步思考，利用临摹、仿制与独创的方法，尝试与儿童探究并拓展手工制作方法。

4. 作品评价

儿童美术欣赏能力的发展并不是一蹴而就的，而是在每一个活动中的欣赏评价环节逐渐提升的。作品评价环节既是教师了解幼儿的一个重要途径，也是儿童从中学习、自我成长的重要方式。对于教师而言，要学会正确评价每一件作品。积极肯定儿童的进步，并提出可行的建议。例如，在中班手工活动《纸杯人》的评价中，教师要先肯定儿童，"东东做得真不错""要是你的纸杯人表情能再丰富一些就更好了"。在下一次《贴太阳》活动中，东东就贴出了不同表情的太阳人。

对于儿童而言，教师的肯定可以大大增强儿童的自信心、成就感和自我认同感，还能让儿童更好地认识自己的优点。欣赏他人的作品，也能够帮助儿童取长补短。在不同的年龄段，教师所采取的评价方式也有所差异。在小班，由于儿童认知发展水平还不成熟，主要以教师评价为主；在中班，儿童的表达能力进一步发展，因此采取自评和他评相结合的方式；在大班，随着认知发展水平的进一步发展及语言表达的不断成熟，主要以儿童的自主评价为主。

（二）学前儿童手工活动内容指导

根据儿童的不同年龄特点及手工制作的类型，手工活动可以有不同的形式，以下内容可作为参考。

1. 豆子贴画——苹果

材料：赤豆、记号笔、固体胶。

过程：首先，在画纸上用记号笔画一个大苹果；然后，用剪刀沿着苹果的轮廓把它剪下来，再用固体胶把苹果的每一个地方都涂一涂，把赤豆一粒一粒地放到苹果选型上面，注意一定要排列整齐；最后，胶水干了，赤豆固定在画纸上，作品就完成了。

2. 做面条

材料：彩色纸、纸盘、固体胶。

过程：首先将彩色纸撕成面条一样粗的纸条；然后用固体胶粘贴在纸上。

3. 做小熊

材料：废旧光盘、彩色纸、固体胶、铅笔、小棒。

过程：首先，找一张废旧光盘，再用剪刀在卡纸上剪出小熊的耳朵、眼睛、嘴巴和鼻子；然后，用固体胶把纸制的耳朵、眼睛、嘴巴和鼻子分别贴在光盘相应的地方；最后，把小棒贴在小熊光盘的反面，光盘小熊作品就完成了。

4. 做大树

材料：报纸、瓦楞纸、水彩、卡纸、铅笔、白纸。

过程：首先，我们用铅笔在卡纸上画一棵大树；然后沿着线条把大树剪下来，这样树的轮廓就出来了；最后，我们用报纸团蘸上绿色的颜料，印在树冠上，用瓦楞纸蘸上咖啡色的颜料，印在树干上。这样，一棵逼真大树作品就做好了。

5. 做冰糖葫芦串

材料:竹签、橡皮泥。

过程:首先,我们用红色的橡皮泥搓成一个一个的圆球;然后,再用竹签把圆球穿起来,注意要穿在圆球的中心。就这样,橡皮泥冰糖葫芦串做好了。还可以用其他颜色的橡皮泥做别的口味的冰糖葫芦,如黄色的香蕉味、橙色的橘子味等。

6. 做美丽的相框

材料:白色卡纸,干花、干果若干,剪刀,铅笔,固体胶。

过程:首先,选择一张长方形的卡纸,取一张照片,按照照片的大小在卡纸的正中画上轮廓作为相框,在相框里画上全家福;然后,在相框的空白处,用香香的、五颜六色的干花、干果来装饰。装饰时先要在相框的空白处涂上固体胶,边涂边轻轻地将干花粘贴上去。

7. 做生日蛋糕

材料:橡皮泥、牙签。

过程:首先,取一块黄色的橡皮泥搓成一个圆球,放在板上压平,变成一个扁圆形,作为第一层蛋糕;然后,用同样的方法制作第二层蛋糕,比下面一层蛋糕稍微小一圈;再取一点白色的橡皮泥搓成长条形,轻轻地放在蛋糕的表面上,可以放置成波浪形的;还可以取一点红色的橡皮泥,搓成可爱的小樱桃,放在奶油的周围;最后,做一个爱心,用牙签去除周围多余的部分,将爱心放在蛋糕的中央,漂亮的生日蛋糕就做好了。

8. 做圣诞树

材料:绿色长方形卡纸、一根线、双面胶、刺毛、糨糊、记号笔。

过程:首先,将长方形的纸竖过来,对折再对折,沿着中心线画半棵圣诞树,之后展开,将其变成两棵圣诞树;然后,在其中的一棵圣诞树半边涂上糨糊,再和另一棵圣诞树的一半粘在一起,变成了一棵立体的圣诞树;最后,将圣诞树用双面胶粘在线的一头,在线上再用双面胶粘上亮晶晶的刺毛做装饰。

9. 做窗花

材料:剪刀、彩色手工纸。

过程:首先,拿一张红色的正方形纸,边与边对折,再对折,变成一个小正方形;然后,将中心点两边的角与角对折,变成一个小三角形;再将一手捏住中心点,另一手拿起剪刀,在中心点旁边的两条边上剪出自己喜欢的图形或形状,也可对中心点进行修饰;最后,打开就是一个美丽的窗花了。

10. 沙画

材料:一块木板、沙子各种石子、水彩颜料、粘贴剂(胶水)。

过程:首先,找一块木板,用这些大小不同的石头蘸上胶水,在木板上拼出各种动物或植物,也可以是儿童自己喜欢的事物;然后用颜料帮石头涂上美丽的颜色;最后,在木板空白的地方,均匀地涂上胶水。把沙子均匀地倒在涂有胶水的部分。轻轻地提起木板,倒去多余的沙子,这样一张沙画就完成了。

二、学前儿童手工活动的指导策略

(一)手工活动的指导要点

手工制作是幼儿非常喜欢的一项活动,它有许多的形式。它是培养儿童动手、动脑,启发幼儿创造性思维的重要手段,也是教师引导儿童发挥想象力与创造力,直接用手操作简单工具,对各种形态,如点、线、面、块等具有可操作性的物质材料进行加工、改造,制作出占有一定空间的、可视的、可触摸的多种艺术形象的一种教育活动。手工制作对培养儿童认真观察、有意注意和耐心细致的习惯,以及培养儿童的想象力和形成立体空间观念都有非常重要的作用。一张纸经过折、翻、粘等操作后,组合成了一件件形象夸张、富有趣味的作品,对这种有趣的制作,儿童抱有浓厚的兴趣。通过儿童的操作活动,他们的成就感、自豪感得到了满足,同时,他们对艺术的美也有了自己的特殊表现方式。那么怎样才能使儿童很快地找到一种适合的学习方法呢?作者就这一问题有以下建议。

1. 明确意图

意图就是动机,即制作一件作品的目的。意图制约着一切行为的方向和途径。在成人手工活动中,其意图是很明确的,或者为观赏取乐,或者为点缀装饰,或者为创造价值。而儿童早期的手工制作多为自发型,就是玩耍。例如,儿童拿到一张纸,把它撕成碎片,原本并没有想到要用纸做什么东西,只是出于好奇,折纸的行为使自己看到纸本身改变了形状,看到纸的变化,使儿童对活动产生了很大的兴趣,但其意图是不明确的。因此,教师应注意帮助他们逐步地将制作意图明朗化。

(1)创设环境,感受氛围

在开展折纸教学活动中,首先要创设折纸环境,这对儿童折纸的兴趣极其重要。为了给儿童一个身临其境的感觉,首先要利用折出的成品来诱发儿童,五颜六色的彩纸给儿童视觉的感受和刺激,能引起他们无限的遐想,折纸的"欲望"也会陡然而生。在接下来的"我要折纸""我也和老师一样的折……"的呼声中,儿童会积极投入其中,教师也就顺理成章的和儿童一起活动起来,这也可以说是活动前最有效的准备。

(2)提供材料,充分接触

材料是儿童手工制作的前提,在接触过程中儿童会根据自己对材料的理解,做出一些选择,然后再逐渐形成制作意图。因此,提供多种不同材料,让儿童充分接触材料,才能使儿童对自己的制作有一个量和质的筛选。例如,以"春天"为主题活动,儿童在提供的多种材料中,根据纸的软硬程度及其易变化、易造型等特性,有针对性地挑选出能表现春天的自然物、小动物等的材料。在儿童的作品中,栩栩如生的表现方式体现了儿童对材料的理解和使用,进一步说明儿童在与材料相互作用的过程中,对折纸活动产生的兴趣。

(3)玩耍欣赏,明确制作

有了空间遐想、材料接触,再加上儿童的手工游戏,儿童的制作意图就更加明朗化了。例如,儿童喜欢的纸做"小飞机",玩起来真是很投入。如果结合每次的活动主题,让儿童通过自己的游戏方式玩耍、欣赏,那么,儿童对制作意图也一定会更加明确的。

2. 构思主题

儿童明确了折纸意图以后,他们的手工制作就进入了构思阶段,而构思就是立意、创新。它是指在头脑中通过想象和思考,对制作的造型、色彩、装饰、成品效果等各构成因素进行全面计划与思考的过程。由于儿童的思维是直觉的,具有半逻辑思维的特点,因此他们在手工制作的开始很少出现"胸有成竹"的状况,大多是在行动中摸索,他们是边行动边思考边构思主题。例如,儿童拿到一些碎纸时,他们会想象成"雪花",而在未成形前是没有主题构思的,根据儿童这一特点,构思阶段就显得十分重要。

（1）积累表象

手工制作中所需要的表象积累,这里的表像主要表现为空间存在形式。儿童对它的掌握有一定的困难。教师可以通过让儿童看一看、摸一摸的方式加强对表象形体的记忆。加之儿童对具体物体观察的程度不同,儿童也会使表象再现,犹如一幅作品重复出现。例如,儿童要学折一只小动物,先要对小动物的外形进行分析。这时,教师可从不同角度启发幼儿思考:"整体形态是怎样的？头是什么样的？耳朵是什么形状的？尾巴又是怎样的……"教师在分析时,还可以利用儿歌、谜语等来帮助儿童加深对表象形体的记忆,根据儿童对生活的经验,利用熟悉的儿歌加深儿童对小动物的整体印象。

（2）引导联想

材料是构思、设计得以物化的基础,不同的物质材料具有不同的工艺性能和特征,分别适用于不同的造型要求。儿童在手工制作活动时,为他们提供丰富的活动材料,让他们根据自己的意图选择材料,以唤起儿童对自己所要构思的创造,充分发挥儿童想象力,构思出多种制作方案。例如,儿童折一只蜻蜓可用哪些材料？在给蜻蜓添加背景时,又需要哪些材料？总之,要给儿童一个联想的机会,才能使儿童在与材料的相互作用中,构建自己理想的作品。

3. 操作指导

儿童构建了理想的造型后,就开始操作,操作过程对儿童的作品成功与否至关重要,它涉及以下几个方面。

（1）工具尝试

教师有选择地引导儿童学习一些工具和材料的基本使用方法,这是儿童手工制作的关键。无论进行平面手工活动还是立体手工活动,儿童对了解和认识制作工具的特征及用途非常重要。只有充分了解了制作工具,才能学习其使用方法,才能帮助儿童形成技能,并将技能迁移到手工制作活动中去。所以,在制作活动中,教师可让儿童尝试各种制作工具的使用方法,通过自己的操作,发现问题的所在,然后再用确切、浅显的语言讲解制作步骤,让儿童通过自己的思考,在理解的基础上掌握使用手工工具的技能技巧。

（2）练习灵活

训练手的灵活性是手工活动的前提,可在分步练习、整体练习之间进行。分步练习可以帮助儿童确切掌握每一种动作的方法与要领;整体练习则可以帮助儿童掌握整体动作的联系与协调。例如剪纸,儿童需要分别练习剪短直线、长直线、曲线及各种形状,还要分别目测剪、沿轮廓剪和折纸剪等。教师还应注意儿童练习时间的疏密性,即开始分步练习时,时间短一些,进行整体练习时,时间可以相对长一些。

（3）活动组合

将手工制作与绘画结合起来,可以起到画龙点睛的作用。在手工制作中添加绘画,既能激发儿童对手工制作的兴趣,同时,又能发挥儿童的整体布局和装饰点缀的能力。例如,当儿童制作出"蝴蝶"后,可引导儿童用彩笔添画各种花草,组合成"美丽的蝴蝶园",为作品修饰、增彩。在儿童折纸完毕后,可引导儿童将作品贴在底纹纸上,鼓励他们通过想象,添画上富有想象创意的形象,还可以利用制作的"废脚料"粘贴,组成一幅有立体感的画面,增强作品的表现力,从而培养儿童的审美能力,提高儿童的手工制作水平。

（4）游戏渗透

儿童喜欢游戏,游戏可以使儿童放松、自由地学习。把手工制作、趣味教育于游戏之中,潜移默化地使儿童在玩中学,学中玩、寓教于乐,可以达到游戏和教学双重的目的。例如,利用折纸示意图的符号学习,设计成有趣的游戏活动,在游戏中,向儿童介绍常见的手工符号,和儿童一起认识,并在"玩"中加深对符号的理解和记忆,如折叠线、折、剪开、反折等符号,儿童在游戏中就逐渐认识了符号,开阔了儿童的思路,激发了他们的兴趣和热情,充分调动了他们的主动性和积极性,让他们在宽松的环境中学习,对培养儿童的手工技能有很大帮助。

另外,可以利用儿童作品欣赏和讲评活动,开展丰富多彩的游戏,对儿童的自我评价和同伴间的相互评价增加有趣的欣赏内容,同时,也能提高儿童对作品的鉴赏能力,提升儿童理解美、表现美的能力,通过艺术活动体验审美愉悦性。

(二)手工活动组织的注意事项

1.熟知儿童的发展水平,准备丰富的材料

手工活动的设计应能让儿童最大限度地参与,并适合儿童的能力发展水平。教师在设计教学方案时应明确在手工活动中,儿童能够做些什么?例如,是否会使用剪刀等,另外对于手工活动中所需的任何材料,包括一根绳子、订书机、任何细小的东西都要事先考虑好,做好充分的准备,可以把材料归整地罗列在一起,放在一个大餐盘上。

2.高度关注儿童的安全

开展手工活动,活动环境的创设一定要合理,需要比较宽敞的空间,便于儿童开展活动,尤其是使用剪刀、钉子等工具时,教师应高度关注儿童的安全。同时,教师还应有足够的耐性去指导儿童正确使用工具,使儿童掌握正确的方法,儿童之间要有一定的空间,避免儿童之间乱扔、乱跑等。

3.重视过程和实际动手经验,而不是结果

教师应给予儿童充分的时间去完成手工,切勿催促;在各个环节上要灵活,可临时增减手工内容;教师应欣赏每一位儿童的作品,并给予展示以资鼓励,不要批评、比较作品的优劣,应表明:每个人的手工都是独特的、重要的、优秀的;尊重写在艺术作品上的儿童的名字,(尽量让儿童写名字,也许仅仅是涂鸦状态)不要试图改正、重写或掩盖它,名字对儿童来说很重要。

(三)学前儿童手工的一般技能

1.儿童泥工的一般技能

根据儿童泥工活动的内容,泥工的基本技能包括团、搓、压、捏、抻拉、嵌接等。

(1)简单、随意的塑造

儿童手腕肌肉尚未发育完善,手眼协调能力差,直接进行作品塑造困难较大。所以,在这一阶段,重点定位在熟悉泥工活动常规方面:认识彩泥,在捏捏玩玩中感受彩泥柔软、可塑的性质;知道泥工板的作用,逐渐培养儿童良好的活动常规,知道不能随便扔泥,要爱护彩泥,爱护自己和别人的作品;保持衣服、桌面、地面的干净整洁等。

(2)用一种或两种基本技能表现简单的物体形象

引导儿童尝试学习本年龄段能够掌握的几种基本技能,如团、搓、压、拧、捏等手法。引导儿童塑造单一的基本形状,选择的内容应是儿童熟悉的、感兴趣的、便于表现的物体。

（3）将两个或两个以上基本形体组合在一起形成一个物体

教师引导儿童在塑造一个物体之前，尝试目测所需泥的量，尽量使物体各部分的泥量分配适中，这样塑造的作品就会比例协调、美观逼真。例如，将两个"小棒"搭在一起，拧一拧，就变成了"麻花"；把泥搓成一个粗短的圆柱形，在上面插几根"小棒"，就变成了"生日蛋糕"；把泥团成两个球，再分别压扁，夹进一小片泥，就成了"汉堡"……

（4）使用辅助工具和辅助材料

教师为儿童提供大量的辅助工具和材料，鼓励儿童大胆地进行想象，大胆地运用各种技能进行创造。例如，用剪刀把彩泥剪开，就成了"章鱼"的腿；把泥放入水果形状的模具，将表面抹平，再将泥倒出，就有了各种各样的"水果"；在一个半球状物体上插满火柴棒就变成了"小刺猬"；纽扣可以作为"娃娃"的眼睛，一小截干树枝可以当"苹果把儿"，一片菜叶可以作为"萝卜的叶子"。用一些绳子和彩泥可以制作出可爱的活动人偶。绳子使作品活动起来，让作品变得更加生动有趣。

2. 儿童纸工活动的基本技能

（1）小班：纸工技能包括折纸、粘贴、撕纸。

①折纸的技能：对边折、对角折。

②粘贴的技能：图形粘贴。

③撕纸的技能：按轮廓撕。

（2）中班：纸工活动的基本技能包括折纸、粘贴、剪纸、撕纸。

①折纸的技能：集中一角折、四角向中心折。

②粘贴的技能：几何图形粘贴、自然物粘贴。

③剪纸的技能：按轮廓线剪、目测剪。

（3）大班：大班儿童的纸工技能较中班更为复杂。

①折纸的技能：菱形折、组合折。

②撕纸的技能：折叠撕。

③剪纸的技能：折叠剪。

3. 儿童自制玩具的基本技能

自制玩具的基本技能有撕、折、剪、粘、弯曲、连接等。在此重点介绍弯曲和连接两种技能。

（1）弯曲

弯曲是将纸卷曲，成为圆柱体、圆锥体等的方法。例如，利用圆木棒或笔把纸卷在上面，使纸定型，放开后在纸圈内垫衬物体，再将边缘黏合；把较小的纸边放在手掌上，用铅笔刮压使之弯曲。

（2）连接

用胶水粘贴是连接材料的最简易方法。例如，用胶水可以粘连树叶、彩纸、一些轻薄的自然材料等；布制品可以用针线缝合。

第四节　学前儿童美术欣赏活动

一、学前儿童美术欣赏活动的设计思路

(一) 学前儿童美术欣赏活动组织的基本环节

一个具有一定结构化的儿童美术欣赏和创作活动一般包括整体感受、形式分析、回到整体、心理回忆与构思、创作与表现 5 个环节。但不一定每一个儿童美术欣赏活动都要有 5 个环节，最后的两个环节只针对有创作需要的美术欣赏活动而言，所以，在这里将其合并为以下 4 个环节。

1.第一环节——整体感受

初步整体感受是儿童进入美术欣赏的第一步，主要组织儿童围绕作品进行整体感受，自由地谈论对作品的第一印象或感觉。这是儿童接触美术作品的第一阶段，在心理学上称为审美注意的形成阶段。这一阶段的儿童注意欣赏对象的内容而忽略形式，他们还不能自发地把注意力集中在对象的形式和结构上。观看是这一环节的主要活动，要给儿童足够的时间欣赏，只有充分地观看才是感受的基础。教师应把儿童鲜活的个人体验放在优先位置，顺应儿童发展的特点，观看之后引导儿童对作品尽可能地进行直接的描述，让他们自由讨论，用简洁的语言说出自己真实的整体感受。通常教师以"画面上有什么？""你看到了什么？"来发问，对于写实的作品，儿童可直接描述作品的形象，回答"画的是什么"的问题；对于抽象的作品，儿童可直接描述看到的形状、色彩及运动的趋向。这一阶段，教师除了要给儿童足够的观看时间以外，还要耐心倾听他们的描述，让儿童充分表达，鼓励儿童大胆地讲述自己的观察和感受，而不是急于让儿童回答作品本身的意图和内容。

2.第二环节——形式分析

儿童欣赏美术作品，不仅要获得对作品的内容、主题、题材等的认识，还要逐渐养成能够透过画面所描绘的故事、情节和具体的内容，进一步感知和体验画面形式意味的习惯和能力。这一环节教师要做的就是要引导儿童进行要素识别及其关系分析，要感知、想象、较浅地理解作品中的形式要素，要素识别包括发现和识别点、线、形、色等形式要素。形式分析包括形式语言（如造型、色彩、构图）和美的构成原理（如对称、均衡、变化、统一等），了解其美学意味。这一环节是儿童深入接触作品的阶段，也是关键环节。儿童对内容的理解往往能获得实用的价值和求知的满足。儿童由于其心理发展水平的限制往往不能把注意力集中在欣赏对象的形式和结构上，而是注意作品的内容。所以儿童一开始可能会主要偏重于从描绘具体事物或点、线、形、色等要素所构成的东西"像什么"的角度来观察和感知，如作品《忧愁的国王》中儿童看到了青蛙、老鼠、树叶，人的手、眼睛，小提琴、小婴儿、大石头等很多种事物。说明儿童的想象非常丰富、思维非常活跃，但这还只是一种日常知觉而非审美知觉。在讨论中，儿童还提到"线条"，红、黄、蓝等各种"色块"，各种形状等，这是一些属于形式语言的东西，是造型艺术魅力的本体所在，是美术欣赏活动中教师要着重引导儿童把握的。在识别了线、形、色等要素之后，有时在识别的过程中，这些要素与要素之间所形成的关系，它们所表现的情感和蕴涵的意味，自然而然会成为儿童感受和谈论的主要内容。例如，儿童在欣赏《忧愁的国王》时，不仅谈到了作品中的树叶形状和颜色，还发现了树叶的

枯黄,特别是树叶被表现成飘零、无力、下降的样式,与伤心、难过等负面情绪的联系。这种对形式分析的过程,正是儿童积累审美经验、提升审美理解能力,从而最终获得审美能力的必经之路。

3. 第三环节——回到整体

这一环节带领儿童回到整体,较深入地讨论作品给人的感觉,是审美判断产生的阶段。审美判断是欣赏者在审美感受基础上,运用一定的审美标准,对美的事物或现象的一种意向性的认识、评价和判断;是一种感性的印象的评价,是审美欲望产生的源泉;是从多样化的作品表达方式中吸取审美经验,提高儿童的审美判断能力和审美趣味。这是再一次的整体感受,它建立在儿童对作品的各种要素及其美学意味的深切感受和讨论之上,它与第一环节相比,应该是更深刻和更到位的。这一步一般会涉及介绍作品的创作背景、解释作品所蕴含的意义、创作者个人特有的情感表达方式,以及一些约定俗成的具有象征意味的符号含义等。"给作品命名"是常用的一种引导方法,通过给作品命名并说出为什么要这样命名。儿童对作品的命名往往能够反映他们对作品的总的感觉,而考虑命名的理由则能帮助他们整理和清晰地了解自己的这些感受和思考过程,这里既有直觉的、感受的东西,也夹杂着理性的、逻辑的东西。

4. 第四环节——创作与表现

一般来说,单纯就欣赏而言,以上3个环节就是相对完整的欣赏步骤,但有些作品可以有第4个阶段,即创作活动。

此创作与一般意义上的美术创作有所不同,是围绕欣赏对象进行的,是一种模拟、发展和延伸,通常包含以下3个步骤。

(1)心理回忆及构想

让儿童对已欣赏的作品进行回忆,对要创作的东西构思,这是承上启下的必要一环。它是欣赏活动的结束,也是创作活动的开始,是以加深对作品的印象和感受为目的的。心理回忆可以采取让儿童闭上眼睛回忆已欣赏过的作品这是一种视觉意象的方法,以加深儿童对作品的印象和感受。构思时则可以将心理意象和交流讨论结合起来,使儿童为下一步的创作做好必要的心理准备和铺垫。

(2)创作表现

欣赏后的创作与一般的美术创作稍有不同,既尊重儿童的意愿,给儿童提供充分的自由度;又鼓励把欣赏的经验结合起来,或者学习画家的作画方式和表现手法,用自己的绘画语言描绘作品所表现、传达的情感。例如,欣赏作品《忧愁的国王》后,儿童以彩纸剪贴的方式表现快乐婆婆或伤心婆婆所讲述的故事等。

(3)作品评议

作品评议是另一种欣赏活动的开始,以自我介绍或幼儿间的相互评议为主,宜采用多种方式进行,不可由教师包办代替。由于作品评议与一般美术创作后的评议相同,在前面的任务学习中已经有详细的阐述,这里就不再赘述。

(二)美术欣赏活动的教学方法

1. 对话法

艺术是通过幻想、交流和沟通生命的情感和意味的过程,它在直觉过程中把人的心理动力激活,使之丰富、充实、秩序化。美术欣赏活动主要是欣赏对象(即作品)、教师与儿童展开互动的活动。艺术作品的意义远不只是画者本人的意图,时代的不同、场合的不同、欣赏主体的不同,同一艺术作品与欣赏主体的对话结果就不同。对于欣赏者而言,是从心灵世界出发与作品进行对话的活动,继而达到潜在的心灵沟通和内在的自我交流。这种对话,既包括教师与作品的对话,教师与儿童的对话,也包括儿童和作品的对话,儿童与儿童之间的对话。对话法使得美术欣赏活动不是教师单向的灌输,而是平等的双向交流,甚至是多向交流。欣赏者与作品之间的交流是通过体验和领悟进行的非语言沟通,而对话就是欣赏者的整体直觉,包括欣赏者的感知、想象、思维、情感等一系列的心理、语言活动。

教师与作品的对话,是教师充分对作品进行体会,准确分析和确定儿童已有的欣赏水平,选择欣赏作品中适宜的欣赏元素,把握作品的基本层次,明确作品的欣赏目标;也是教师预先对作品的内容、形式、主题、题材、环境等方面深入地了解和赏析。

儿童与作品的对话,是儿童自主作用于作品的真实流露。我们能从儿童的表情、动作和言语等方面感受到其对作品的认识。教师要提供儿童与作品对话的时间和空间,不要轻易打断儿童的观察和表达,这样才能使儿童对作品的理解不加任何修饰和思考地反馈出来。同时要解读儿童与作品对话的现状与需求,了解儿童对作品的兴趣点是什么,从而更好地决定该如何引导。

教师要发起一个讨论、交流场,激发幼儿产生努力探索的愿望,发现新事物、产生新思想。

2. 对比法

对比就是主体在认识过程中将两个或更多的客体放在一起,寻找他们的不同点和相同点。对比法是将两幅作品在一次活动中呈现给儿童欣赏。怎样的两幅作品构成对比欣赏,要把握的原则就是找到共有的属性领域,选定比较标准。例如,在同一题材、同一作者、同一画法、同一画种中找到表现方式的不同,或者情感表现的不同,抑或审美特点的不同。总之是分析、归纳规律,提升审美经验。要善于发现作品中那些最突出的、最重要的部分,注意到它们与那些次要的、较为隐蔽的视觉点的相互衬托的关系,感受作品的情感和规律。在这个过程中儿童经历从对规律的一知半解到初步感受却不能表达,再到能感受、能概括、能表现,经历从直接感受过渡到理性逻辑的过程。

3. 情景法

情景法是在欣赏活动中,教师为儿童精心选择和设计与作品相关的环境、情景,组织儿童进行相关体验,丰富儿童情感体验或激发儿童表现的途径。不仅包括生活经验和情景体验,如亲近大自然、亲近生活,积累与欣赏主题或内容相关的知识经验和情感体验。还包括创设相适应的环境、氛围,让儿童多种方式地表达,如语言、肢体、表情、创作等。例如,在《春如线》的欣赏活动中,教师营造了一个游戏情景,让儿童随着教师的情景语言进行游戏表演:"春天来了,小溪里的水快乐地奔跑"由一儿童手持绿色彩带跑动。"溪流跑到东跑到西,碰到小树绕个弯,碰到石头跳一跳"由另一儿童手持彩带左右、上下舞动。"小蝌蚪游来了,大的蝌蚪哥哥来了,小的蝌蚪妹妹也来了。它们有的扭着尾巴跳舞,有的头碰头说话,有的东瞅瞅西看看"由多个儿童扮演蝌蚪做各种动作。又如,在作品《跳舞的影子》的欣赏活动中,教师营造了一个叙事情景来帮助幼儿理解画面。"我剪一个影子在跳舞。她伸开手臂跳了起来,像飞一样,我把手臂剪成翅膀了;再剪两条腿,哎呀,怎么一条粗一条细呢?没关系,这样也很有趣。影子的舞蹈真美呀,剪几颗星星送给它,哈哈,又像火焰和菊花,再剪颗爱心送给它,扑通扑通,跳得真漂亮,哎呀,爱心变成纽扣了,爱跳舞的影子真快乐!"教师些叙事语言让儿童感受到剪纸的快乐和无尽的遐想。

二、学前儿童美术欣赏活动的指导策略

(一) 美术欣赏活动的指导要点

1. 多通道感受

儿童对视觉文本的审美直觉中包括了语言交流与非语言交流,表现出多通道性。并且这种多通道性,既有表情、身体动作与语言的结合,又有不同感觉之间的联合。儿童对作品表达感受时,也常常借助视—听结合(眼睛像会说话)、视—味结合(看起来甜甜的)、视—触结合(很软,很想去摸摸)来表达。有研究表明,儿童能很容易地将光的亮度与声音的响度相配对,说明儿童有着较强的通感能力。

不仅是儿童,成人也是如此。古希腊诗人西蒙尼蒂斯曾说过"诗是有声的画,画是无声的诗"。音乐中的乐符,高低起伏、快慢相间的组合才有旋律和节奏;美术色彩的浓淡、线条的疏密才有意境和韵律。众多关于心理学的研究表明,通感普遍存在,即某一感觉系统受到外界事物的刺激,不仅引起自身直接、相应的反应,还能触发其他感觉系统共鸣的一种心理现象。艺术通感是艺术思维上的一种幻觉,能帮助人们深刻地表达或接受客观事物的感受和体验,犹如一条美丽的彩带把感觉和想象联结在一起。不同艺术门类相互沟通,多种感觉互相转化、互相影响、互相启发。不同感觉通道对刺激的敏感性不一样,运用多通道从不同方面去认识和感知事物,会增强对事物的体验和感受。

因此,教师可以选择一些与美术作品有关或能加强其感染力的音乐、诗歌、故事等,运用多种方式再现或创设具有情绪色彩的、生动的形象或场景,以帮助儿童对美术作品的感知和体验。方式体现了整合的教育观,构成了良好的欣赏环境。如视—听,闻其声、如临其境,调动多种感官的参与,多途径的体验并在感受、品位、思索中理解。

例如,教师在引导儿童欣赏吴冠中的《春如线》时,作品的出现伴随了《春光美》的乐曲,很快将儿童带入春天的遐想中,或伴随教师的配乐诗朗诵《春天在哪里》,儿童自然地被带入并从作品的线条和色彩中寻找春天,体验作品所描绘的意境。又如,在欣赏作品《江南村景》时伴随着《小放牛》的音乐,让作品无声胜有声。这样,儿童对作品的理解在审美氛围的营造中充分地享受美、理解美、欣赏美。

2. 把握一个重点

不同的美术作品引导儿童欣赏的重点不尽相同。把握欣赏的重点易于让儿童感受形式美的原理,积累审美经验,提高审美能力。例如,在欣赏风筝时感受对称的美;在欣赏蒙克的画作《呐喊》时感受变形与夸张的美;在欣赏蒙德里安的画作《百老汇爵士乐》时感受线条与色彩的表现美;在欣赏我国传统图画《百子图》时则关注人物不同的动态美……

综上所述,美术欣赏是一项需要儿童记忆、想象、分析、概括、推理、判断等认知能力共同参与的活动。儿童进行美术欣赏的基础是知觉,美术欣赏教育让儿童沉浸于艺术之中,逐渐获得敏锐的对美的事物的感知能力。"欣赏"是一个极具个性化的心理过程,不可强求一致,更不能用教师的感受替代孩子的感受。"欣赏"并不需要与"理解"同步,儿童要拥有的是对作品本身的自我体验和感受,而不是通过教师的灌输去理解作品。儿童的泛灵性,即移情的特点,使其在美术欣赏中亲身感受和体验事物的特征,产生审美愉悦。儿童模仿力强、好奇心强,美术欣赏为培养和发展儿童的审美创造能力提供了良好的条件,欣赏也是

编织艺术家的摇篮。提供儿童运用艺术家的眼光看世界的机会。当然,在这个过程中注重提升教师自身的艺术鉴赏水平至关重要。

(二)美术欣赏活动的注意事项

1. 营造轻松、平等的欣赏氛围

阿恩海姆认为,"在发育的初级阶段,心灵的主要特征就是对感性经验的全面依赖。对于那些幼儿的心灵来说,事物就是他们看到的、听到的、接触到的那个样子。"一方面,儿童的美术欣赏依赖于教师的引导,另一方面,教师不能强迫儿童接受一个权威的结论,而应尊重幼儿的感受和理解。虽然,教师对作品的引导有一定的目的性,但这并不意味着儿童必须无条件接受,仍然可以持有自己的理解。教师还应该鼓励儿童大胆表达自己对作品的独特见解。师幼之间的对话是平等的、互动的、轻松的,这是儿童欣赏作品的良好精神环境。

同时,也要为儿童的欣赏提供适宜的物质环境。无论是提供多媒体作品,还是印刷作品,都要考虑作品的清晰度,色彩的精准度,尽量减少周围环境对美术作品的干扰,避免分散儿童的注意力。儿童只有在自由、宽松、愉悦的美术欣赏氛围中才能把自我感受表达出来。

2. 给予儿童充分的欣赏时间

教师应给儿童充分的自主欣赏时间,让他们尽可能地用自己的感官多通道感知,不要操之过急或讲解过多,而是尽量引导、启发,让儿童自己表达,通过提问、提供线索的方法,让儿童自己观察和想象。注重过程中儿童的情感体验,帮助儿童进入到作品中去。重视欣赏的前期经验和后期延伸,只有准确把握儿童的已有经验,才能选择适宜的作品;只有对作品欣赏有一定的前期经验,欣赏才有可能深入。例如,在欣赏梵高的《向日葵》之前,儿童要对向日葵这种植物有所认知,如对于它的颜色、形状、生活习性有所了解。《纲要》中强调:"儿童的学习要来源于儿童的生活,以生活为基础,建立在生活之上。"而后期延伸,可以让儿童欣赏梵高的其他作品,进一步了解梵高的绘画风格。也可以让儿童去种一株向日葵,拓展儿童的兴趣和经验。还可以将区角活动和绘画创作相结合,让儿童自己用不同的方式去完成一幅《向日葵》。

3. 把握师幼对话的有效性

在美术欣赏的过程中,教师对儿童的引导主要是通过师幼对话来完成的,师幼对话的有效性直接影响儿童对作品的理解程度。首先,要设计相应的提问内容,围绕儿童的兴趣和教学目标(即作品的主要欣赏元素)进行有效的提问,引导儿童用自己的方式解读作品所表达的内容和情感,帮助儿童理解艺术语言。写实作品要注重对事物的细节描述,抽象作品注重对线条和色彩的叙述。两者都要注重对作品造型的想象。其次,教师提问措辞要严谨,提问的重点要聚焦才能引发儿童的思考,使儿童积极与教师互动。教师的提问要具有发散性,这样可以调动儿童观察的主动性。最后,结合细节对儿童的回答及时追问,是引发儿童深入观察和体验的有效方法。值得追问的问题往往是本次美术欣赏活动的重点和难点所在,也是教师组织教学活动水平高低的体现。追问是随机的,是在认真倾听儿童回答后,及时发现和捕捉与目标密切联系的问题点,进行"刨根问底"的提问,引发儿童对作品的深度观察和思考。

4. 提供儿童体验作品情感的机会

体验即亲身感受,是将儿童置于和作品相似的情景中,从而让儿童走进作品中去感知作品的情感。在对作品的直接观察之后,可以设计儿童模仿和扮演作品中的情景环节。例如,儿童在欣赏了中国的皮影作品《老鼠嫁女》之后,教师可以提供道具和材料,让儿童分别扮演画中的不同角色,吹吹打打嫁新娘,感受作品中的喜悦之情。又如,在欣赏作品《大碗岛的星期天》之后,儿童自由模仿作品中的人物动作再现作品情景,体会作品中静谧、自由的情感。再如,在欣赏作品《伏尔加河上的纤夫》之后,伴随着厚重的船工号子旋律,儿童一起拉着纤绳,用力地向前倾着身体,体会纤夫的艰辛。这些案例都给儿童提供了体验作品情感的机会,有助于儿童在心理上的感受。

5.注意巧妙运用多媒体技术

在信息时代的今天,多媒体已普遍使用,比起只有美术挂图的时代,教学变得便捷和高效许多。多媒体更有利于提供高品质的美术欣赏作品。印刷品品质难以保证,成本也相对较高,容易出现图像失真,影响儿童的欣赏质量。通过网络资源,能够得到大量的世界名画家的经典作品,欣赏内容更加丰富、多元化。

多媒体更有利于展现相关的情景,网络资源可便捷地提供各种图像场景、音响声效、视频等,把听觉和视觉完美地结合在一起,塑造了形、意、声相互融合的文化氛围,让儿童身临其境,也能让儿童补充生活经验,便于体验作品的情感和理解作品的内容。

多媒体技术能化静为动,激发儿童欣赏的兴趣。儿童长时间面对静止的画面,很容易注意力分散,巧妙地利用多媒体技术将画面适当处理,不断激发儿童的欣赏兴趣。例如,案例《小鸟天堂》欣赏活动中将小鸟飞舞的动画镶嵌在作品之中,让儿童若隐若现地看到画中的小鸟似乎真的动起来了,再配上阵阵鸟鸣的声音,仿佛欣赏者置身于画的真实情景之中,极大地提高了儿童的欣赏体验。又如,在欣赏徐悲鸿的作品《八骏图》活动中,教师运用技术将八匹马的不同姿态分别提取出来呈现在儿童面前,便于儿童更加细致地观察每匹马的动态,再将这种骏马奔腾的画面制作成唯美的视频,音画结合,这样便在很大程度上丰富了儿童对作品的体验。

(三)幼儿美术欣赏的选材

对于儿童美术欣赏活动,众多的欣赏类型,庞杂的欣赏内容,该如何选择呢?选择什么样的欣赏内容决定着儿童欣赏活动的质量,决定着能否达到欣赏教育的预期目标。一般来说,可以从以下几方面考虑。

1.选择经典

歌德说过,鉴赏力不是靠观赏中等的作品而是靠观赏好的作品才能培养成的。经典是经久不衰的万世之作,是经过历史选择出来的最具价值的精髓,是具代表性、完美的作品。选择经典作品给儿童欣赏,让儿童从小接触经典,与大师对话,能保证儿童欣赏内容的品质,中外经典美术作品数量庞大,也不是所有作品都适合儿童欣赏,还要慎重选择。

2.考虑儿童的欣赏喜好

儿童更喜欢感知的是他们所熟悉的、令人愉快的、色彩明快的、现实主义的作品。再现性的作品和能够识别出作品中所描绘对象的作品,儿童也较为偏爱。他们判断作品的标准是内容是否客观地、真实地再现了现实世界,作品的色彩是否丰富、鲜艳。有些作品,如卡萨特的《在海滩上玩耍的孩子们》,由于作品色彩的原因,常常不被儿童喜爱,而马蒂斯的《跳舞的影子》等作品就广受儿童喜欢。

3. 考虑儿童的生活经验和接受水平

儿童年龄小,生活经验还不太丰富,认知能力和水平也有限,不太能理解过于深奥的主题和意境。在选择欣赏内容时要着重考虑到作品与儿童经验及水平的适宜性,通常选择以下内容更为适宜。

(1)相对简单的形状。儿童年龄小,过于复杂的内容容易给儿童造成审美负担。

(2)要接近儿童生活。远离儿童生活经验的作品往往不能引起儿童的欣赏兴趣和产生审美共鸣。

(3)具体、简练的形象。形象具体易于儿童辨认和联想。

(4)鲜艳、绚丽的色彩,对于儿童更具吸引力。

4. 考虑内容的多样性

(1)从作品的题材上来说,既要有儿童生活题材的作品,如卡萨特的《沐浴的孩童》,又要有描绘自然景物的作品,如梵高的《星空》、莫奈的《日出·印象》,还要有描绘动物和人物的作品,如马蒂斯的《舞蹈》、齐白石的《对虾》等。

(2)从作品的风格上来说,不同风格和流派的作品都有其独特的特点,要让孩子感受不同风格的美和不同流派的意味,如野兽派、印象派、古典主义、现实主义等都可以有所选择。

(3)从作品的内容上来说,既有具象的作品,如梵高的《向日葵》,又有意象的作品,如《音乐》,还有抽象的作品,如波洛克的《会聚:第十号》等,在选择的时候要都有所选择。

(4)从地域文化上来说,既要选择欣赏中国的作品,感受民族特点,也要选择欣赏国外的作品,感受多元的风格。

总之,在给儿童选择欣赏作品的内容时要兼顾多样性,包括同一欣赏内容,不同表现形式的作品变式,如花朵、房子、路等欣赏内容,可以提供不同材料、不同风格、不同背景的作品来欣赏,让儿童的欣赏范围更宽更广。

一幅好的美术欣赏作品,不是要带给儿童丰富的知识、深刻的道理,而是能为儿童提供一个"体会的过程",让儿童从中得到感觉与知觉、联想与想象、情绪与情感等全方位的审美体验过程。好的美术欣赏作品能与儿童的生活经验产生碰撞,让儿童从他们的发现中、联想中、情绪体验中获得开心、快乐,这样的美术欣赏才更像一种游戏,一种能让儿童乐于参与、重在持续发展的。这些小小的欣赏者不但有天马行空的想象力,也有合理的逻辑思维。用平等的态度对待儿童,就是让他们从自身经验出发,获得自己能够获得的发展。

第七章 学前儿童科学教育与活动指导

第一节 学前儿童科学教育活动理论

一、学前儿童科学教育活动的目标

(一)拟定学前儿童科学教育活动目标的依据

学前儿童科学教育目标是根据学前教育的总目标,结合科学教育的特点而制定的,是学前教育目标在科学领域的具体体现。学前儿童科学教育目标的制定要综合考虑学前儿童身心发展规律和特点,也要体现自然科学的特点。

1.依据学前儿童身心的发展规律

发展心理学研究表明,在学前儿童的认知活动中,感知觉占重要地位。虽然到了学前后期,儿童的抽象逻辑思维有了一定的发展,但是在整个儿童期,儿童基本上是依靠自己的主观感知来认识事物的,他们思维的主要特点是具体形象思维占优势。制定学前儿童科学教育目标要了解学前儿童身心发展规律,关注儿童发展的需要,通过儿童的表现来判断儿童的发展水平和发展特点,寻找儿童的"最近发展区"以确定儿童发展的目标。

2.依据自然科学的学科特点

学前儿童科学教育目标的制定还必须考虑自然科学的学科特点。自然科学的知识是系统性的,具有严密的逻辑性;自然科学的内容是广泛的,涉及整个物质世界;自然科学的方法是科学的,能使儿童真正体验科学探究的过程、方法和技能。制定科学教育目标,必须依据自然科学的特点,探讨学科知识自身的特殊功能及蕴含其中的教育功能。

3.依据学前儿童学习科学的特点和发展规律

科学教育的对象是学前儿童,制定科学教育目标必须考虑学前儿童自身学习科学的特点和规律。依据儿童科学学习的发展水平、满足其发展需要。儿童的科学学习随年龄的增长而发展变化,科学教育目标的制定要针对不同年龄的儿童提出不同的教育要求,不仅要关注知识教育的目标,还要关注其情感目标和个性品质的培养。

4.依据社会发展的需要

当今社会处于信息飞速发展的时代,日益加快的知识更新增加了人们不断学习科学技术的热情。社会性发展的大环境要求学前儿童科学教育活动以社会发展的需要为依据,制定符合时代发展的目标。要面向全体儿童,培养儿童早期的科学素养,以形成对科学技能最基本的、积极的态度。通过科学教育的过程,培养儿童关注自然、关注社会、关注人与自然的和谐关系,激发初步的责任感。

(二)学前儿童科学教育目标结构

学前儿童科学教育目标是按照一定的结构有序组织起来的。分为纵向和横向目标:纵向目标具有一定的层次结构,又称为层次结构目标,从上到下,逐步细化到每日目标;横向目标具有不同的分类结构,又称为分类结构目标。

1.纵向目标

学前儿童科学教育目标按照层次结构,可以分成学前儿童科学教育的总目标、年龄阶段目标、月目标和周目标、日目标几个层次。各层次目标之间相互衔接,体现学前儿童心理发展的渐进性和学科知识的系统性。下层目标与上层目标之间是协调统一的。层次越低的目标越具有操作性,每一层次都是上一层次目标的具体化,低层次目标的实现可促进高层次目标的最终实现。

2.横向目标

学前儿童科学教育的分类目标是指教育目标的组合构成,它是能够从学前儿童科学教育总目标中横向分解出来的,因此也叫横向目标。学前儿童科学教育的总目标是培养具有科学素养的人,因此,科学素养的划分就成为制定科学教育目标的主要依据。结合学前儿童身心发展的特点,学前儿童科学教育的横向目标可以分为科学知识教育目标、科学方法教育目标和科学情感态度教育目标三个方面。

(1)科学知识教育目标

学前儿童科学知识教育目标是通过科学教育使儿童获取有关周围物质世界的广泛的科学经验,或在感性的基础上形成初级的科学概念。所谓科学知识,是人类在了解自然科学时,希望获得的有关事实的信息和理论的信息,也就是直接经验和理论概念。学前儿童学习的科学知识也分为直接知识和间接知识,科学经验一般来说是直接知识的学习,是儿童在具体操作过程中,通过自身的感官获取的具体事实,这是儿童在探究周围世界的过程中获得的经验。作为科学探究的结果,科学知识的获得是必然的。间接知识一般是教师或他人传授的科学知识,可以直接拿来用,不需要经过验证,是前人认识的成果。

科学的初级概念的形成,是指幼儿在感知和经验的基础上,对事物外在的、明显的特征进行概括,是一种概括化的表象,介于具体经验和抽象概念之间。

(2)科学方法教育目标

科学方法是科学的重要特征之一,是科学发展的一个重要的内在因素。所谓科学方法就是指收集客观信息、加工整理信息、表达信息和交流信息的方法。

(3)科学情感态度教育目标

儿童的情感是对客观事物态度的体验,也就是客观态度和主观需要之间关系的反映。在科学探究过程中,主要培养儿童与科学密切相关的积极态度,包括对大自然的好奇心、兴奋感、探究的兴趣等。态度是人们对某一事物所持的评价和行为倾向。在学前儿童学习科学的过程中,需要培养儿童对自然事物、自然科学、科学与个人及社会的关系所持的评价和行为倾向。学前儿童科学情感教育的主要目标就是培养儿童对科学的浓厚兴趣,关注生活中的科学现象,培养儿童好奇、进取、负责、合作、操作、探究、喜欢创造等情感态度。在科学教育中,科学情感态度的培养是整个科学教育目标的核心内容。

(三)幼儿园科学教育的总目标

学前儿童科学学习的核心是激发探究兴趣,体验探究过程,发展初步的探究能力和解决问题的能力,也就是通过科学学习使儿童形成受益终身的学习态度和能力。

在整个学前阶段,通过一系列科学教育活动的过程来打好实现科学教育的总目标基础。科学教育的总目标在结构上体现了科学素养的三个方面,即科学情感态度、科学过程方法和科学知识经验。

1. 科学情感态度

学习科学需要好奇心,科学最能吸引儿童的好奇心,他们对周围的一切事物都充满好奇,喜欢刨根问底,他们不断地提出问题,进行操作、摆弄、探索、发现。好奇心是儿童学习取得成功的先决条件,并对儿童的学习态度起着决定性作用。儿童最初对科学有兴趣就是源于好奇心,所以保护儿童的好奇心,使儿童从对事物外在的、表面的兴趣发展为对科学的理性认识是科学教育的首要任务。

大自然是人类赖以生存的环境,儿童对周围世界的认识从大自然开始,引导儿童发现自然界中的美,学会欣赏大自然,逐渐发现和感受自然界的奇妙和美好,感受和体验人与自然、人与动植物之间的依存关系。在科学学习过程中,要培养儿童积极的情感体验,培养儿童从对身边的小花、小草的喜欢,对小鸟、小鱼的热爱,逐步发展为爱护自然、珍爱生命的情感和态度。

2. 科学方法技能

科学的一个重要特征就是其方法和过程的科学性。科学方法的实质在于探究问题,而科学探究是一个完整的过程。科学方法就是在探究的过程中用于解决科学问题的手段。儿童科学教育中涉及的科学方法主要有以下几方面。

(1)观察

观察是儿童认识世界的基础,是科学方法中最基本的方法。"喜欢观察"是儿童对科学产生兴趣的基础。在学前儿童亲历科学的过程中,学习使用感官,培养观察能力,就能主动去感知周围世界,积极获取各方面的信息,极大地丰富学前儿童的科学经验,为学前儿童科学概念的初步形成和思维的发展做充分的准备。

(2)分类和测量

在学前儿童学习科学的过程中,分类和测量既是一种技能,也是一种方法。分类能帮助学前儿童对周围世界进行概括,有助于他们探索事物之间的关系。测量是人们生活中精确交换信息的一个重要方法,一般来说,测量方法的运用要晚于分类方法的运用。在科学教育中,学前儿童在比较现象或物体特征的相同和相异的基础上,按物体的外部特征或用途进行分类,学习分类的标准或属性,初步了解通过测量可以了解量化的信息。

(3)探究

探究是指儿童思维的过程。思维是认识的高级阶段,是智力的核心,反映的是事物的本质属性和内部的规律性。在科学教育中,学前儿童在获得大量的感性经验的基础上,有意识地帮助儿童学习、探究,以发展学前儿童的思维能力。学前儿童的思维以具体形象思维为主,引导儿童在具体形象和表象的基础上,探究事物之间的联系和因果关系。

(4)操作

操作活动是为了解决某个问题或为了探索某种现象而开展的有意识的活动。在科学教育活动中,操作活动是儿童验证发现、进行探索的主要方法。学前儿童只有具备操作材料的能力,才能发现问题、解决问题。所以,操作是学习科学的必备技能。

(5)表达

表达在科学活动中是必不可少的信息交流手段。在科学教育活动中,儿童要学会用准确、有效的语言表达和交流自己在探究过程中的想法、做法、发现,要学会用语言或记录的方式表达自己在科学活动中的情绪体验,还要学会用各种手段展示自己的探索成果。

3.科学知识经验

学前儿童的科学教育,不是让儿童掌握多少科学知识,而是强调儿童对科学实践过程的认识,强调获得浅显的科学经验。学前儿童科学经验包括儿童对事物形状特征的感性认识、对科学现象的简单理解。在儿童与周围环境不断的接触过程中,他们的头脑中储存了丰富的信息,留下了生动的表象。这些信息和表象就是儿童获得的浅显的科学经验,这些浅显的科学经验是儿童学习科学的基础。

(四)学前儿童科学教育活动的年龄阶段目标

学前儿童科学教育活动的年龄阶段目标是总目标在各年龄阶段的具体化,年龄阶段目标在指导思想上与总目标是保持一致的。各年龄阶段目标具有连续性,体现了儿童科学教育的系统性。这种系统性反映在年龄阶段目标上就是同一种活动内容,年龄阶段不同,教育目标也不同,各年龄阶段之间具有层层递进的关系。

1.小班

(1)小班上学期

①引导儿童观察周围个别动物(家禽类)、植物的特征,初步了解它们与儿童生活的关系,培养幼儿亲近动植物的情感;

②带儿童观察周围常见的自然现象(天气)的明显特征,感受它们和儿童生活的关系;

③引导儿童观察家庭和幼儿园生活中常见的物品(玩具、服饰等)的特征及用途,获取浅显的科学经验,感受它们给生活带来的便捷;

④帮助儿童了解各种感官感知中的作用,学习正确使用各种感官感知的方法,发展感知能力;

⑤激发儿童参加科学活动的兴趣,并乐于表达自己的意见和看法。

(2)小班下学期

①引导儿童观察周围常见的两种动物,植物(花草)的特征,获取浅显的科学经验,初步了解它们与儿童生活的关系,培养幼儿关心、爱护动植物的情感;

②带儿童观察周围更多自然现象的明显特征,获取浅显的科学经验,并感受它们和儿童生活之间的关系;

③引导儿童观察家庭和幼儿园生活中大部分物品的特征及用途,获取浅显的科学经验,感受它们给生活带来的方便;

④帮助儿童了解各种感官在感知中的作用,学习正确使用各种感官感知的方法,进一步发展感知能力;

⑤使儿童乐意参加科学活动,并愿意与同伴分享自己的发现。

2.中班

(1)中班上学期

①帮助儿童获取有关自然环境中的物质(露水、太阳等)及其与人类关系的具体经验,了解不同环境中个别动物(昆虫类)、植物(蔬菜类)的形态特征和生活习惯;

②带儿童观察、了解秋季和冬季的特征及其与人们生活的关系,获取感性经验;

③引导儿童了解周围生活中常见的科技产品(家用小电器等)的功能,初步了解它们在生活中的运用;

④使儿童主动参加科学活动,喜欢探索自然界,关心、爱护动植物和周围的自然环境。

（2）中班下学期

①帮助儿童获取有关周围环境中物质（光、空气、雷、彩虹等）及其与人类关系的具体经验,了解不同环境中常见的动物（爬行类）、植物（树木类）的形态特征和生活习性及与人类的关系;

②带儿童观察、了解春季和夏季的特征及其与人们生活的关系,获取感性经验;

③引导儿童观察周围生活中常见的科技产品,了解其在人们生活中的作用并学习使用这些科技产品;

④使儿童主动参加科学活动,喜欢探索周围自然界,关心、爱护动植物和周围的自然环境。

3. 大班

（1）大班上学期

①帮助儿童了解不同环境中的动物（野生类）、植物（食品类）及其与环境的相互关系,介绍环境污染的现象和人们保护生态环境的活动;

②让儿童获取有关季节、动植物与环境之间关系的感性经验,形成四季的初步概念;

③引导儿童学习使用常见的科技产品的方法,运用简单工具和多种材料进行制作活动,能够发现物品和材料的多种特性和功能,并表现出一定的创造性;

④使儿童喜欢并能较长时间参与科学活动,能主动探索周围自然界,并能用语言交流发现的问题,能关心、爱护自然环境。

（2）大班下学期

①帮助儿童了解不同环境中的动物、植物及其与环境之间的相互关系,使儿童积极参与保护生态环境的活动;

②让儿童获取有关季节、人类、动植物与环境等关系的感性经验,能用不同形式表现四季的特征;

③引导儿童学习使用常见科技产品（交通、通信工具等）的方法,运用简单工具和多种材料进行制作活动,能够发现物品和材料的多种特性和功能,并表现出一定的创造性;

④使儿童喜欢并能较长时间参与科学活动,能主动探索周围自然界,并能用绘画或符号的形式记录发现和提出问题并寻求答案,能关心、爱护自然环境。

（五）学前儿童科学教育活动单元目标

学前儿童科学教育活动单元目标是科学教育年龄阶段目标的具体化及分段性目标。划分单元目标的方法有两种:一是以时间单元的形式把年龄阶段目标划分为学期目标、月目标、周目标等;二是以内容单元的形式划分,即根据教育目标及相关的教育内容的特点,把某一组目标及相关的内容有机组织起来,构成主题单元。

1. 以时间为单元的学前儿童科学教育目标

以下是一个以时间为单元划分的科学教育单元目标,幼儿园小班科学教育目标:

（1）愿意接触大自然;

（2）激发出儿童的好奇心,使儿童喜欢模仿、摆弄;

（3）认识易于接触的动物如兔子,了解其主要外形特征及生活习性;

（4）认识易于接触的植物一串红,了解其主要外形特征;

（5）了解自己身体的主要部位如眼睛，学习如何保护它；

（6）观察秋天的景色，初步体验大自然的美；

（7）初步学习运用感官认识物体。

2.以主题活动为单元的学前儿童科学教育目标

学前儿童科学教育活动的主题是多种多样的，有的是以季节为主线建构主题，有的则以自然科学现象为主线建构主题，也有以人的活动为主线建构主题。下面是一个以主题活动为单元的科学教育目标，幼儿园小班主题活动"有趣的气味"单元科学教育目标：

（1）让儿童感知不同的气味，学会用鼻子闻物体的气味，发展感知能力；

（2）引导儿童关心周围事物，培养儿童对感知活动的兴趣；

（3）学习用语言表达所得到的信息；

（4）帮助儿童懂得要爱护自己的鼻子。

二、学前儿童科学教育活动的内容

（一）选择学前儿童科学教育活动内容的依据

1.符合学前儿童科学教育活动的目标

学前儿童科学教育内容是学前儿童科学教育目标的细化与具体化，是实现学前儿童科学教育目标的重要过程。因此，学前儿童科学教育活动内容的选择必须以目标为依据，以确保科学教育目标得以实现。

2.适应学前儿童认知发展的特点

选择学前儿童科学教育活动内容时必须考虑学前儿童的认知发展特点，符合学前儿童的实际需要和发展需求，以确保科学教育活动的顺利实施，使学前儿童更好地感受科学、体验科学、探究科学。

3.遵循科学自身的规律和特点

科学是反映客观事实和规律的知识体系，它不仅强调内容的科学性，也强调方法的科学性，尊重事实，反对迷信，反对主观臆断，这是科学本身所具有的特点。

所以，选择学前儿童科学教育活动内容要依据科学自身的规律和特点。

（二）学前儿童科学教育活动的内容范围

学前儿童科学教育内容是为实现科学教育目标的，是实现教育目标的实质部分，是科学教育活动设计与实施的主要依据。

1.科学领域的教育内容要求

（1）引导儿童对身边常见的事物和现象的特点、变化规律产生兴趣和探究的欲望。

（2）为儿童的探究活动创造宽松的环境，让每个儿童都有机会参与尝试，支持、鼓励他们大胆提出问题，发表不同意见并学会尊重别人的观点和经验。

（3）提供丰富的可操作性材料，为每个儿童都能运用多种感官、多种方式进行探索提供活动的条件。

（4）通过引导儿童积极参加小组讨论、探索等方式，培养儿童合作学习的意识和能力，学习用多种方式表现、交流、分享探索的过程和结果。

（5）引导儿童对周围环境中的数、量、形、时间和空间等问题上、现象产生兴趣，建构初步的科学概念,并学习用简单的数学方法解决生活和游戏中的某些简单的问题。

(6)从生活和媒体中儿童熟悉的科技成果入手,引导儿童感受科学技术对生活的影响,培养他们对科学的学习兴趣和对科学家的崇敬。

(7)在儿童生活经验的基础上,帮助儿童了解自然、环境与人类生活的关系。从身边的小事入手,培养初步的环境保护意识和行为。

2. 学前儿童科学教育内容的范围

(1)观察和认识常见的动植物

认识常见的动植物及其特征是儿童认识生命体特征的重要经验。儿童生活在自然环境中,对大自然有天生的好奇心,应该为儿童提供足够的机会接触自然界中的动植物,引导儿童观察、认识、种植或照顾动植物。有关动植物的关键经验主要包括:动植物的多样性,动植物的生存和生长变化的基本条件,动植物对环境的适应性,动植物的生长周期与繁殖问题等。

①能说出常见的动植物的名称,关注和思考动植物的外部特征、习性与生活环境对动植物生存的意义。如兔子的长耳朵具有自我保护的作用、植物种子的形状对其传播的影响等。

②注意并发现动植物的多样性,随教师的引导儿童发现更多的动物、植物。例如,植物不同,它们的根茎也是不同的,叶子也是不同的,还有不同的花和果实,在不同的生长环境,需要不同的阳光、水、温度和土质等。仅就一种动物或植物而言也存在多种多样的特征(如动物就有大小、高矮之分,有毛无毛之别,温顺凶悍之不同等)。

③感知并初步发现动植物的生长、变化规律。能用不同的方式进行记录(数字、图标、照相、图画等),交流、分享观察中的有趣现象和新发现,体验其中的愉悦。

④关注、体验和探索动植物与人类、自然环境的依赖关系。

动植物与人类的关系:让儿童关注在日常生活中人们是怎样利用动植物的(食用、观赏等),又是怎样保护动植物的(和谐相处等),不保护动植物所造成的后果(如生态环境遭到破坏,出现沙尘暴给人们带来的危害等)。

动植物与自然环境的关系:引导儿童发现动植物的生存与生长离不开空气、阳光、水、土壤,不同的动植物生长环境是不同的,动植物也会随着季节的变化而变化,如有的植物春天播种秋天收获,有的动物有冬眠习性。

动物与动物、植物与植物及动物与植物之间的关系:引导儿童了解动物间是"朋友"或"天敌"的关系,例如,鳄鱼与牙签鸟是好朋友,老鹰是鸡的天敌、狮子是鹿的天敌等;动物与植物间的关系,如"兔子—草—粪便—草的生长—兔子"这一循环关系。

通过这些内容,让儿童感受到自然界的奇妙和动植物顽强的生命力,培养儿童对自然的好奇心,增进儿童与动植物之间的感情。

(2)探索自然现象和非生物的性质

①自然现象

在人们生活的世界中,自然现象循环往复、变化无穷。

a. 日、月、星

观察太阳的影像、图片,知道太阳的形状;通过图片等方式观察太阳的颜色;通过实验来感受太阳的光与热;通过实验使儿童了解阳光是人、动物、植物等生长不可缺少的。

通过望远镜或肉眼观察月相的变化,并用自己喜欢的方式进行记录。通过观看录像、视频等知道人类如何到达太空。

观察夜空的星星,知道星星有很多,离我们很远。

b. 天气与季节变化

天气与季节变化的认知对于儿童来说有一定的难度,所以在了解天气与季节变化时重点让儿童感知、体验和发现其与动植物及人们生活的关系。主要包括:感知、体验和认识常见的天气特点及其对人们生活、动植物生长变化的影响;感知、体验和发现不同季节的特点和周期性的变化及对动植物和人的影响。

一年有四季,春夏与秋冬,季节变化是有周期性的,位置不同,季节的典型特点、变化也不同。概括起来说,儿童探索发现季节变化的主要内容有:观察、感受、体验、发现天气变化状况,能用自己喜欢的方式进行记录与报告等。

风:可通过实验探索发现风的产生;感受风有大小、冷暖等并和日常生活结合来了解不同情景下的风;知道风在日常生活中的重要作用(风力发电等)以及台风、沙尘暴、飓风等给人们带来的危害。

云:观察云在天气中的多变性,观察云在不同天气时的表现与变化,云有厚薄之分。

雨:知道雨的种类,大雨、小雨、急雨、暴雨等;观察比较雨的不同;知道雨在不同的季节对于植物生长的意义,如春季适时的雨有利于播种,秋季的雨过多不利于秋收等。

冰、雪、霜:知道冰、雪、霜等是冬天常出现的天气现象;通过实验或游戏来观察冰、雪、霜;了解冰、雪、霜在日常生活中出现的环境,例如,北方的冰灯、冰雕、树挂,观察窗户上的霜等。

②非生物

非生物是儿童接触比较多的,非生物主要包括自然物体和人造物体两种。

自然物体:

a. 水

探索、感受水是无色、无味、透明的,探索水是流动的。

探索浮力(有的东西浮起来,有的东西沉下去等),可以采用不同的方法使浮在水面上的东西沉下去,或者使沉在水里的东西浮起来等(试验怎样让橡皮泥浮在水面上)。

通过试验认识三态变化:液体、气体、固体。

通过试验、游戏、讨论等形式知道水对于生命及水在人们生活中的重要作用,如观察不浇水的植物的变化情况等。

知道哪些现象是节约用水,哪些现象是浪费水,懂得节约用水从自我做起,保护水源。

观察、发现日常生活中哪些现象是对水的污染,对水中的动物、植物的影响是怎样的,如工业污水流进江河给鱼的生存环境造成了很大的破坏,从而使鱼的生存受到很大的威胁等。

b. 沙、石、土

了解关沙、石、土的基本知识:了解沙、土和岩石的由来,知道在沙、石上不适合植物生长,肥沃的土壤是植物生长的宝地。

通过试验、游戏等探索并发现沙、石、土的特性,知道其各自的主要用途。

知道地球上覆盖着大量的沙、石、土。

学习珍惜土地,合理利用与保护自然资源。

c.空气

体验和证实空气是看不见、摸不到的,我们的周围到处是空气。

探索、发现空气的流动,如风是怎样形成的,可通过试验、游戏的方式进行。

知道动物、植物、人类的生存和生长离不开空气。动物、植物的生存和生长与空气的关系,如植物的生长可以净化空气,使空气更加清新等。

人造物体:

在儿童生活的周围,人造物体有很多,如学习用具、各种建筑等,可以引导幼儿观察、讨论它们的主要外形特征,推测和证实它们的主要用途等。

(3)在操作各种材料中发现事物之间的关系

儿童生活中有各种各样的活动材料,儿童经常用这些材料来进行游戏。教育者应有目的地为儿童提供可操作的材料,让儿童在游戏中合理运用,让儿童在操作材料的过程中,感知事物之间的关系,激发儿童进行探究的欲望。例如,通过操作活动材料探索重力、摩擦力、浮力、弹力等;通过操作活动材料探索声音的传播、光和影子的关系;通过操作活动材料,探索光的反射和折射现象等。具体内容主要包括:

①常见的有趣物理现象

常见的物理现象主要指的是光、声音、力引起的物体和材料的形态、位置、变化等,包括物体的运动、光和声音传播的速度及其产生的条件、影响因素等。

a.多种多样的光

探索和发现光源。光源有来自自然界的(阳光、闪电等),也有来自人类自己制造的(各种类型的灯光等)。

知道光在人类各种活动中是非常重要的。

探索、发现光和影子的关系。

探索和发现光的反射和折射的现象。材料工具可灵活:可用日常生活用品(小镜子或透明无色的瓶子底),玩具(望远镜、万花筒等),也可尝试用各种光学仪器(三棱镜、平面镜或凹透镜等)。

探索多种颜色的形成,了解颜色是光的反射的结果。

b.美妙的声音

能够辨别噪音与发出声响的物体,如辨别出优美动听的律动曲子是老师弹钢琴时发出的声响。

能探索出不同物体发出不同声响的方法。能辨别出哪些声音属于自然界的、哪些声音属于人类自身发出的、哪些声音属于机械的。

探索声音的传播。探索的方式应从儿童的认知特点出发,可通过实验的方式进行,也可通过游戏的方式进行。

c.感知冷热现象

感受物体的冷热。

学习用自己的感觉器官(用眼睛看、用手触摸等)来判断物体的冷热;学习用温度计来判断物体的冷热;探索物体由热变冷、由冷变热的方法。

知道天气有冷有热。讨论、发现或感受不同地方的人们冬天都是怎样保温取暖的,夏天又是怎样散热解暑的,并根据各地的情况认识、了解常见的取暖或散热的方法。

d. 探究、体验力的相关知识

通过实验操作感受力的大小，探索、发现力与运动的关系，初步了解不同大小、方向的力和运动的关系。如皮球、轮胎、竹筒等物体滚动时可能会出现的路线（可能走直线，与其他物体碰撞时会改变方向）。

探索感受各种力的现象（推力、拉力、浮力、重力、弹力、吸力、风力）。

感受力的平衡，可通过玩跷跷板、平衡架或天平等来进行。

探索省力的方法，如滑轮、杠杆等。

探索各种机械玩具，发现其各自零件的作用。

e. 有趣的磁

能够区别不同大小、不同形状的磁铁，知道磁铁对铁的吸引力。大班的儿童还可以探索不同磁铁的磁力，其磁力的大小与什么相关。

探索发现磁铁与磁铁之间的吸引与排斥现象。探索可通过游戏或实验的形式进行。

探索发现日常生活中磁铁的应用。

f. 电

初步了解各种电的来源。静电是摩擦产生的，日常生活中的电是发电厂通过电线输送来的，电动小玩具的活动是电池作用的结果。

通过探索各种家用电器、电动玩具等的功能，初步了解电在日常生活中的重要作用。

了解安全用电的常识，避免事故的发生。能正确地对待废旧电池，不随处乱扔、随意丢弃。

②奇妙的化学现象

在日常生活中简单的、安全的、有趣而奇妙的化学现象较多，我们可以将这方面的内容纳入学前儿童科学教育中来，让他们去探索、去发现。例如，点燃的蚊香发出的气味对蚊子有什么影响；让儿童观察苹果、土豆等用刀切完后，过一段时间会发生什么样的变化；点燃的蜡烛会出现什么现象；观察手脏后用肥皂洗手的过程；在节日来临的时候，带领儿童观察、欣赏五颜六色的焰火；拍照时，观察相纸出现的彩色图案；儿童喜欢喝的酸奶是如何发酵制成的；懂得吸烟有害身体健康的道理等。

儿童探索这些现象在不同条件下的变化本质及其产生变化的原因，可感受到自然界的奇妙无穷的乐趣。

（4）体验科学技术及其对人类的影响

科技产品已广泛运用于人类生活的各个领域。教师可以和儿童一起讨论科技产品的用途和弊端，如汽车等交通工具给生活带来的方便和对环境的污染等。学前儿童学习有关科技产品方面的内容主要包括：

①感受日常生活中的科技产品

家用电器：讨论电视机、电冰箱、洗衣机、电饭煲、空调等电器的主要用途和弊端，学会这些电器简单的使用方法，讨论它们给人们的生活带来的方便。

现代通信工具：讨论电话、手机、电脑等通信工具的主要用途和弊端，讨论它们给人们的生活带来的方便。

现代交通工具：了解、讨论各种汽车、火车、摩托车、电车、地铁等交通工具给人们生活带来的方便和对环境的污染等；根据常见物质、材料的特性和物体的结构特点，推测和证实它们的用途，如带轮子的物体方便移动、不同用途的车辆有不同的结构等；了解安全驾驶、遵守交通规则等常识。

现代农用工具：认识拖拉机、播种机、抽水机等，了解现代农用工具减轻了农民的劳动负担，帮助农民增产又增收。

科技玩具：探索各种科技小玩具，会正确使用，能进行拆卸、组装等。

②认识著名的科学家，感受、体验科学家探索、发明创造的过程

通过讲故事、看图片等方式认识科学家；通过自己动手制作科技小产品，粗略地感受科学家发明创造的探究过程；尝试使用小工具进行小制作，如用磁铁做"会走动的小鸡""小风车"等，体验制作的过程，感受成功的喜悦。

③增强儿童的环保意识，培养其环保行为

科学技术的高速发展给现代人们的生活带来了极大的便利，与此同时，人们也饱尝了因环境破坏、环境污染所带来的许多危害，甚至影响人类的生存。因而，要从小培养儿童的环保意识和环保行为。

在日常生活中或通过看电视、录像、画册等让儿童感受诸如"雾霾天气""沙尘暴""白色污染"等给人们的生活和环境带来的危害与污染。

通过专门设计的科学教育活动、游戏等体验、感受环保的重要。如以"我们的家园——地球""爱鸟周""绿色的森林""清洁工""世界环境保护日"等主题的活动。

（5）自然与人们生活的关系

视觉（眼）、听觉（耳）、嗅觉（舌头）、触摸觉（手、脚），能使人探索、感受各种自然现象，体验风、雨、阳光等对感觉器官的影响。

①引导儿童体验不同自然环境对人们心情等的影响。

②初步了解人体的生长、发育与衰老是一个自然的生命发展过程。

③教育儿童从小珍爱生命、锻炼身体、预防疾病、养成良好的生活与卫生习惯等。

④了解人类与自然环境的关系。了解食物、空气和水是人类生活的基本条件，这部分内容也可结合儿童对动物、植物等的认识来进行，使学前儿童知道人类生活于自然环境之中，应该与大自然友好和谐相处，培养儿童热爱大自然的情感。

（6）掌握科学方法

科学方法是学前儿童进行科学活动的基础，儿童运用科学方法可以更好地进行科学活动，所以科学教育内容包括对儿童进行掌握科学方法的培养。科学方法主要有观察法、比较法、实验法、分类法、信息交流法等。

（三）选择学前儿童科学教育活动内容的基本要求

总体上讲，儿童科学教育内容的选择，要依据科学教育的目标来进行，必须全面贯彻学前阶段科学教育的任务。学前儿童科学教育内容丰富多彩，涉及面广。教师在选择具体教学内容时，还需遵循以下几个方面的原则。

1. 科学性与启蒙性

内容的科学性是指符合科学的原理，尊重客观事实，能正确地反映客观事物，不违背科学事实的内容。这不仅包括教师给予知识、儿童学习知识的，也包括探究事物、获得科学知识过程的科学性。因此，教师应选择能被学前儿童感知的、已被证实的、可靠的材料作为科学教育内容。科学教育内容的科学性，是由自然科学本身的特点及科学教育的性质决定的。随着科学技术的不断发展，科学教育的内容也要不断地调整、充实和更新，引导学前儿

童客观地、实事求是地看待世界万物。

启蒙性是指学前儿童科学教育的内容应是符合学前儿童认知特点和经验水平的,在教师的帮助下,经过自身努力能够理解和接受的,所选内容的广度和深度不能超出幼儿的发展水平和理解能力。

2. 系统性和整体性

系统性是指选编科学教育内容是按照由近及远、由简单到复杂、由抽象到具体、由已知到未知的认知规律进行编排。它体现在纵向和横向两个方面:纵向上主要是在选择内容时要从幼儿园各年龄班整体上来考虑,所选内容要随着年龄的增长其知识量与尝试也随之增加;横向上主要是指注意事物与事物之间的逻辑关系。

整体性是指在选编科学教育内容时,要综合考虑科学教育各个方面的内容,将科学教育与其他领域内容整合,在介绍事物时,要考虑其内在的联系,使科学教育活动更具科学性、探索性、可行性和趣味性,使儿童的认识更具完整性。如选择"小狗"作为教学内容时,不仅要介绍小狗的外形特征,还要注意介绍小狗的食物、习惯、与人的关系等。

3. 广泛性与代表性

广泛性是指选择学前儿童科学教育内容要尽可能涉及多个方面,以确保教育活动让幼儿获得广泛的科学经验。儿童生活的世界丰富多彩,内容多样,它们都能激发儿童强烈的好奇心和探究欲望,教师选择科学教育内容时,要全面考虑,不能只强调一方面的系统性,而忽略广泛的科学经验。教师不仅要在广泛的范围内选择内容,还要考虑各部分内容均衡。

代表性是指选择的内容要准确地反映某一领域的基本知识结构,所选内容应具有典型性和代表性。在选择科学教育内容时,要衡量所选内容的代表性,要全面均衡地掌握其各部分内容。

4. 地域性和季节性

地域性是指选择科学教育内容时,应考虑各地的自然特点,选择具有地域鲜明特点的内容进行科学活动,不照搬统一教材的内容,注意构建具有本园特色的科学教育教材;季节性是指根据不同季节来选择科学教育内容。动植物的变化与季节的变化息息相关,选择科学教育内容时,要考虑从季节特点出发,选择与各季节相匹配的科学教育内容。

5. 时代性与民族性

时代性原则是指根据时代发展变化、科学技术的进步,来选择学前儿童科学教育的内容。科学教育内容的时代性是与不同时代对人才的不同要求相关的。选择时代性强的内容时要注意与儿童的生活相关,应是儿童能够感受到的,例如,高架桥、高铁、计算机、通信工具等。

民族性是指弘扬中国的传统科学文化。中国古代的许多发明创造为世界科技的发展做出了巨大贡献。让儿童了解中华民族的优秀文化,对于培养儿童爱科学的情感有巨大的影响。教师在选择科学教育内容时要根据当地的特产和有名的物产,让儿童感受、体验、了解。例如,熊猫、东北虎、丝绸、茶叶等,都能充分体现民族性教育。

时代性与民族性虽然不同,但有一定的关联。在民族性的基础上体现时代性,例如,对桥梁的认识,可以从古代的赵州桥一直介绍到富有时代特色的立交桥、跨海大桥等。

三、学前儿童科学教育活动的途径

(一)探究式科学教育活动

探究式科学教育活动是在教师和儿童共同组成的学习情境中,让儿童亲身经历科学探究的学习过程。实践证明,探究式科学教育活动在保护儿童的好奇心、激发儿童的探究热情和学习积极性、培养儿童实事求是的科学态度、形成儿童的科学思维方式和研究问题方法、促进语言表达与合作能力方面起到了极好的作用。

有关探究式科学教育的方式方法,经过近几十年在世界范围内的研究与实践,目前各个国家虽然在分类和表达方式上有所不同,但在主要阶段与策略上已经达成基本的共识,这些共识是各个学段开展科学教育的基本依据。根据儿童阶段的年龄特点和基本要求,通过实践探索我们发现,儿童需要在教师的引导下,"简约地复演"科学家的探索、发现和认识过程。

1.阶段一:确定探究主题,提出问题——幼儿关注的问题,进入探究的情境之中

儿童真正的主动探究和学习是意识到有"问题"开始的。儿童有了疑问并产生了想寻找答案的愿望,主动探究才进入真正的准备状态。使儿童关注问题,进入探究情境的途径有两条:一是对儿童的兴趣点和关注点进行价值判断,即顺应生成途径;二是创设既有教育价值又能引起幼儿兴趣的情境,教师将儿童引入情境,让他们观察和获得有关的信息,逐步明确要探究的问题,即预成转化途径。在这一阶段,教师首先要选择适合于儿童发现的知识经验,这些知识经验必须能反映某一领域的关键概念,具有方法论意义,同时又符合儿童的年龄特点和经验水平,能引起儿童的探究兴趣。

以探究蚂蚁为例,儿童会提出一系列有关蚂蚁的问题:院子里有蚂蚁吗?蚂蚁住在哪里?蚂蚁长得什么样?蚂蚁有鼻子吗?蚂蚁吃什么,它爱吃豆子吗?蚂蚁怎样传递信息?蚂蚁怎样搬运东西?蚂蚁怎样生宝宝……在这些问题中,哪些是适合学前儿童探究的,一般来说,可以从三个方面考虑:

①应该是某一领域的关键概念;

②应该是儿童感兴趣的问题或内容;

③这些主题和内容是儿童通过自己的主动探究和教师的讲解能够建构和理解的知识经验和科学概念。

上述关于蚂蚁的问题是儿童的关注点和兴趣所在。就科学本身而言,蚂蚁属于生物范畴,而生物区别于非生物的最主要特征是生物能够生长变化,能够新陈代谢,能够适应环境,能够繁殖后代。围绕着生物的这些本质特征,可以确定儿童通过自己探究和教师的讲解能够建构的关键概念和经验。一是蚂蚁的生活习性,蚂蚁喜欢住在什么地方?它喜欢什么味道的东西?二是蚂蚁的繁殖,蚂蚁是怎么生小宝宝的?

为了了解儿童的关键点和兴奋点,教师要营造能够激励儿童提问的氛围,让儿童感到他们可以提问、有权利提问、能够提问。教师要尊重、鼓励和赞赏儿童的提问,要帮助他们厘清思路,组织问题,清晰表达自己的想法。

2.阶段二:推测与讨论——儿童主动建构知识的前提

在确定了要探究的问题后,教师应鼓励儿童对问题的答案进行推测。经过教师与儿童之间、儿童与同伴之间的讨论,得出自己或小组有依据的推测,并尽可能用不同的方式记录

下来。

在儿童推测时,教师要积极调动幼儿的原有经验,支持和鼓励他们运用自己的原有经验进行充分的猜想和假设,提出自己对观察和实验的想法。需要特别注意的是,教师要引导儿童有依据地进行推论,而不是乱猜乱想。此外,教师还要积极鼓励幼儿之间观点的相互碰撞,可以让儿童进行小组讨论,形成小组一致的设想,最后形成推测记录。

儿童在针对所遇到的问题和面临的任务,运用已有经验猜想可能的情况、可能的结果和将要发生的事情,对于儿童的主动学习和建构具有重要的意义。便于儿童不断将原有的想法与操作的结果相比较,丰富和调整原有的认识,为儿童认识的主动建构提供了可能。

如儿童把从院子里拾来的迎春花带回家,泡在水里让它长大,他的假设是种子泡在水里能发芽,小花瓣泡在水里也能长大。

儿童对事物可能发生的情况的猜想,表明他们用原有的认知结构和经验解决问题,操作的结果将强化或调整他们原有的认知结构。儿童的猜想需要教师的支持和鼓励,需要教师的引导。教师要为儿童创造猜想的时间和条件,支持并鼓励儿童猜想可能发生的情况、不同的结果或关系等。

教师要耐心、真诚地倾听儿童的想法,接纳和支持儿童不同于成人的想法。即使儿童的想法是错误的也不要急于评判他们的对错。教师对任何回答都应始终保持一种听取的态度,但又不要完全给予口头的赞同。

教师除了要支持和鼓励孩子们的想法外,有时还需要指出矛盾的事实,使儿童看到的更全面。如当老师提出"下雨后,小坑里的水到哪儿去了?"孩子们可能说,到地下去了,老师可以提出矛盾的事实:"泥土地上的水渗到地下去了,水泥地上的水渗不下去,可是过一段时间,也没有了,这是怎么回事?"

教师指出矛盾的事实,可以引导儿童关注到更多的相关因素和可能性,使他们进行充分的猜想。充分的猜想为儿童建立已有的认知结构和经验与操作结果之间的联系提供了可能,使他们的内部思维操作和新的思维方式的重建得到了发展。

3.阶段三:进行实验的观测——儿童学习获得事实依据和实证材料

儿童心理学家让·皮亚杰指出,学习和发展是个体主动建构的过程,主体依据假设、设想和理论,即"认知结构"来对新的经验做出解释,主体通过作用于外部世界(实际操作)以及由此获得的反馈信息来建构日益有用的关于现实的知识经验,这些知识经验又促使认知结构产生变化,从而影响进一步的发展。

儿童可以按自己的想法操作,尝试着解决问题;儿童也可以探索多种解决问题的方式,尝试着用别人解决问题的方式来解决问题。儿童的多种尝试正是他排除无关因素,找到关键因素,最终解决问题的过程。在这个过程中,儿童在对原有认知结构不断"修正",通过在新的场合下检验自己的已有认识,超越原有认识,提升认识。

作为教师要创造相应的物质条件,让儿童通过动手操作活动验证自己的想法。材料本身就反映着某种事物间的关系,儿童通过自己的操作活动验证自己的设想是否与事实结果一致。结果一致,将强化和扩展儿童已有的经验和认知结构;结果不一致,将调整原有的认知结构和经验,提升认识。

当儿童想把小花瓣泡到水里让它长大时,教师应该为孩子们提供易于观察的容器,让他们通过实验验证自己的想法,并引导他们观察花瓣的变化。当儿童的想法不断得到教师的支持和帮助后,他们开始把教师看成能对他们的思想和行动提供帮助和支持的人。儿童也开始把自己看成有思想和根据某种思想行动的人，他们逐渐意识到自己能控制发生在他们周围的事件，是能够影响其所处的环境的人。儿童的自我价值感和独立性也得到了加强。

在儿童实验和观测时，教师要尽可能让他们直接接触实际的客观世界，运用多种感官去感受客观世界。实验要在可重复和可控制的情况下进行，对于儿童来说，选择的变量要单一和容易观测，同时鼓励儿童使用定量测量工具。在指导时，教师注意不要干涉过多，但要给予必要的帮助，保持必要的沉默，倾听儿童的想法，观察儿童的做法，思考和判断儿童的需要和已经达到的水平；要为儿童提供材料上的支持和帮助，在儿童发生情感危机或遇到挫折时给予必要的安慰、支持、鼓励、引导和帮助；要记录重要的信息，如儿童实验过程中遇到的主要问题、主要观点和所有的发现；要进行必要的提问，还要通过提问、建议等方式引导儿童向科学概念和原理迈进。

在这一阶段教师指导的重点在于要让儿童明显地看到操作的结果或获得直接且真实的体验。儿童思维的具体形象性决定了他们难于理解和发现隐蔽的、间接的事物关系。教师可以引导儿童描述探究发现的过程，使儿童在复述和回忆探究发现的过程中，梳理思维过程，明确意识到事物间的关系及主要影响因素等。

4. **阶段四：记录、处理信息和数据——儿童学习对事物的客观描述**

将获得的信息数据进行整理和分析，归纳出现象后面存在的规律，这是科学研究中很重要的步骤。

随着实验和观察的进行，教师要鼓励和指导儿童用适宜的方式记录活动的信息。儿童可以用图画、符号、表格、简单的文字、照片等多种方式，记录活动的主要过程和关键步骤。记录可以有个人、小组和集体等不同的形式，教师要指导儿童把握好记录的时机和内容，以免错过重要信息。在实验和观察结束后，儿童要尝试将记录的信息进行整理，用适当的、简明的形式把数据和信息转化成证据，这样更容易看出规律。培养幼儿对事物的客观描述，使结论建立在事实之上，正是这个阶段的主要目的。

第一，记录获得的信息，能使儿童关注探究过程和事物的变化，把抽象的信息变成具体的图表，有助于儿童在尊重客观事实的基础上得出结论，教师应在与儿童共同讨论的基础上，帮助儿童设计出适宜的表格，为儿童记录提供方便。

第二，记录有助于将原有的认识与当前的操作结果相比较，调整原有的认识，促进新经验的主动建构。

第三，记录还有助于儿童与同伴间的交流，有助于理解数据的实际意义。

第四，儿童的记录可以有不同的形式，而不同的形式发挥着不同的作用。

其一是个人记录、小组记录和全班记录。

儿童的个人记录表现出儿童个体对事物、现象及关系的理解。儿童个人记录的不断积累就形成了儿童的"成长记录/发展记录"，既可以成为儿童学习过程和成果的记录，也可以成为教师评估儿童发展的依据和证据。

小组记录表现出儿童小组合作学习和探索发现的过程和结果。这些记录成为具有共同经历的小组同伴间经验交流和分享的内容和依据，也常常会引起儿童的争议和讨论，引发进一步的观察和实验。

儿童全班记录常常是在儿童个人记录、小组记录的基础上产生的，以主题墙饰栏目的形式展示出来。它体现了全班儿童在围绕某个主题经历了一系列的探究之后所获得的学习成果和达成的基本共识。

儿童从个人记录到小组记录再到全班记录的经历,能使儿童初步感受知识的产生和经验的获得从个别到一般的概括化和普遍性的过程。

其二是描述性记录和统计性记录。

描述性记录是学前儿童科学记录常用的方式,它是用绘画的方式对所观察到的事物或现象的描述。如儿童用绘画的方式记录小蝌蚪的变化。

统计性记录则是用各种表格的方式记录获得的信息。这种记录在中、大班的科学探究中使用较多。此外,还包括简单的柱状图和曲线图。如天气预报中的温度记录,既可以用柱状图表示,也可以用曲线图表示。

在探究的不同阶段,可以采用不同的形式支持儿童的探究活动。活动前猜想记录是将儿童在活动前对所要探究的问题、探究方法和探究结果的预想记录下来。这时的记录主要是为了了解儿童的初始想法和已有的经验水平。

活动中记录是儿童在探究(主要是观察和实验)过程中所获得的重要信息。记录的方式可以是儿童用自己喜欢的方式自由记录,也可以是教师预先设计好方便易行的表格,儿童进行填写。可以边实验边观察边记录,也可以在实验观察后,再记录。

活动后记录有几种不同的形式:一种是记录活动的结果和发现,一种是记录存在的问题和可能发生的新现象。在许多情况下,活动后的记录和活动前的猜想记录设计在同一个表格上,这便于儿童将亲身经历的发现与儿童活动前的猜想相比较,从而更好地丰富、扩展和改进自己的经验。

此外,不同年龄的儿童所使用的记录方式也应该有所不同。一般来说,小班儿童使用的记录方式应该生动、直观、具体。随着年龄的增长,到了中、大班可以逐渐使用一些概括程度高的记录方式。

教师还要特别注意的是要把握好记录的时机和方式,避免让记录成为儿童的负担和不愿意做的事情。如有些探究活动可能只需要活动后的记录而不需要活动前和活动中的记录,小班儿童可能更多的是在教师带领和帮助下全班共同记录,而不需要个人记录和小组记录。总之,记录要既简便易行,又对儿童的探究有支持和促进作用。

教师在设计记录方式时实际上已经考虑了数据、信息向证据的转化方式,使得儿童从记录单上就能"读出"或"观察到"结果、结论和规律。因此,对儿童来说,记录、处理信息和数据,并把它们转换成证据的过程是在教师的支持和引导下一次完成的。

5. 阶段五:表达和交流——儿童学习表达自己和倾听别人

表达和交流在探究活动中是必不可少的。知识是在儿童实验之后的讨论中形成的。因此,儿童要组织自己的想法,并设法向别人说明,或是设法说服别人,这是一种重要的思维过程。教师要让每个儿童表达自己的观点,无论他的观点正确与否,要让儿童掌握科学的语言,描述他们亲自经历的、丰富而复杂的科学探究过程,这样可以有效地培养他们的书写和口头表达能力。在这个阶段,教师的作用是倾听、鼓励并重复儿童的关键陈述;发现儿童关注自身探究结果的矛盾和不一致;引导儿童关注同伴间的差异、矛盾,使他们懂得每个人都可以对同伴和老师提出质疑,但争论必须以观察到的事实为依据。争论能够引起儿童的深入思考、更仔细地观察与实验。教师要综合儿童的观点,可以选择儿童的表达方式作为对结论的描述,或以儿童的实验和经验为背景,使用比较准确的、儿童能够理解和接受的语言描述概念和原理。此外,非常重要的一件事是,教师要引导儿童把最后的结论和自己最初的想法进行对比,从而改进原有的想法。活动的最后,教师要鼓励儿童用不同的形式记录下全班最终的结论。

儿童对概念的改变需要一个过程,需要一系列的活动和经历才能实现。教师应引导和帮助儿童依据事实得出结论,并与事先的猜想比较,再为儿童创设不断运用的条件。

获得有关的知识经验,是探究活动的必然结果和产物。儿童正是通过自身与物体相互作用的结果来调整自己的认识,对于儿童来说,亲身经历和亲眼看到的结果更容易成为他们的"信念"。

对于探究式科学教育活动的类型没有统一的看法,角度不同划分的结果也不相同。如从教育的角度出发,依据探究方式的不同,可以将学前儿童科学教育活动分为观察类科学教育活动、实验操作类科学教育活动、技术制作类科学教育活动和交流讨论类科学教育活动等;从儿童学习的角度出发,学前儿童科学教育活动可分为观察认识活动、实验操作活动、科学游戏活动、科学小制作活动、讨论探究活动、种植饲养活动等。

(二)区域活动

区域活动(也称区角活动、活动区活动)可以为儿童提供更加宽松、自由的活动空间。在这类活动中,每个儿童都有机会参与尝试,他们可以按照自己的需要、兴趣、学习水平和学习方式自主选择活动内容和活动伙伴,自由地探索,在活动中感受科学探究的过程和方法,体验发现的乐趣。

1. 区域活动的含义

区域活动指教师从儿童的需要、兴趣出发,融合教育目标和正在进行的各种教育活动的要求,将活动场地划分为若干不同的区域,如阅读区、表演区、自然角、科学活动区或专门的活动室等,并在其中投放各类活动材料,制定相应的活动规则,让儿童自由选择活动,在不同的区域内儿童通过与材料、环境及同伴的相互作用,进行个性化的学习并获得发展的一类科学教育活动。

2. 区域科学教育活动的特点

区域是儿童自由发现和探索的场所,它凸显了儿童个性化学习的基本特征。区域科学教育活动是幼儿园不可或缺的一种教育活动形式,具有以下显著特点。

(1)区域科学教育活动是一种儿童自由探索的活动

在区域科学教育活动中,儿童完全可以自由选择适合自己的问题情境,自主、自信地开展活动,按照自己的意愿参加小组或个人的探索活动,自主地决定活动的内容和方式。这是一种宽松的共同学习或个人学习的活动。

(2)区域科学教育活动是一种儿童自主操作的活动

区域活动强调儿童的个性化学习,其学习目标和内容是以活动材料的方式呈现给儿童的,儿童可以自主选择材料,自主操作材料,以自己的方式探索和解决问题,并获得经验的认识,发展认知结构,它是一种儿童自主操作的活动。

(3)区域科学教育活动是一种教师成为隐性要素的活动

在区域科学教育活动中,教师成为隐性要素,由过去的显性地位退居到隐性地位。在这里,教师要做环境的创设者、儿童活动的观察者和间接的指导者。教育的要求不再由教师直接向儿童提出,而是以问题情境的方式呈现在儿童面前,教师的作用转化为问题的设置和结构材料的提供,也就是说,教师的指导隐藏在活动材料的设计之中,并且较少有直接的言语指导。教师基本上不干涉儿童的操作,只是在儿童遇到困难并需要帮助时给予一定的引导,或在儿童不遵守活动区规则、妨碍他人活动、可能发生危险等情况时,才会参与教育。

在区域科学教育活动中,固然十分强调儿童学习的主体地位,但教师的作用是非常重要的,因为此类活动是由教师发起、设计和组织的,只是教师是隐性地教,儿童是主动地学。

区域活动因其具有个性化和儿童学习的自主性特点,有利于儿童的自主性发展,有利于提高儿童的学习能力,有利于儿童个性的发展。

3. 自然角科学教育活动

自然角是在儿童活动室内阳光充足的位置,安放一张桌子或设置一个分层木架,将一些适于在室内生长和照料的动植物或与大自然相关的非生物,有秩序地布置在其中。自然角是大自然的一个缩影,可以使儿童了解自然世界,建立对自然科学的兴趣,培养儿童的观察力和科学的学习态度。

自然角是儿童学科学的一个重要而特殊的场所。它是儿童了解自然界的窗口,能使儿童萌发探究的欲望,增强儿童对周围事物的责任感。

(1)自然角的设计

①自然角的内容

应在自然角中设置丰富多样的内容,从而为儿童在活动室内营造出"自然美景"。一般情况下,在自然角中可安排如下内容。

a. 动物

自然角养殖的动物主要作为儿童观察的材料,通过活动使儿童养成观察的习惯,学会简单喂养动物的技能。因此,自然角的动物应选择个体小、方便管理、无危险、便于喂养、儿童感兴趣而且便于儿童观察的种类。自然角中的动物最好能随季节的变化而更换,以使儿童接触到更多的小动物。如热带鱼类、小乌龟、小鸟、小蝌蚪、小蚯蚓、小蜗牛等。

b. 植物

自然角种植的植物应该既可以美化环境、陶冶情操,又是儿童十分喜爱的种类,以适宜盆栽的品种为主,颜色鲜艳、美观且生命力顽强,有较高的观赏价值。自然角中的植物应该是幼儿常见的、无毒无刺,不会对儿童产生不良影响的品种。一般常见的品种有观赏花卉(石竹、金盏菊、一串红、菊花等);观叶植物(吊兰、文竹、含羞草、天门冬等);供观果的植物(金橘、石榴、盆栽葡萄、佛手等);除盆栽植物外,还可以选择各种各样的种子,儿童在教师的帮助下用废旧的材料种植萝卜、青菜、葱、蒜等。

c. 非生物及工具

自然角中还可以放置一些非生物,如土、沙子、石头、贝壳、各种动植物的标本等。此外,还应提供一些可供儿童在自然角内进行观察和劳动的工具,如放大镜、小水杯、扫帚、簸箕、抹布等。

d. 学习档案

教师还可以为每组儿童准备一本"学习档案",挂在自然角内便于儿童取放的地方,以帮助儿童用自己的方式,如图画、符号等记录和思考他们在自然角中获得的知识经验。

②自然角中物品的种类要体现儿童年龄特征

小班儿童观察力较差,为他们提供的观察物应以具有明显特征的物体为主,例如,可提供兔子、乌龟、蜗牛、鱼等特征明显的动物;色彩鲜艳的物体如蝴蝶、蜻蜓等标本;日常生活中常见的苹果、梨、香蕉等水果;金橘、含羞草等极具特点的植物。

中班儿童的观察力、思维能力都有所提高,在尽可能保证物品完整性的同时,可提供一些外观上具有相似之处的物品,并注意其多样性的特点,以发展儿童的求异和求同的思维能力,例如,可提供金鱼、平鱼、鲤鱼、草鱼等多种不同特征的鱼供儿童比较异同。

大班儿童好奇心强、求知欲旺盛、独立活动能力增强,可以提供能引起他们深入研究或细致观察的物品。例如,引导儿童观察常青树,深入探究其生长条件和特性;饲养小蝌蚪、蚕、蚯蚓等,对小蝌蚪变青蛙的过程进行长期观察,发现蚕的生长变化,了解蚯蚓身体的再生功能等。另外,自然角中的物品还要具有广泛性和启蒙性,因为只有浅显易懂、生动有趣,让儿童看得见、摸得着的内容,才能对幼儿起到科学教育的启蒙作用。

③自然角的变化要体现季节性

自然角可以是大自然的一个"微缩"景观,应适应和反映季节的变化。教师应针对儿童发展的实际,结合四季的变化,精心制定自然角科学教育计划,发动儿童及家长认真选择自然物品,相对集中地布置一些内容。比如,春天是生机勃勃的季节,可以摆放各种鲜花,可以与孩子一起播种种子,观察种子的发芽和生长过程,可以饲养可爱的小蝌蚪,引导孩子观察小蝌蚪变青蛙的过程;秋天是硕果累累的季节,可以投放各种植物的果实,如石榴、柑橘、柿子、梨等应季的水果和核桃、杏仁等干果……总之,自然角的内容一定要随季节时常更新,这样才能使自然角充满活力,保持和提高儿童关注自然角的兴趣。

(2)自然角科学教育活动的组织指导

在自然角活动中教师要善于发现和保护儿童的好奇心,充分利用自然和实际生活的机会,引导儿童通过观察、比较、操作等方法,学习发现问题、分析问题和解决问题;帮助儿童不断积累经验,并运用于新的学习活动,形成受益终身的学习态度和能力。具体而言,应做到以下三个方面。

①自然角中物品的摆放要做到整洁、美观、安全。自然角中的物品是儿童隐性教育环境的组成部分,各种物品应分类摆放,力求整洁、美观,教育儿童观察或摆弄物品后要归放原处。在自然角中不要安放易使儿童发生危险的物品,如有尖锐棱角的铁架、带刺的植物等。

②教师的组织指导方式要符合儿童的年龄特点。在自然角中,虽然活动以儿童的自主探索为主,但教师的指导作用不容忽视。在不同的年龄班,教师的指导侧重点应该有所不同。小班儿童独立性差,观察活动需要在教师的组织下进行,重点是引导儿童获得对自然角中物品特征的充分感知;中班儿童观察能力明显提高,教师可多为他们设置一些问题,如小乌龟长什么样子的,是怎么爬行的,乌龟的壳有什么作用,以激发儿童有目的地观察;大班幼儿思维活跃,好奇心强,他们需要更多的动手操作和实验机会,教师应为大班儿童创设条件,提供丰富的材料和工具,让他们自由探索,在充分探索中提高动手能力,获得自信。

③让儿童做自然角日常管理的主人。让儿童参与自然角的设计与管理工作,可以提高儿童自然活动的兴趣。布置自然角时,教师可以组织儿童讨论,充分听取他们的意见,安排他们参与力所能及的管理活动,轮流照料和看管自然角的物品,如小班儿童可做一些简单的清理工作,中、大班儿童可以建立值日生制度,轮流负责对动植物的照料和记录,如此一来,自然角就成了他们长期关注的重点。这样不仅可以培养儿童的良好习惯,还能提高儿童对自然角的兴趣及责任感。有条件的儿童园可以在院子里开辟种植园,引导儿童以班级为单位开展种植活动。

4.科学活动区

幼儿园的科学活动区按用途、场地及管理归属等的不同,可以分为班级的科学活动区(角)和全园共用的科学活动区(角)等。班级科学活动区是指在班级教室内,划出一定的区域,利用柜子、桌子等构成活动场地,向儿童提供操作或制作材料的环境,让儿童在其中进行操作、实验、探索等活动。班级科学活动区(角)为儿童提供丰富的物质材料,能保证儿童自由地、独立地选择各种材料进行操作活动,使他们有更多的体验机会。全园共用的科学活动区,是指儿童园专门为幼儿进行科学探究而建立的活动场所,它为培养儿童科学兴趣和创新精神开辟了更广阔的空间。目前许多幼儿园都建有全园共用的科学活动区,它们称为"科学探索室"或"科学发现室"。在全园共用的科学活动区,为儿童提供各种科学活动的设备和丰富多样的结构性材料,儿童可以按照自己的兴趣和意愿来选择活动内容,决定活动时间,并用自己的方法进行真正自主的科学探究活动,有助于培养儿童的独立性和自信心。

科学活动区有利于培养儿童对科学活动的兴趣,发展思维能力,提高动手操作技能。同时,儿童的个性、合作精神和交往能力也都能得到发展。

(1)科学活动区教育活动的设计

①科学活动区的材料内容(材料的分类或类别)

科学活动区提供的材料应有助于提升儿童的科学素养,让儿童初步了解一些自然科学现象和现代科学技术,激发儿童动脑思考、动手操作的愿望。科学活动区投放的材料应多种多样,一般可以分为以下四类。

a.观察阅读类

此类内容通过观察阅读的方式呈现。主要适用于那些无法提供实物让儿童操作和实验,但对儿童而言又是必要的科学经验。

模型:如地球仪、地理拼图等。

挂图:悬挂或张贴在墙上的有关科学内容的画面,如行驶的磁悬浮列车、四季景色、海底世界等。

图书及音像资料:科学知识类丛书,如《小雨滴去旅行》《回家》《藏起来的能量》等,可以让儿童听的科普类录音故事,既可听又可看的视频资料等。

b.科学玩具类

蕴含一定科学原理的成品玩具:电动玩具、声控玩具、磁性玩具等。

利用废旧物品自制的玩具:利用薯片盒子、可乐瓶和笔杆制作的天平,利用塑料积木、笔杆、小雪花片和冰糕棍制作的小水车等。

c.操作实验类

这类玩具可供儿童观察、实验、操作和探索,是儿童最喜欢的一类材料,种类十分丰富。

关于光:让儿童了解光的直射、反射和折射等材料,如平面镜、凹凸透镜、放大镜、显微镜、三棱镜、多棱镜、万花筒、潜望镜等。

关于热:让儿童感知热能的材料,如蜡烛、酒精灯、小铁棒、小勺等。

关于电:让儿童探索电路的材料,如电池、电线、小灯泡、小电扇等;让儿童探索摩擦生电的材料,如塑料棒、玻璃棒、皮毛、丝绸、纸屑等;让儿童探索电的功用的材料,如手电筒、遥控汽车、电子小狗等。

关于磁:让儿童了解磁铁的相吸相斥现象,由磁力产生的悬浮和摇摆等现象的材料,如磁铁、曲别针、铁砂、非铁质金属材料、磁性滑动玩具(走迷宫)、磁飞镖、磁力钓鱼玩具等。

关于声:让儿童体验发声、传声、声控等作用的材料。发声玩具如风铃、编钟、哗铃棒、音叉、捏气发声的塑料小动物等;传声玩具如电话、传声筒等;声控玩具如声控小台灯、声控小鸟、声控娃娃等。

关于力:让儿童体验重力、浮力、弹力、惯性等体现力的传动作用的材料。重力材料如沙漏、液压计时器、斜坡和可滚动的各种物体等;惯性玩具如轨道车、惯性船、惯性坦克等;力的传动材料如齿轮传动玩具等。

关于空气:让儿童了解空气的作用和风的形成及作用的材料,如气球、风筝、小风车等。

关于水:了解水的特性、水的三态变化等的材料,如底部有孔的容器、冻冰块的器皿、酒精灯等。

关于化学:体验溶解的材料,如糖、盐、土、沙子、石头、水等;体验材料之间因发生相互作用而产生变化的实验,如简单去锈、巧去墨汁、醋泡软蛋壳、醋泡软鱼刺等需要的材料。需要注意的是化学材料不能散发有毒气味,不能有腐蚀性,必须确保儿童在操作中不会有危险发生。

关于天文:观察星空、气候变化等现象并做记录的材料,如天文望远镜、观察记录册等。

d. 制作创造类

某种制作所需的特殊材料,如制作风车、风筝、沙漏的材料,用于各种制作创造活动的必备通用材料。

安全护目镜;工作裙或罩衣;放大器械,如放大镜、手持透镜或三脚架;取材料的工具,如勺子、滴管或镊子;装材料的容器,如碗、瓶子、杯子和桶等;用来分类和储存的容器,如纸质餐盘、鸡蛋盒和有盖子的透明塑料小瓶;用来测量的工具,如双盘天平、计数器、自制折尺等;清洁工具,如抹布、海绵、纸巾、扫帚和垃圾盘等;用来做标记或画表的纸张、彩笔等。

(2)科学活动区的设计原则

①班级科学活动区的设计原则

班级科学活动区的特殊性决定了它的设计应该"以材料为中心",活动目标与过程应蕴含于材料之中。要满足为儿童提供丰富多彩的活动材料、为多功能的材料、有层次的材料、有序列性的材料、有结构性的材料、有滚动性的材料,为幼儿提供足够的材料等原则要求。

②全园共用的科学活动区的设计原则

全园共用的科学活动区空间更大、材料更多、教师的指导更少。设计时,除了考虑班级科学活动区设计的原则要求外,还应考虑活动区的空间布局合理性,可以充分利用室内空间,使每个儿童都能专注于自己从事的事情,不受外界的干扰,还需要注意动静分区合理、同类材料靠近摆放、桌面操作空间大小适宜且不相互干扰、室内外有机结合且充分利用、依据材料的性质摆放、避免"死角"等原则。

(3)科学活动区科学教育活动的组织与指导

①班级科学活动区的组织与指导

区角科学教育活动的组织与指导具有隐性或间接性的特点,教师的指导应符合以下要求。

a. 使儿童获得乐学的态度,而不强求知识技能。让·皮亚杰说过:"你教给儿童的越多,他自己发现的机会就越少"。在区域活动中,教师的主要目标就是使儿童获得乐学的态度。因而,尊重儿童,让幼儿按自己的方式学习,让儿童通过体验性的学习,经历一个自我发展的过程就成为教师组织与指导这类活动的首要考虑因素。

b.让儿童探究学习,重视个别化的启发引导。区域活动是满足儿童个别化学习的需求而产生的活动形式,要求教师更多地关注儿童的不同需要,根据儿童的不同情况给予针对性的个性化指导,帮助儿童按其兴趣探索和解决问题。

c.营造和谐、安全的心理环境,促进探究性学习活动的开展。满足儿童心理上的安全需要是使儿童产生认知和理解需要的基础。在区角科学教育活动中,心理环境的创设更为重要。为此,教师要为儿童创设如下的安全心理环境:

第一,给儿童出错的权利,接纳儿童的错误认识;

第二,鼓励和支持儿童的探索行为,使幼儿进一步思考;

第三,不干涉,但给予必需的帮助。

②全园共用科学活动区的组织与指导

全园共用的科学活动区也要为儿童创设宽松的心理环境,提供各种丰富的科学探索材料,吸引儿童主动探索。另外,还需要一名专(兼)职教师负责活动的组织和科学角的日常管理。教师的作用主要是激发儿童的自主探究愿望,维护科学角的良好秩序,保证儿童自由且安全的活动。

(三)日常生活中的科学教育

1.日常的天气预报

天气预报是幼儿园生活中的常规性活动,通过这项日常生活中的科学活动,能够使儿童获得有关自然现象等方面的科学经验,并且使儿童切实地体验到科学与日常生活的关系。

开展天气预报活动可呈现给儿童各种天气信息;让儿童记录通过观察、测量了解到的天气特点,感受天气的变化;引导儿童提示同伴根据天气变化选择适当的衣着和适宜的户外活动;让儿童小组合作观察、记录和报告天气状况。

在活动中不同年龄班可采用不同天气预报信息栏的表征形式。小班儿童有强烈的安全需要,爱操作,喜欢软绵绵但生动形象的玩具、材料。可以让小班儿童利用形象的材料制作适合的装饰物,如提供布娃娃请儿童为其穿戴合适的衣物表示天气变化。中、大班儿童有了责任意识,很愿意为集体做事,可以用排值日和自愿报名等轮流进行天气预报的播报方式满足儿童的需要,让他们尝试着将天气情况、风力风向、温度情况等较为准确的天气信息记录在天气预报信息栏中,大班还可以增加预报天气与实际天气的对比。儿童可以观察与记录早晨、中午、晚上的温度变化与天气变化,可以在每个月份、季节结束时将获得的信息统计、绘制成图表,依据已有的经验和获得的数据,回顾和讨论该月份和季节天气变化的趋势,了解温度变化与周围环境、日常生活之间的关系。此时儿童对天气特点的把握更加精确,对环境变化规律也有了发现。他们通过自己的经历知道了天气情况不仅可以通过电视、报纸、电话等多种渠道获得,也可以通过自己的观察和观测去了解。从小班到大班,儿童有关天气的知识经验逐步扩展,他们获得信息的渠道也在逐渐丰富。

2.生活中的随机渗透

生活中的随机教育是灵活多样的。就活动发生的场所来说可以是室内的,也可以是室外的;就活动的形式来说,可以是针对个别儿童进行的随机教育,也可以是由某一生活事件引发的小组或集体的科学探究活动。

（1）一日生活中的随机教育

在儿童的一日生活中，有许多可以渗透科学教育的时机，抓住这些时机渗透科学教育，幼儿能够感知和发现生活中有趣的科学现象，探究出各种现象发生的原因与结果，也有助于儿童积累科学经验。

（2）户外活动

这里的户外活动指幼儿园内的户外活动。在教师的引导下，儿童能够开展各种各样、生动有趣的探究活动。在户外的探究活动中，儿童能够学到观察和发现周围环境的变化，进而对周围的事物感兴趣；感知动物和植物的多样性；对所观察的事物进行收集、比较、分类与交流。

（3）郊游、采摘

在郊游和采摘活动中儿童可以学到运用感官和各种简单的工具进行探索和考查，发现自然界中的各种各样的物质和材料；儿童对自然界中收集到的各种各样的物质和材料进行比较和分类，描述和交流他们的特征；在一年里不同时间的多次观察中发现自然界的变化，如动物和植物在一年四季中有规律地周期性变化。

（四）家庭和社区的科学教育

1. 家庭的科学教育

家庭是儿童的第一所"学校"，父母是儿童的第一任"老师"。家庭是儿童科学教育活动的起始地，家庭生活提供了丰富的科学素材，为学前儿童科学教育活动奠定了基础，与幼儿园科学教育相互补充。

幼儿园要充分引来家长发挥自身的作用，重视家长潜移默化的影响。家长要正确对待儿童提出的问题，引导儿童学会观察，激发、鼓励儿童的探索行为，注重儿童的探索过程，帮助幼儿积累丰富经验，注重将随机的科学教育与有目的的科学训练有机结合。幼儿园还要引导家长充分发挥各种家庭物质资源的作用，避免资源浪费。

2. 社会资源的利用

利用社区进行学前儿童科学教育，是家庭、幼儿园科学教育的补充。首先，要利用社区的物力资源，丰富科学教育的内容；其次，要利用社区的自然资源，丰富活动材料与活动形式；最后，要利用社区的人力资源，为科学教育提供有力的保障。利用社区资源进行科学教育，能让儿童在社区这个小社会中亲身感受和体验，以获得更加广泛的感性经验，促进儿童社会交往能力的发展。

社区组织的科学教育活动是一个生动的大课堂，事实证明，充分利用丰富的社区资源，让它们成为孩子学习的材料，儿童会轻松愉快地融入社会生活，能激发孩子初步爱社会的美好情感。

（五）学前儿童科学教育活动的组织形式

学前儿童科学教育活动的组织形式是多种多样的，这里主要讨论两种组织形式，即集体教育活动与非集体教育活动。

1. 集体教育活动

集体教育活动是指教师根据《幼儿园教育指导纲要》、根据科学教育活动的目标，有计划、有目的地选择活动内容，提供探究材料，面向全体儿童开展的科学探究活动。也就是说,在集体教育活动中,要求每个儿童都要参与活动,教师对全体儿童进行统一的指导(包括进行个别指导),使每个儿童经历从关注问题到进行猜想和假设,设计调查、观察和实验,收集信息并进行记录,形成解释并得出结论,合作、分享交流这一完整过程,从而体验与发现并理解科学探究。最终目的是通过科学探究活动使得儿童能在原有的水平上得到较好的发展。

集体教育活动是符合我国实际情况的学前儿童科学教育的组织形式,由于学前儿童科学教育的内容非常广泛,集体教育活动的类型主要有观察类教育活动、科学探究类教育活动等。

2.非集体教育活动

非集体教育活动是指对集体教育活动以外的教育活动,主要包括小组活动和个别活动。小组活动是指两个或两个以上的儿童共同进行的科学探究活动;个别活动是指单个儿童进行有针对性的科学探究活动。

在小组和个别活动中,教师要根据不同情况给予不同的指导。进行小组活动和个别活动时,其地点可以选择在科学角(区)或科学发现室,有的教师也将小组活动与个别活动合称为区角活动。

四、学前儿童科学教育活动的方法

(一)学前儿童科学教育常用的方法

在实施科学教育过程中,学前儿童科学教育方法是多种多样的。例如观察法、实验法、操作法、游戏法等。

1.观察法

观察法是指教师有目的、有计划地引导儿童感知客观事物的一种方法。观察法是学前儿童科学教育活动最常用的方法之一,也是其他方法运用的基础。观察法可以使儿童在直接接触事物的过程中,运用多种感官直接、生动、具体地认识事物,进而提高儿童的综合活动能力;也可以培养儿童运用感官探索周围环境的习惯,并为发展儿童的抽象思维能力、形成概念提供丰富的感性经验。

观察法可以分为个别物体观察、比较观察、长期系统观察、室内观察、室外观察等类型。观察活动可以是儿童自主、自发的,也可以是教师专门组织的。运用观察法的要点如下所述。

(1)观察前,首先要确定观察的内容、提出观察要求、拟定观察步骤,其次要熟悉观察对象,掌握有关的知识和技能,最后要创设观察的条件,提供观察对象;

(2)观察开始时,教师要向儿童提出观察的目的,引起儿童观察兴趣,引导儿童自始至终有目的地进行观察(即观察什么);

(3)观察过程中,教师要用语言和手势进行指导,教儿童按顺序观察和用比较的方法观察,同时调动儿童的多种感官参与观察,并有意识地在观察活动中发展儿童的语言能力;

(4)观察结束时,要总结儿童观察的印象,让儿童将观察到的知识进一步巩固和条理化。同时还应组织儿童做观察记录,记下他们的感受、发现与认识,记录的方式可采用笔录、相片、视频、录音、绘画等。

观察可以在儿童的日常生活中随时随地运用,教师有意识地引导可以帮助儿童积累丰富的感性认识,逐步培养儿童良好的观察习惯。

2. 讲解法

讲解法就是教师通过语言向学前儿童讲述或解释事物的一种方法。学前儿童科学教育离不开教师的讲解和说明,如介绍材料、提出要求、提醒儿童注意的事项等。但对于儿童个体而言,教师的讲解是否有效,则大多取决于儿童自身,取决于儿童的自我建构。运用讲解法需注意以下几点:

(1)教师的讲解要通俗易懂、清晰准确、富有感染性;

(2)教师的讲解要与演示或提供的范例相结合,应符合学前儿童的心理特点和接受能力。

讲解法也存在不足之处:

(1)无法确定学前儿童的心理参与程度;

(2)无法制定满足每个儿童个体需要的课程;

(3)无法使所有儿童按照同样的步调跟随课程的进展;

(4)无法确定材料和每个儿童的相关性;

(5)使儿童成为被动的学习者;

(6)使儿童过分依赖教师;

(7)减少了鼓励儿童自己思考的机会;

(8)减少了鼓励儿童发展和测试他们建构自己的概念的机会。

3. 实验法

实验法即做科学小实验,是在教师创设的特定条件下进行的,是一种验证性实验。科学小实验可以帮助儿童理解一些简单的科学现象和知识,培养儿童的科学兴趣和求知欲望,可以弥补在自然条件下观察的局限性。科学小实验可以分为教师演示实验和儿童操作实验两种类型。

4. 操作法

操作法是儿童亲自动手操作直观教具,是在操作物体的过程中进行探索,从而获得知识、经验和技能的一种方法。动手操作是儿童认识世界的重要手段,也是儿童学习的基本方法。操作法主要包括示范性操作、探索性操作、巩固性操作等。操作可以是个体的,也可以是小组的或集体的,运用操作法的要点如下。

(1)明确操作的目的。一般来说,操作可服务于两个目的:一个是在教学中,让儿童通过操作,自己开动脑筋并获得经验,然后教师在儿童操作探索的基础上,再引导儿童讨论操作的结果,达到帮助儿童整理经验、明确概念的目的;另一个是教师先做必需的讲解演示后,儿童再通过操作予以体验,达到巩固和加深所学的知识和技能的目的。教师让儿童运用操作法学习时,应根据教学内容及儿童自身水平,明确操作目的,并尽量使儿童通过操作进行思考并探索新的知识。

(2)为儿童提供充足的操作材料,一般人手一份。

(3)给儿童充分的时间去操作,去思考和探索,以达到操作的目的,充分发挥教具材料的作用,切忌走过场。

(4)在儿童动手操作之前,应向儿童说明操作的目的与要求和具体的操作步骤与方法。

(5)在儿童操作的过程中,教师要观察儿童的操作情况,及时发现问题,引导儿童积极思考和探索,可向全体儿童或个别儿童提出启发性的问题或提醒儿童应注意的问题。

（6）要讨论操作的结果，帮助儿童将他们在操作中获得的感性经验予以整理归纳、明确概念。结果的讨论可采取提问式，也可以在操作的过程中边操作、边提问、边回答问题。

（7）操作应根据不同的教学内容及不同年龄的儿童提出不同的要求。例如，在小班要求幼儿观察、动手、摆弄、比较正方形和长方形图形的不同，而在大班可以让儿童动手制作正方体和长方体来认识其特点。

5. 指导探究法

指导探究法是由教师来确定科学教育活动的内容、主题，提供研究探索的材料、框架，儿童在教师的引导下进行探究的一种方法。也就是说，儿童探究活动的前提条件是在教师的指导下进行和开展的，指导探究法的要点如下。

（1）做好探究活动前的准备工作。首先，教师要选择、编制和设计符合儿童兴趣、知识、理解水平、能力和经验的探究活动内容；其次，要为儿童准备探究活动的材料；最后，要制定包括活动目标、准备工作、活动步骤等探究活动的计划。

（2）对探究活动进行指导。首先，要把握活动时间，不同的科学教育活动所需时间不同，教师不能用固定的时间来约束儿童的探究活动，否则会影响儿童探究积极性，特别是影响儿童在探究活动中创造力的发挥；其次，在人员分配上，不同活动内容可分为不同的小组来进行；最后，在探究活动开始的引导上，内容不同活动开始的引导也不同，教师可设计幼儿喜欢的方式导入，进而更好地引起幼儿的探究行为。直接的操作材料导入，简短的指令导入，演示现象导入，谜语、儿歌、故事导入等都是幼儿喜爱的导入方式。

（3）在整个活动中并不是儿童都围绕教师的意图进行探究活动，随着活动的进行，由开始时以教师为中心而逐步过渡到以儿童为中心的活动，只有在这样的活动中，儿童才能积极主动地进行有效的自我建构。与此同时，教师可以为儿童探究活动的延伸提供良好的建议、材料等支持。

（4）指导探究法中教师扮演着不同的角色。当教师为儿童提供探索材料和环境时，他是资源提供者；当教师与儿童共同探讨、共同研究时，他是儿童的合作者；当教师只是给儿童提供探究的方向时，他是儿童的引导者。

（5）指导探究法能有效地帮助儿童学科学、进行科学探究活动，但教师要时刻把握指导的尺度，否则易干涉儿童的探究行为，不利于儿童探究活动的展开。

6. 自由发现法

自由发现法就是在教师的指导下，由儿童自己确立活动的内容并进行探究的一种方法。儿童自己决定活动的内容，自己设计探究的情景，自己选择探究的材料，自己确定探究的方式，自己获得探究的结果，教师在活动中只是材料资源的提供者、合作探究者和促进者。

自由发现法的优点是能更好地满足每个儿童探究和游戏的兴趣，使个别化学习活动能够充分体现儿童个体建构和发展的需要，使儿童探索学习活动的效益最优化，每个儿童的自主性、主动性和创造性将获得更好的发展。

自由发现法的不足是由于没有教师的指导，儿童在探究活动时会出现混乱，儿童也会遇到麻烦，有时是挫折，有时是失败；由于儿童自主选择主题和内容，扩大了选择的范围，教师为儿童准备的材料也逐渐增多，同时教师对活动的把握和控制的难度也大大增加。

7. 游戏法

游戏法是指通过在教师指导下进行有规则的游戏活动来进行教学的一种方法，是深受儿童欢迎的一种教学方式。游戏可提高儿童的学习兴趣,集中儿童的注意力,促进儿童各种感觉器官积极活动,充分发挥儿童的积极性和主动性,提高学习效果。运用游戏法的要点是:

(1)游戏的内容要健康,要有益于儿童的身心发展;

(2)根据不同的教育目标和教育内容选择、创编不同形式的游戏;

(3)教师要重点指导儿童遵守游戏规则,能克服困难,独立或合作完成游戏;

(4)教师应根据游戏的内容及形式的不同,采用不同的指导方法;

(5)在游戏中要注意培养儿童间的合作、谦让、友爱、互助等品质。

第二节　学前儿童观察类科学教育活动

一、观察类科学教育活动的含义与价值

(一)观察类科学教育活动的含义

观察是通过感觉器官来感知事物或现象,将各种感觉捕捉到的信息经过思维的加工形成概念,来获取对客观事物或现象的认识的一种方法。

观察类科学教育活动是以观察为主要认知手段,让儿童探索客观事物和现象的特征,发展儿童的科学知识,培养科学情感,形成科学态度,训练科学方法的一种科学启蒙教育活动。

(二)观察类科学教育活动的价值

1. 观察类科学教育活动是学前儿童科学教育活动的主要形式

婴儿从出生开始,他对外界事物和现象的了解,首先是靠生物体本能,即通过感觉器官的感知来获取信息。他们通过各种感知觉捕捉到客观事物的外部属性,在成人的帮助下,形成颜色、声音、气味、味道、形状、硬度、温度等概念来描述事物和现象,并在感性认识的基础上发展理性思维。观察是学前儿童了解自然的基础途径,是学前儿童认识客观世界的重要方法。

2. 观察能促进学前儿童多元智慧的发展

美国著名心理学家加德纳提出,人的智慧是多元的,个体所拥有的智慧都是由语言智慧、身体运动智慧、数理逻辑智慧、空间智慧、音乐智慧、内省智慧、人际关系智慧和自然智慧的有机结合。人的多元智慧水平决定于先天的遗传和后天的学习,两者互相补充,缺一不可。婴幼儿在观察时,外界事物不仅刺激着婴幼儿的外部感官,感官采集到的信息传递到大脑,注意、想象、记忆、思维和语言等活动在大脑的指挥下积极地进行着。在这个过程中,儿童的语言智慧、身体运动智慧、数理逻辑智慧、空间智慧、音乐智慧、内省智慧、人际关系智慧及自然智慧都处于积极的活动和发展中。

3. 观察能促进学前儿童观察力的发展

观察力是关于全面深入并正确地认识事物特点的能力,是人在观察中所表现出来的个性品质,具体指的是观察的目的性、完整性、细微性、敏捷性、概括性。

观察的目的性是指能按预定的目的进行观察,想办法达到目的,不偏离目的;完整性、

细微性、敏捷性是指既能观察到事物的整体和全面,又能观察到事物细枝末节并捕捉那些稍纵即逝的现象;概括性是指善于发现事物的内在联系和一般的性质。从构成观察力的各要素看,它们与智力结构中的各个方面有密切的联系,是智力结构中的主要方面。在观察活动中,当观察的目的性、完整性、细微性、敏捷性处于积极活跃的状态,才能使儿童全面、正确、深入认识事物的特点。因而,观察能促进学前儿童观察力的发展。

(三)观察类科学教育活动的分类

1.一般性观察

个别物体的观察是指儿童对单个的物体(或一类物体)或某种现象的观察。儿童通过有目的地运用感官,与周围某一事物或现象的直接接触,从而了解它的外形特征、属性和习惯等。在对个别物体(或现象)进行观察的过程中,通过对物体的观察,可以帮助儿童获得有关物体的信息有,物体的外形特征,如物体的形状、颜色、大小;发出的不同声音,散发的不同气味,软和硬,粗糙和光滑,轻和重,以及弹性、光滑度、湿度等不同特性;个别物体的存在与周围环境的关系,等等。对个别物体的观察是最基本的观察技能,它是其他各种观察的基础。因此,个别物体的观察在每个年龄班均可进行。

2.间或性观察

间或性观察是指间隔一定的时间,教师带领儿童对某个物体或现象进行的观察。每次的观察是在原来观察的基础上进一步观察,以加深对观察物的认识。同时,每次的观察也就是单个物体的观察。如认识兔子,第一次观察兔子的主要特征和习惯,第二次在原有认识的基础上,增加比较隐蔽的主要特征(三瓣嘴、前腿短、后腿长),第三次则侧重于兔子的功能。每次的观察是互相联系,互相制约的。间或性观察在小、中、大三个年龄班均可采用,根据间或性观察的要求及儿童的年龄特征,大班儿童采用间或性观察较多。

3.比较性观察

在观察过程中,通过比较分析、判断和思考,能比较精确、细致、完整地认识事物。这种方法能帮助儿童较快地发现事物的特征,有利于儿童分类能力的发展和概念的形成。如鸡和鸭的比较性观察、自行车和摩托车的比较性观察等。在这样的活动中,通过比较性观察使儿童发现物体间的不同,找出相似点;学习以两样物体的相应部分和整体进行比较,在此基础上挑选出同类再进行分类。比较性观察要求对事物进行比较分析,需要较复杂的认知活动,因此它仅在小班后期与中、大班进行。每个年龄班进行比较性观察时要求有所不同,中班可以仅比较物体明显的不同点;大班不仅比较物体的不同点和相同点,并可以在此基础上进行分类。

4.长期系统性观察

长期系统性观察是指儿童在较长的时间内,持续地对某一物体或现象进行系统的观察,对其质和量两方面的发展变化过程有较完整的认识。如对青蛙进行的长期系统性观察,即对"卵—蝌蚪—青蛙"这一整个生长过程进行比较持久的观察。

二、观察类科学教育活动的设计

活动设计是指在开展教学活动之前,教师能够根据教育目标,有目的、有计划地设计教育过程。观察类科学教育活动主要是以观察为主要认知手段,通过教师有目的、有计划地组织幼儿利用各种感官,去感知客观事物,并在此基础上逐步形成概念的一种科学启蒙教育活动。

（一）观察类科学教育活动的目标设计

活动目标是活动的预期结果，是活动的核心，贯穿活动的始终。观察类科学教育活动目标的设计应遵循科学教育的总目标，应在了解儿童的年龄特点和实际水平的基础上进行，应考虑环境资料的具体情况。观察类科学教育活动目标的表述也应该是具体、明确，具有可操作性的。

观察类科学教育活动的主要目的是运用观察的方法，达到对客观事物特征的了解，增强对事物外部特征和变化规律的认识，加强对不同观察对象的比较和辨别。通过观察还可以使儿童掌握观察的方法，提高其观察能力。观察类科学教育活动的教学目标应该包括以下几个方面。

第一，提高对物体、现象等的观察能力，掌握观察的技能。即运用个别物体观察、比较性观察、长期系统性观察、间或性观察、室内观察和室外观察等，观察事物的变化和现象的发生。观察认识活动有两种，一种是运用感官直接观察，另一种是通过仪器进行间接观察。直接观察认识的优点在于没有中间环节，因而可以避免仪器造成的误差。但直接观察也有局限性，人的感觉器官的生理功能还有可能产生错觉。间接观察认识是利用各种仪器、仪表等扩大人的观察能力，在精度、速度、范围等方面强于直接观察认识，但仪器也会有误差，会影响观察认识活动的效果和精确度。在幼儿园小班直接观察认识运用比较多，到大班时才会运用一些简单的仪器、仪表进行间接观察认识。

第二，对观察对象的科学认识，即认识观察对象的显著特征，认识观察对象的多样性，描述事物之间的异同，探索观察对象的变化规律。人们对日常生活环境中事物所产生的好奇与探索，往往都是受偶然的观察所启发。在学前儿童科学教育中，观察认识活动是运用最多的一种方法，也是最基本、最重要的方法，是儿童学习科学的主要方法。

第三，对观察结果的表达能力，包括大胆讲述观察中的发现、描述观察事物的特征、用图画记录观察结果等。

（二）观察类科学教育活动的内容设计

科学教育活动内容的选择有两种形式：一是从科学方面的正式课程中选择；二是依据本班幼儿的兴趣和经验进行选择。活动内容的设计是指针对已经选择的内容，确定学习的范围和深度。具体来说，就是针对要学习的内容，确定让儿童了解内容的哪些方面，如针对大班观察兔子活动，活动内容的设计可以考虑的问题：观察兔子的哪些方面？如何对兔子进行观察？采取什么样的观察方法？哪些地方是幼儿容易产生疑问的地方？是否需要对比观察？在活动中培养儿童什么样的科学情感？观察认识活动内容的设计可以从以下几个方面入手。

1. 观察对象符合儿童的认知发展水平

儿童的年龄不同，生活经验和阅历也不同。观察认识活动的内容应符合的认识发展水平。一般情况下，小班儿童以观察个别物体为主，并且内容单一，学习运用各种感官直接感知观察物体的外部特征和简单现象，以获取感性认识；中、大班儿童可以进行比较性观察和长期系统性观察，教师要着重培养儿童掌握观察的方法。长期系统性观察由于持续的时间比较长，需要儿童具有耐心和责任心等，所以常在大班开展。

2. 有合适的容量

内容的容量大小问题往往是一节教学活动成功与否的关键。容量合适与否往往表现为内容超载或内容不足。内容超载是观察活动中的严重问题，表现最明显的是容量过大，观察认识活动从表面上看比较简单，教师担心冷场，往往在活动过程中加入过多内容，其结果是儿童在活动中没有掌握观察的方法，而是机械记忆一些概念；或者是难度过高并超出幼儿所能接受和理解的程度，这影响了儿童的兴趣，进而对观察认识活动产生厌倦。

内容不足主要表现为简单地照搬教材，对儿童已有经验估计不足，提出的目标不具有挑战性，导致儿童缺乏观察的兴趣。

容量超载或不足都不能满足儿童的发展需求，只有适宜的容量才能够激发儿童观察的兴趣，取得预期的观察效果。

3. 对象的选择符合时间性

观察认识活动内容设计需要在合适的时间选择合适的观察对象，如同样是"春季"这一内容，在我国的新疆和广东，其时间安排上有很大的不同。

4. 了解儿童的年龄特点和已有经验

观察认识活动的内容设计必需先了解不同年龄阶段所能观察的对象，内容不可过难、过深。掌握并了解儿童已有经验，避免无意义的重复，但并不是儿童已有的经验就不可以引入内容中，对于儿童已有的经验要进行归纳、拓展和提升。

5. 与生活密切联系

科学并不遥远，科学就在身边。科学教育应密切联系儿童的实际生活进行，利用身边的事物和现象作为科学探索的对象。观察活动内容的选择应遵循从儿童的生活中选择儿童熟悉的、感兴趣的、能够理解的内容。

(三)观察类科学教育活动环境材料的设计

活动材料的准备是观察认识活动的重要环节，直接影响活动过程的进行和目标的达成。材料是儿童主动建构的重要信息桥梁，活动材料必须围绕活动目标而选择。观察认识活动的环境材料设计包括知识准备、环境与材料的设计、情感的设计。

1. 知识准备

知识准备包括教师知识的准备和儿童知识的准备。

从教师知识准备来看，教师要有广泛的知识积累。对于某一科学知识，教师要有丰富的知识储备，要知道其中的原理。教师的知识准备主要来源于日常积累，但就某一具体内容，教师还要查阅相关资料，准确而清晰地掌握相关问题所涉及的知识，以免在活动中产生误导。

从儿童知识准备来看，不同地域、不同社区、不同家庭的儿童，对同一内容的知识和经验可能是不同的，教师要通过多种途径事先调查、了解儿童的知识经验情况，并通过多种方式帮助儿童做好知识经验的准备。

2. 环境材料的设计

环境材料的设计是指教师要为儿童的观察活动创设丰富的物质环境和良好的心理环境。

(1)物质环境

丰富的物质环境是指宽敞的观察空间和丰富的观察对象，以及合理的安排。

第一,观察认识活动既要有静态的认识过程,又要有动态的交流、表达的过程,因而在空间上的基本要求是指,宽敞的活动空间既能满足儿童静态观察的需要,又方便儿童进行动态的交流与表达。

第二,观察对象的选择要恰当。除了传统图片、挂图、实物外,还要有现代化教学工具,如多媒体设备等。

第三,对观察材料的要求。

①观察材料要围绕观察活动目标。

②观察材料应具有典型特征。如观察认识"菊花的特征",作为观察材料的菊花,应选择日常生活中常见的白色、黄色的菊花,至于一些奇异的菊花可以在认识常见的菊花之后逐渐了解。

③观察的材料要充足。充足的材料是观察活动顺利开展的保证,但并不是材料越多越好,应根据活动的性质与具体要求提供材料。如认识一种家用电器,全班共用即可;认识鲫鱼,可以将整个班级分或若干个小组,每个小组共用一份材料。

④观察材料的摆放符合观察的形式。观察材料的摆放很重要,这将直接影响观察的效果,如对鱼的观察,要用透明的器皿,摆放的位置应适合幼儿观察,在儿童视线之内。

⑤户外观察应注意场所的安全性和卫生问题。户外观察有许多不确定因素,教师要事先对户外场地有所了解,以保证儿童观察时的安全。如观察秋天时,应该选择在幼儿园操场或社区内,没有或少有车辆经过的地方。

(2)心理环境

良好的心理环境是指教师为儿童创设一个轻松愉快、没有压力感的心理环境,这种环境在教师与孩子之间的表现就是和谐、信任、平等。心理环境的创设要求教师以尊重、亲切的语调与孩子交流观察到的事物或现象的特征,能倾听儿童的发现,不用命令的语气与儿童说话,对于有困难的孩子要积极给予帮助,不否定儿童的能力等。

3. 情感的设计

情感是人类从事活动的一种内部动力。由于儿童的情感容易受成人的感染,所以教师要以积极的心态投入活动中,用自己的热情感染儿童,使儿童对观察对象投入感情,以积极的态度观察认识他们。

(四)观察类科学教育活动过程设计

1. 一般性观察(个别物体观察、间或性观察)

一般性观察指对某一自然物或现象进行特定的观察,可以是认识事物某些特点,也可以是对事物的整体进行全面认识。也就是说对同一事物或现象进行短时间的观察,观察事物的外部特征、用途等。一般性观察是科学教育活动中最基本、运用最普遍的观察形式,也是伴随儿童一生的观察形式。

2. 比较性观察

设计比较性观察活动重在培养儿童掌握比较的能力,促进儿童认识能力的发展。比较性观察也需要儿童具有一定的思维能力。

3. 长期系统观察

长期系统观察是指在较长的时间里,有计划地观察某一自然物体和现象的发展变化,使幼儿对其发展变化过程有较完整的认识。学前儿童科学教育中的长期系统观察,主要是观察动植物的生长过程,气象的变化等,以帮助儿童直接地了解自然界中各种因素的相互关系、因果关系和发展规律。长期系统观察对儿童的知识经验和认识水平有一定的要求,一般在中、大班进行。

第三节　学前儿童实验操作类科学教育活动

一、实验操作类科学教育活动的含义与价值

(一)实验操作类科学教育活动的含义

实验操作类科学教育活动是指学前儿童在教师指导下通过自己动手操作仪器等实验材料,以发现客观事物的变化及其特征的科学活动。它强调幼儿的自主操作、自主探索的过程。

(二)实验操作类科学教育活动的价值

实验操作类科学教育活动对儿童经验的积累和智力的发展有重要作用。实验操作类活动对儿童小肌肉群的生长发育包括手指的协调运动、左右手的配合等,以及手眼协调和手脑协调的能力的训练都有帮助;通过实验操作还能帮助儿童理解科学现象,亲自探索科学实验的全过程,使儿童的动手能力、观察能力、分析能力和探究性思维能力得到综合训练与提高。

二、实验操作类科学教育活动的设计

(一)实验操作类科学教育活动的设计目标

实验操作类科学教育活动的设计目标主要是通过儿童亲自动手操作实验对象,发现事物的变化及其特征。

1.实验操作类科学教育活动的目标设计原则

(1)具体化、明确化

具体、明确的目标才具有可操作性。具体、明确、可操作是对实验操作类科学教育活动目标制定的基本要求。

(2)目标结构包括科学情感态度、科学方法、科学知识三个方面

①科学情感态度培养。包括对儿童科学态度和个性品质的培养,还要注意情感目标的切实可行。

②科学方法的习得。指儿童获得操作方法技能等方面的发展,如在操作过程中,学习电产生的简单原理、掌握如何正确用电。

③科学知识经验的掌握。包括对科学经验的获得和对初级科学概念的学习等,如通过实验操作活动知道水的特性、电的用途。

(3)考虑儿童的年龄特点,层层递进,层层分解

教师应将科学领域的目标、年龄阶段目标、月目标、周目标,层层递进,层层分解,最终

施实于具体的科学教育活动中,使科学教育目标有效地落到实处。

(4)考虑儿童科学教育实验的特点

儿童科学教育中的实验注重实验的过程,同时实验的内容和操作方法应比较简单,儿童能够在短时间内得到实验结果,实验常常采用游戏的形式,这些都是设计实验操作类科学教育目标需要考虑的问题。

2. 实验操作类科学教育活动的教学目标

(1)培养儿童对科学的好奇心

教师应使儿童注意到新奇事物或现象,对新奇事物或现象提出问题并进行探究。

(2)培养儿童的探究能力

教师应使儿童能通过自己的观察操作获得发现;能对问题做出假设并用自己的经验加以检验;能根据自己已经获取的资料进行合理推理,对现象进行解释和预测再通过实验结果得出结论。

(二)实验操作类科学教育活动的内容设计

实验活动的内容主要包括物理实验(光、声音、电、磁、热、力等)、化学实验(醋泡蛋、溶解等)、动物实验、植物实验(植物生长条件等),实验操作类科学教育活动的内容可以是教师演示操作的实验,也可以是儿童自己操作的实验。

(三)实验操作类科学教育活动材料与环境设计

实验操作类科学教育活动的环境材料设计需要注意以下几点。

1. 活动材料具有典型性

活动材料应围绕实验内容选取,要有典型性,让儿童能够通过与材料互动,发现事物间的联系。如"认识磁铁"活动中的磁铁和各种铁制品与非铁制品的联系,这样的材料既能满足儿童探索磁铁吸铁这一特性的要求,也能让儿童认识磁铁两极相吸与相斥的特性。

2. 活动材料要安全、卫生

实验操作活动中,儿童要动手操作材料,因而实验材料要绝对安全,应对儿童的健康有充分的保证。

3. 活动材料的结构要完整

材料的选择与设计要蕴含丰富的可探索性和可利用性,如"认识磁铁"中的材料就是具有结构性特征的材料。

4. 活动材料要充足

充足的材料是儿童进行实验的保证,特别是让儿童操作的材料,更应保证活动中每一个儿童都能参与。充足的材料可以减少儿童等待的时间,提高儿童学习科学的积极性。

5. 材料的摆放要适当

材料的摆放应从活动和儿童发展的需要出发,进行材料布局;按材料的操作难易程度摆放材料,按儿童合作的需求摆放材料;材料的摆放要利于儿童与材料环境的积极互动,以促进儿童在活动中的发展。

6. 活动环境要适宜

实验操作环境应该选择视线较好、安静、适宜观察的地方进行。幼儿园可以设置专门的实验操作活动场地,便于儿童操作、观察、交流、探讨,这样的环境使儿童静心操作且能提高投入操作的热情。

心理环境也是进行科学实验操作活动的必备条件之一。儿童在宽松、愉悦的氛围中，能够全身心地投入操作并进行探索。

（四）实验操作类科学教育活动过程设计

实践操作过程是整个活动的关键。儿童在操作活动过程中检验假设、发现现象、探索规律、形成概念。实验操作类活动的过程设计有一般的步骤，也有不同的类型（演示探究、引导探究、验证探究）。

1.实验操作类科学教育活动过程设计的一般步骤

（1）开始部分

开始部分的主要目的是将儿童的注意力集中在教育活动上，一般来说，实验操作活动的开始部分比较简单，教师展示活动材料后，儿童的注意力很快就会集中到材料上。这一环节的主要目的是引起儿童的操作兴趣。

（2）基本部分

基本部分就是儿童操作活动的过程。儿童面对具体的材料，通过操作发现其中的现象和规律。这一过程要注意以下几点。

①儿童的操作活动要有一定的顺序。应根据教学目标来进行操作活动，注意实验材料运用的先后顺序，引导儿童逐步探索解决问题以发现现象和规律。

②儿童学会记录。对于中大班儿童，教师要教会他们记录实验中的现象，使儿童能够对照比较并总结。儿童记录是以儿童为主去设计相应的图表和标志，学会运用这些符号为儿童今后系统地学习科学知识奠定基础。

③注重语言的讲解作用。教师的演示操作和对儿童操作的指导都离不开教师的语言。在实验操作活动中，教师应能够在短时间内讲清楚实验原理，指导儿童操作，还要注意对语言的恰当修饰。

④注重操作过程和实验结果的整理。对于孩子来说，实验是他们比较喜欢的科学活动，但儿童在实验操作中，往往只注重操作过程的趣味性，忽视操作过程的科学性和实验结果的知识性。教师应善于总结操作过程中蕴含的科学原理，同时也要对科学知识进行整理与指导，使儿童在实验中掌握事物的发展规律。

（3）结束部分

结束部分是实验操作活动的总结阶段。儿童在操作中已获得了丰富的直接感性经验，教师的任务是让儿童表达自己在实验中的发现。教师在操作后要及时让儿童进行总结，引导儿童概括、表达，促进儿童从具体形象性思维向抽象概括性思维发展。同时，教师要对儿童操作探索的过程和结果进行评价，更重要的是要肯定和鼓励儿童参与操作活动的态度和探索精神。活动结束时，教师可以提出一些启发性的问题，激发儿童对延伸活动的兴趣和下一次活动的期待。

（4）活动延伸

延伸部分主要促进儿童对知识的再理解，使儿童能够在实际生活中，运用所学到的知识解决问题，因此，教师可以把延伸部分设计为在生活中的运用和对生活的观察。

2.实验操作类科学教育活动的类别

（1）演示探究类

演示探究有两种情况。一种是基于对儿童安全等方面因素的考虑，完全由教师演示实验，儿童观察实验过程和结果。这类活动以儿童的探究学习为目的，让儿童明确探究的问题，选择恰当的演示方式，充分显示其直观性和形象性，以激发儿童的兴趣。教师要引导儿童在观察的基础上，归纳总结现象和规律。另一种是儿童完成操作难度相对适宜的科学活动，教师先做示范性演示，然后儿童模仿学习操作，获得一定的操作技能和经验后再通过自己的观察，获得发现。这种设计儿童实验操作的目的性较强，但对儿童的自主探究，会有一定的限制。

（2）引导探究类

引导探究类，即由教师通过材料引导儿童先自由探究，然后再组织儿童交流，引起儿童开展有兴趣、有目的的进一步探究。这一思路能较好地将儿童自主探究和教师的引导结合起来，取得较好的效果。

（3）验证探究类

验证探究类，即针对某一问题，教师启发儿童用已有的知识经验进行推理，对可能发生的问题或产生的结果提出猜想，然后让儿童进行实际探索活动来验证先前的猜想是否正确。这种方式适合于儿童已有类似的生活经验的情况。这类活动反映了科学探究的一般规律，对儿童科学思维方法的培养能起到很好的作用。

第四节　学前儿童技术制作类科学教育活动

一、技术制作类科学教育活动的含义与价值

（一）技术制作类科学教育活动的含义

技术制作类科学教育活动是以学前儿童的最大参与为目的，让儿童充分感受和操作使用简单的科技产品，学习使用工具，同时设计并开展小制作的一种科学教育活动。

（二）技术制作类科学教育活动的价值

我们可以从不同的角度看技术制作类科学教育的价值。从身体发展角度来说，在技术制作类活动中，儿童有机会亲自动手操作材料，进行科技小制作，能促进儿童手眼协调能力的发展；从心理角度来说，小技术制作、操作的成功体验能促使儿童提高自我控制能力和自信心；从智力角度来说，科技小制作活动中，儿童必须投入更多的注意和思考，在手脑并用中他们的思维能力和智力得以较大发展；从道德角度来看，此类活动中学前儿童的合作操作过程和交流讨论过程，能促使他们逐渐懂得尊重他人意见，更好地培养社会性；从美育角度来说，科技产品蕴含的设计美、功能美、技艺美三大美育特征，体现出依附于它内部的使用价值，有依附于它的外在形式上的观赏价值，还有制作者在生产劳动中体现出的技术与艺术高度统一的和谐美，这些都在感染着学前儿童。

(三)技术制作类科学教育活动的分类

技术制作类科学教育活动可以分为:感受-操作类、运用-操作类、学习-制作类、设计-制作类四种类型。

二、技术制作类科学教育活动的设计

(一)技术制作类科学教育活动的目标设计

技术制作类科学教育活动目标(表1)包括:

(1)充分地感受和正确操作科技产品的能力;

(2)掌握简单工具的使用方法;

(3)在教师指导下按规定步骤操作的能力;

(4)儿童自行设计并动手开展科技小制作。

表1 技术制作类科学教育活动的具体目标

教学内容	适用年龄	具体目标	举例
感受技术产品	0~2岁及以上	运用多种感官感知技术产品的特征和用途	照镜子、玩玩具(0~2岁儿童活动)
体会操作乐趣	2~3岁及以上	在家长和教师的帮助下操作与体验	骑三轮车、玩大型玩具、泥塑(2~3岁儿童活动)
掌握简单工具的使用	3~4岁及以上	能正确使用简单的测量工具、生活工具和自制工具	学习用推、按、拧等不同方法使用手电筒(3~4岁儿童活动:我让手电筒亮起来)
按程序进行操作或制作	4~5岁及以上	能利用各种材料和设备按规定步骤制作简单物品	学习按步骤开展小制作(4~5岁儿童活动:我的降落伞)
设计并开展科技小制作	5~6岁及以上	行为有自己的想法,能用交谈、图样、模型等手段来设计并操作,同时能简单地说明理由	选择合适的材料学习自行设计并制作(5~6岁儿童活动:巧做石膏小玩具)

(二)技术制作类科学教育活动的过程设计

1.感受-操作类

感受-操作类是让儿童充分接触和感受运用科学技术产品,满足他们渴望了解"技术"的愿望,培养儿童关注科技的兴趣。此类活动通常先由教师演示讲解产品的用途并演示其操作使用步骤,儿童在此基础上动手尝试,最后经过尝试和讨论研究完成正确操作。

2.运用-操作类

运用-操作类是让儿童学习使用工具,如正确使用小剪刀、订书器、小型测量工具、生活工具等,让儿童了解工具的用处,掌握使用工具的方法,获得技术使用的体验。此类活动可以是独立的活动内容,也可以是技术制作类科学教育活动的一个部分。通常由教师或家长启发、引导儿童操作使用,儿童在不断的失误中总结,最终掌握正确的使用方法并懂得如何运用。

3.模仿–制作类

模仿–制作类是通过开展小制作活动让儿童按固定步骤学习制作,如制作降落伞、潜望镜、万花筒等。此类活动通常由教师演示操作过程,再由儿童动手制作,师幼共同交流最后制作完成作品。

4.设计–制作类

设计–制作类是让儿童进行简单的科技创作,如设计并制作石膏玩具、不倒翁等。此类活动是在小制作的基础上,通过自主设计,在教师的指导和帮助下,个性化地完成作品的创作和制作过程。

参 考 文 献

[1] 夏燕.学前教育学[M].重庆:西南师范大学出版社,2021.

[2] 张择瑞,赵娜.学前儿童心理学理论与应用[M].合肥:合肥工业大学出版社,2021.

[3] 王麒,李飞飞.学前儿童艺术教育活动指导[M].4版.上海:复旦大学出版社,2021.

[4] 姚晓红.儿童视角下的学前教育[M].上海:上海教育出版社,2021.

[5] 周淑惠.幼儿STEM教育:课程与教学指引[M].南京:南京师范大学出版社,2021.

[6] 蓝天.学前儿童语言教学[M].哈尔滨:黑龙江大学出版社,2020.

[7] 陈靓影,张坤,刘乐元,等.学前儿童综合能力培养数字化教学案例[M].武汉:华中科学技术大学出版社,2020.

[8] 杨延秋,马威.学前儿童体育教育与教学[M].上海:复旦大学出版社,2020.

[9] 卢长娥.学前儿童语言教育[M].合肥:安徽大学出版社,2020.

[10] 卢杰.学前心理学[M].西安:西北大学出版社,2020.

[11] 钱峰,汪乃铭.学前心理学[M].上海:复旦大学出版社,2020.

[12] 肖轶文.学前儿童美术教育与活动指导[M].镇江:江苏大学出版社,2020.

[13] 聂上伟.学前儿童健康教育[M].成都:电子科技大学出版社,2020.

[14] 郝媛媛.当代学前儿童舞蹈教学方法探究与改革[M].北京:中国大地出版社,2019.

[15] 张建波,周嘉禾.学前儿童科学教育[M].南京:河海大学出版社,2019.

[16] 赵朵,周金梅,赵红艳.学前比较教育[M].镇江:江苏大学出版社,2019.

[17] 楚晴,郭彬,陈显波.学前儿童英语教育与活动指导[M].北京:航空工业出版社,2019.

[18] 赵艳.学前儿童语言教育概论与实践[M].长春:吉林人民出版社,2019.

[19] 翟理红.学前儿童游戏教程[M].3版.上海:复旦大学出版社,2019.

[20] 宋薇.学前儿童音乐教育与培养[M].北京:现代出版社,2019.

[21] 王鑫.学前儿童美术教育[M].长春:东北师范大学出版社,2019.

[22] 陆辉.学前教育专业通用教材 儿童装饰画[M].苏州:苏州大学出版社,2019.

[23] 袁媛,徐丽琴,张满.学前儿童艺术教育与活动指导[M].昆明:云南美术出版社,2019.

[24] 谭赟赟.科学理念引领下的学前教育探索[M].北京:中国原子能出版社,2019.

[25] 叶逢福,赖勇强,吕伟,等.学前教育的理论探索与创新实践[M].北京:北京航空航天大学出版社,2019.

[26] 王晨辉,王晨光.学前教育艺术综合教程[M].南昌:江西高校出版社,2019.

[27] 吕一中.新时代背景下学前教育发展研究[M].北京:北京理工大学出版社,2019.

[28] 李俊梅,张凤英.学前儿童语言教育活动指导[M].北京:北京理工大学出版社,2019.

[29] 白洋,刘原兵,张继红.学前教育学[M].北京:世界图书出版公司,2019.

[30] 杨宁.儿童心智的成长与教育[M].广州:广东高等教育出版社,2019.